Johannes Grotzky
# Lenins Albtraum
Ein Rückblick auf den Zerfall der Sowjetgesellschaft

Johannes GROTZKY, Dr. phil. (*1949), Studium der Slawistik, Balkanologie und Geschichte Ost- und Südosteuropas in München und Zagreb. 1983-1994 ARD-Hörfunkkorrespondent in Moskau und Wien (Südosteuropa). Chefkorrespondent, Chefredakteur und 2002-2014 Hörfunkdirektor des Bayerischen Rundfunks. Honorarprofessor für Osteuropawissenschaften, Kultur und Medien an der Universität Bamberg.

Bücher: *Gebrauchsanweisung für die Sowjetunion* (1984). *Herausforderung Sowjetunion. Eine Weltmacht sucht ihren Weg* (1991). *Konflikt im Vielvölkerstaat. Die Nationen der Sowjetunion im Aufbruch* (1991). *Schachmatt. Michail Gorbatschow und die letzten Jahre der Sowjetunion* (2004). *Lenins Enkel. Reportagen aus einer vergangenen Welt* (2009). *Tschernobyl. Die Katastrophe* (2018).

Johannes Grotzky

# Lenins Albtraum

Ein Rückblick
auf den Zerfall der Sowjetgesellschaft

BoD

**Bibliografische Information der Deutschen Nationalbibliothek:** Die Deutsche Nationalbibliothek verzeichnet diese Publikation in der Deutschen Nationalbibliografie; detaillierte bibliografische Daten sind im Internet über http://dnb.d-nb.de abrufbar.

# Inhalt

# Lenins Albtraum

Russland ist ein großartiges Land.

Literatur, Philosophie, Musik, Malerei, Bildhauerei und Architektur, die Vielfalt verschiedener Völker, Kulturen, Sprachen und Landschaften haben Russland Jahrhunderte lang geprägt. Gleichzeitig haben politische Entwicklungen tiefe Furchen der gesellschaftlichen Zerstörung hinterlassen, an denen Russland bis heute leidet. Dazu gehörten im 20. Jahrhundert vor allem die bolschewistische Oktoberrevolution und die Zeit der kommunistischen Herrschaft.

Nach der ersten Revolution gegen die Monarchie im Februar 1917 entstand eine bürgerliche Regierung, von der Michail Gorbatschow (geb. 1931), der Vater von Glasnost und Perestrojka, in seiner Rede zum 70. Jahrestag der Oktoberrevolution 1987 sagte: „Der Februar[1] brachte die ersten realen Erfahrungen einer Demokratie." Doch diese Chance auf eine reale Demokratie wurde durch die bolschewistische Revolution im Oktober desselben Jahres unter Führung von Lenin zerstört.[2]

---

[1] Die Februarrevolution fand nach dem Julianischen Kalender am 23. Februar und nach dem Gregorianischen Kalender am 8. März 1917 statt; die Oktoberrevolution fällt nach alter Zeitrechnung auf den 25. Oktober bzw. nach neuer Zeitrechnung auf den 7. November 1917. Im Februar 1918 übernahm das bolschewistische Russland den Gregorianischen Kalender. Dagegen hält die Russisch-Orthodoxe Kirche bis heute am Julianischen Kalender fest. Daher werden in Russland Ostern und Weihnachten dreizehn Tage später gefeiert als in den westlichen Kirchen.

[2] Gorbatschow, Michail: *Die Rede zum 70 Jahrestag der Oktoberrevolution.* Mit einem Vorwort von Lutz Lehmann. Bergisch-Gladbach 1987, S. 26. Vgl. auch Riese, Hans-Peter [analysiert und kommentiert von]: *Gorbatschows*

Es folgte die Zeit der Sowjetunion, die – nach einem blutigen Bürgerkrieg – in ihrem geografischen Umfang wieder weitgehend identisch mit dem Zarenreich war und später dessen imperiale Politik zur Ausweitung ihres Einflusses fortsetzte. Wladimir Iljitsch Uljanow, genannt Lenin (1870-1924), war als Führer der Revolution verantwortlich für die Gräuel der ersten Jahre, die später im Terror des Stalinismus ihre Fortsetzung fanden.

Wer in der Sowjetunion die Gefängnisanlage der Peter-und-Paul-Festung im damaligen Leningrad besuchte, wurde durch leere Zellen geführt, in denen die Schriftsteller Fjodor Dostojewski (1821-1881) und Maxim Gorki (1868-1936), die Anarchisten Michail Bakunin (1814-1876) und Pjotr Kropotkin (1842-1921), aber auch Lenins älterer Bruder Alexander Uljanow (1866-1887) gesessen hatten.

Wer heute dieselbe Gefängnisanlage besucht, wird mit einer Dauerausstellung konfrontiert unter dem Titel: „Ohne Gerichtsurteil und Untersuchung"[3]. Auf großen Bildtafeln werden die willkürlichen Erschießungen von russischen Adeligen und Gegnern der bolschewistischen Revolution im Auftrag Lenins und seiner Genossen gezeigt. Denn unter dem Vorsitz von Wladimir Iljitsch Lenin hatte der Rat der Volkskommissare im Februar 1918 ein Dekret erlassen mit dem Titel: „Das Vaterland ist in Gefahr". Darin wurden die außergerichtlichen Bestrafungen und Hinrichtungen von Gegnern der Bolschwiken festgelegt.

Der russische Historiker und Publizist Leonid Mletschin (geb. 1957) schrieb zu diesem Dekret: „Der leninistische Versuch, in wenigen Monaten den Kommunismus aufzubauen, zerstörte die Wirtschaft und führte Russland zum Hunger. Normalerweise verlässt eine gescheiterte Regierung das Land und überlässt den Platz besser qualifizierten Konkur-

---

*historische Rede. Zum 70. Jahrestag der Oktoberrevolution – Perestrojka und Glasnost.* München 1987.
[3] Без суда и следствия (Bez suda i sledstvija).

renten. Die Bolschewiki fanden eine andere Lösung: Sie erfanden neue Feinde, denen sie die Schuld für ihre eigenen Fehler gaben."[4]

Ein erschütterndes Buch zu Terror und Gewalt in der Sowjetunion stammt vom Architekten der Perestrojka und Politbüro-Mitglied Alexander Jakowlew, der sich mit dem Ende der Sowjetunion vom Kommunismus abgewandt hat. Er leitet sein Buch mit dem Leninzitat ein: „Je mehr Vertreter der reaktionären Geistlichkeit wir erschießen können, desto besser."[5]

Das Unglück des sowjetischen Totalitarismus begann also nicht erst mit Stalin und seinem innenpolitischen Terror. Die Willkürherrschaft der Rechtlosigkeit bestand schon unter Lenin. Daher überraschte eine Umfrage in Russland im Jahr 2020 zum 150. Geburtstag von Lenin mit erstaunlichen Ergebnissen: Zunächst einmal fanden es 61 Prozent der Befragten wichtig, sich an Lenin zu erinnern. Das war relativ neutral. Doch 52 Prozent hielten Lenin für einen guten Menschen. 43 Prozent meinten, Lenin habe Russland genutzt und nur 18 Prozent meinten, er habe Russland geschadet.[6]

Lenin war besessen von seinen Ideen, hoch gebildet und skrupellos. Es ging ihm nicht nur um die physische Vernichtung seiner Gegner, wie Alexander Jakowlew beschreibt: „Während Russland am Blut des Terrors erstickte, erlitt es in den zwanziger Jahren den vielleicht größten Verlust an geistigem Kapital. Mehrere hundert hervorragende Intelligenzler

---

[4] Ленинская попытка построить коммунизм за несколько месяцев разрушила экономику и привела Россию к голоду. Обычно провалившееся правительство уходит, уступая место более умелым соперникам. Большевики нашли другой вариант: изобретали все новых врагов, на которых перекладывали вину за собственные неудачи. Unter https://gazetaby.com/post/pochemu-russkij-intelligent-schital-vozmozhnym-ras/150564/ (Aufruf 22. April 2020).
[5] Jakowlew, Alexander: *Ein Jahrhundert der Gewalt in Sowjetrussland.* Berlin 2004, S. 5.
[6] https://fom.ru/Proshloe/11472 (Aufruf 22. April 2020).

verließen das Land. Lenin bestand darauf, sie ins Exil zu schicken. [...] Lenin übernahm also die schändliche Aufgabe zu entscheiden, wer in Russland bleiben durfte und wer nicht. Diese Menschen sollten aus ihrer eigenen Heimat vertrieben werden, und das *ohne Angabe von Gründen*. Man schob also Philosophen, Schriftsteller, Anwälte und Künstler über die Grenzen ab."[7]

Von dieser intellektuellen Enthauptung, die unter dem Begriff „Philosophendampfer" in die Geschichte eingegangen ist, hat sich das bolschewistische Russland nie wieder erholt.[8] Den Machtkampf um Lenins Nachfolge hatte Stalin gewonnen. Stalin überzog das Land mit einem unvergleichlichen Terror, der mindestens 15 Mio. Menschen (andere Quellen sprechen von bis zu 22 Mio.) das Leben gekostet hat.[9] Dies passierte noch vor dem Großen Vaterländischen Krieg – wie der Zweite Weltkrieg in Russland heißt – und dem zusätzlich weitere rund 27 Millionen Menschen in der Sowjetunion zum Opfer fielen.[10]

Der nächste Nachfolger im Amt des Parteichefs der KPdSU, Nikita Chruschtschow (1894-1971), leitete auf dem XX. Parteitag 1956 mit einer erschütternden Geheimrede über die Verbrechen seines Vorgängers die Entstalinisierung ein. Allein zwischen 1937 und 1938 ließ Stalin demnach 70 Prozent aller Mitglieder und Kandidaten des Zentralkomitees (das waren 98 von 138 Personen), dem obersten Parteigremium, verhaften und liquidieren.[11] Gleichzeitig belegte Chruschtschow anhand zahlreicher Quellen, dass Stalin, der

---

[7] Jakowlew, Alexander: ebd., S. 170 f.

[8] Философский пароход (Filozofskij parachod). Vgl. auch https://de.wikipedia.org/wiki/Philosophenschiff (Aufruf 17. Juni 2020)

[9] Zeittafel 1989, S. 221 f. in diesem Buch.

[10] Vgl. https://de.wikipedia.org/wiki/Tote_des_Zweiten_Weltkrieges #Sowjetunion (Aufruf 22. April 2020).

[11] *Chruschtschows ‚Geheimrede' vom 25. Februar 1956* in: Medwedew, R. u. a., *Entstalinisierung. Der XX. Parteitag der KPdSU und seine Folgen.* edition suhrkamp 606, Frankfurt/Main 1977, S. 498.

auch einen großen Teil der militärischen Führungsspitze hatte liquidieren lassen,  beim Kriegsbeginn 1941 für unnötige Opfer in der Sowjetunion verantwortlich war; denn Stalin hatte alle Warnungen vor dem deutschen Überfall ignoriert.[12] Überdies warf Nikita Chruschtschow seinem Vorgänger vor, mit Nervosität und Hysterie auf den Kriegsbeginn reagiert zu haben.

Im heutigen Russland gibt es wieder Stimmen, die trotz aller Kritik an Stalin den Diktator zumindest wegen dessen „Geschick als Feldherr" im Zweiten Weltkrieg wieder rehabilitieren wollen. Das liest sich jedoch bei Chruschtschow völlig anders:

"Stalin hatte nicht das geringste Verständnis für die wirkliche Situation, die sich an der Front entwickelte." Und weiter: „Die Taktik, auf deren Durchführung Stalin ohne die elementarsten Kenntnisse der Kriegsführung bestand, kostete uns viel Blut, bis wir den Gegner zum Stehen gebracht hatten und selbst zur Offensive übergehen konnten."[13]

Im Klartext heißt dies: Die Sowjetunion war im Zweiten Weltkrieg nicht wegen, sondern trotz Stalin erfolgreich. Es sollte über drei Jahrzehnte dauern, bis diese Geheimrede in der Sowjetunion öffentlich publiziert werden konnte — und sie ist immer noch nicht ein fester Bestandteil der kollektiven Erinnerung in Russland geworden.

Chruschtschow scheiterte und wurde abgelöst. Auch die nachfolgenden Generalsekretäre Leonid Breschnew (1906-1982), Juri Andropow (1914-1984) und Konstantin

---

[12] So wurde Stalin bereits am 3. April 1941 vom britischen Premierminister Winston Churchill, am 4. Mai 1941 vom sowjetischen Militärattaché in Berlin, Woronzow, am 22. Mai vom stellvertretenden Militärattaché in Berlin, Chlopow, in einer Depesche der sowjetischen Botschaft in London am 18. Juni 1941 und am Vorabend der Invasion, am 21. Juni 1941, durch einen deutschen Überläufer von dem bevorstehenden Angriff der deutschen Wehrmacht gewarnt. Vgl. ebd. S. 512 ff.
[13] Ebd., S. 516 f.

Tschernenko (1911-1985) wollten oder konnten keine nachhaltigen Reformen oder eine Öffnung des Landes betreiben. Dies gelang erst Michail Gorbatschow mit seiner Politik von Glasnost und Perestrojka. Doch diese Politik hatte letztlich zum Zusammenbruch der Sowjetunion geführt.

Unter Gorbatschows Nachfolger Boris Jelzin (1931-2007), dem ersten frei gewählten russischen Präsidenten nach der Auflösung der Sowjetunion, hatte das Land Erfahrungen gemacht, die für viele die Begriffe *Marktwirtschaft* und *Demokratie* diskreditiert haben. Denn Jelzin regierte mit Ausnahmeverordnungen, förderte die unmäßige Bereicherung von Oligarchen, die ihn im Amt hielten, und verantwortete ein finanzielles Desaster, bei dem viele Russen ihre gesamten Ersparnisse verloren hatten. Obwohl Jelzin vom Westen hofiert wurde, zeigten viele zeitgenössische Veröffentlichungen anerkannter Fachpublizisten, – im Gegensatz zu seinen autobiografischen Büchern[14] – wie sehr er Raubbau mit den sozialen und wirtschaftlichen Strukturen Russlands betrieben und sich selbst um seine Reputation gebracht hatte.[15]

Deshalb wurde Wladimir Putin (geb. 1952), Nachfolger von Boris Jelzin, als entschiedener Bekämpfer solcher Strukturen von der Bevölkerung zunächst positiv angenommen. In seiner Rede zur Lage der Nation 2005 hatte Präsident Putin den Zerfall der Sowjetunion als „die größte geopolitische Katastrophe des 20. Jahrhunderts" bezeichnet. Zwölf Jahre später rechtfertigte sich Putin dafür in einem Interview mit

---

[14] Jelzin, Boris: *Aufzeichnungen eines Unbequemen*. München 1990. Ders.: *Auf des Messers Schneide. Tagebuch des Präsidenten*. Berlin 1994. Ders.: *Mitternachtstagebuch. Meine Jahre im Kreml*. Berlin, München 2000.

[15] Vgl. Schmidt-Häuer, Christian: *Russland in Aufruhr. Innenansichten aus einem rechtlosen Land*. München, Zürich 1993. Sager, Dirk: *Betrogenes Rußland. Jelzins gescheiterte Demokratie*. München 1996. Leonhard, Wolfgang: *Spiel mit dem Feuer. Rußlands schmerzhafter Weg zur Demokratie*. Bergisch-Gladbach 1996. Riese, Michaela; Riese, Hans-Peter: *Moskauer Machtspiele. Wer regiert Rußland*. Berlin 1997. Heller, Klaus: *Russlands wilde Jahre. Der neue Kapitalismus in der Ära Jelzin*. Paderborn 2016.

dem US-amerikanischen Regisseur Oliver Stone: „Das Allererste und Wichtigste besteht darin, dass 25 Millionen Russen sich über Nacht im Ausland befanden. Das ist tatsächlich eine der größten Katastrophen des 20. Jahrhunderts."[16]

Unklar ist bei dieser Bewertung, ob es sich bei Putins Zahlenangaben auch um russischsprachige Menschen handelte, die sich einer anderen Nation zugehörig fühlten. Die Frage der russischen Identität und wer letztlich zur „russländischen" Staatsnation gehört, wird seither von Putin intensiv thematisiert.[17] Ebenso engagiert äußerte sich Putin zur russischen Sichtweise auf den Zweiten Weltkrieg, da er befürchtete, dass rückwirkend die Rolle der Sowjetunion im Westen umgedeutet werden könnte.[18] Unter dem Titel *75. Jahrestag des Großen Sieges: Gemeinsame Verantwortung vor Geschichte und Zukunft*[19] legte Wladimir Putin einen Text vor, für den weltweit die russischen diplomatischen Vertretungen als Multiplikatoren eingesetzt wurden. Darin geht es um eine neue russische Sichtweise auf die Ursachen des Kriegs, an dem Polen indirekt eine Mitschuld gegeben wird. Der Hitler-Stalin-Pakt, der zu einer Aufteilung der Interessensphären zwischen den beiden Diktatoren führte, wird in seiner Bedeutung minimiert. Die – nach dem deutschen Kriegsbeginn am 1. September 1939 – fast parallele Besetzung Ostpolens durch sowjetische

---

[16] https://de.sputniknews.com/politik/20170613316141538-putin-sowjetunion-katastrophe/(Aufruf 22. April 2020).

[17] Zum Begriffsunterschied *russisch* und *russländisch* siehe S. 32, FN 49 sowie S. 195.

[18] Anlass war vermutlich die Entschließung des Europäischen Parlaments vom 19. September 2019, in welcher der Zweite Weltkrieg als „unmittelbare Folge" des „Hitler-Stalin-Paktes" bezeichnet wird. https://www.europarl.europa.eu/doceo/document/TA-9-2019-0021_DE.pdf (Aufruf 13. Juli 2020).

[19] Wortlaut unter https://russische-botschaft.ru/de/2020/06/19/75-jahrestag-des-grossen-sieges-gemeinsame-verantwortung-vor-geschichte-und-zukunft/ (Aufruf 26. Juni 2020).

Truppen, die in Massenerschießungen und Massendeportationen mündete, wird von Putin als eine Art Schutzmaßnahme gegen die deutsche Vernichtungspolitik interpretiert. Die Annexion der baltischen Staaten 1940 durch die Rote Armee, ebenfalls begleitet von Exekutionen und Massendeportationen, entsprach laut Putin den damaligen „Normen des Völker- und Staatsrechts". Gleichzeitig konterkariert Putin seine Darstellung selbst, indem er beteuert: "Ich schreibe das ohne die geringste Absicht, die Rolle eines Richters zu übernehmen, jemanden zu beschuldigen oder zu rechtfertigen oder gar eine neue Runde der internationalen Informationskonfrontation im historischen Bereich loszutreten, die Staaten und Völker gegeneinander aufbringen kann. Ich bin der Meinung, dass die Suche nach ausgewogenen Bewertungen vergangener Ereignisse der akademischen Wissenschaft mit einer breiten Vertretung namhafter Forscher überlassen werden sollte. Wir alle brauchen Wahrheit und Objektivität."[20] Dieser Text hatte in den betroffenen Staaten heftige Diskussionen und negative Reaktionen ausgelöst. Auch in Deutschland wurde der Text kontrovers bewertet. Teilweise wurde die Befürchtung geäußert, hier könne ein neuer, verbindlicher Geschichtskanon für Russland entstehen.[21]

Auch Putins Zeit wird ablaufen. Denn inzwischen ist eine junge Generation nachgewachsen, für die Putin nicht mehr

---

[20] ebd.

[21] Vgl. Thumann, Michael: *Wie Wladimir Putin die Geschichte neu definiert.* Unter https://www.zeit.de/politik/ausland/2020-06/siegesparade-russland-wladimir-putin-verfassungsreform-referendum-corona-pandemie (Aufruf 26. Juni 2020) sowie Heyden, Ulrich: 75 Jahre nach Kriegsende – *Winston Churchill als Kronzeuge von Wladimir Putin.* Unter https://www.heise.de/tp/ features/75-Jahre-nach-Kriegsende-Winston-Churchill-als-Kronzeuge-von-Wladimir-Putin-4794717.html (Aufruf 26. Juni 2020). Schmid, Ulrich M.: *Jalta statt Versailles – Wladimir Putin legitimiert seine Vision einer multipolaren Weltordnung mittels Geschichtsklitterung.* Unter https://www.nzz.ch/ feuilleton/praesidiale-geschichtsklitterung-putin-macht-den-stalin-ld.1563980 (Aufruf 07. Juli 2020).

14

der Retter von Stabilität nach den Wirren der Jelzin-Zeit ist. Vielmehr gilt Putin – nicht zuletzt wegen eines zunehmend autokratischen Stils – als Vertreter einer neuen Stagnation. Doch diese Gedanken führen über die Absicht des vorliegenden Buches hinaus.[22] Hier geht es um einen Rückblick auf den inneren Zustand der sowjetischen Gesellschaft vor dem endgültigen Zerfall der Sowjetunion. Dieser Zerfall war zwar bereits im ursprünglichen totalitären Gesellschaftskonstrukt angelegt. Doch vor drei Jahrzehnten begann die „aktive Phase des Niedergangs", weil der Sozialismus sowjetischer Prägung nicht reformfähig war. Mit Auflösung der Sowjetunion zum 31. Dezember 1991 war dieses Experiment beendet worden.[23] Das vorliegende Buch soll an diese Phase erinnern. Es basiert auf teilweise überarbeiteten und ergänzten Kapiteln einer zeitgenössischen Veröffentlichung, die durch die Auflösung der Sowjetunion seinerzeit wenig wahrgenommen wurde.[24] Darin wurde jener Zeitraum geschildert, der drei Jahrzehnte später als Blaupause für viele aktuelle Entwicklungen in Russland wieder an Bedeutung gewinnen kann. Denn auch heute muss sich Russland für die Zukunft orientieren und den Weg von Demokratie, Marktwirtschaft, politischem Pluralismus und einer unabhängigen Justiz neu definieren lernen.

---

[22] Die Übergänge der Macht von einer „Demokratie ohne Demokraten" unter Jelzin bis zu Putins „gelenkter Demokratie" werden eindrucksvoll geschildert von Mommsen, Margareta: *Wer beherrscht Rußland? Der Kreml und die Schatten der Macht.* München 2003. Zur weiteren Entwicklung siehe die kritische Bestandsaufnahme von Quiring, Manfred: *Putins russische Welt. Wie der Kreml Europa spaltet.* Berlin 2017 sowie Ders.: *Russland. Auferstehung einer Weltmacht.* Berlin 2020.
[23] Vgl. Bialer, Seweryn: Der hohle Riese. *Die Sowjetunion zwischen Anspruch und Wirklichkeit.* Düsseldorf, Wien 1987. Brown, Archie: *Der Gorbatschow-Faktor. Wandel einer Weltmacht.* Frankfurt am Main, Leipzig 2000.
[24] Grotzky, Johannes: *Herausforderung Sowjetunion. Eine Weltmacht sucht ihren Weg.* München, Zürich 1991.

Als ich 1989 die Sowjetunion verließ, hatte ich sechs Jahre in Moskau als Korrespondent verbracht und die Parteichefs Andropow, Tschernenko und Gorbatschow erlebt. Gerade Michail Gorbatschow mit seiner Politik von Glasnost und Perestrojka hatte weltweites Aufsehen erregt. Jeder wusste, es muss zu Veränderungen am politischen System kommen. Doch mit einer Auflösung der Sowjetunion ohne einen neuen, funktionierenden Staatenbund jener Völker, die bereits schon zur Zarenzeit in einem Staat zusammengelebt hatten, konnte niemand rechnen. Gleichwohl schilderten meine Texte schon damals eine Gesellschaft, die sich nicht nur im Aufbruch und Umbruch, sondern bereits im Zusammenbruch befand. Wer sich aktuell diesen Prozess noch einmal anhand dieses Buches vergegenwärtigt, versteht leichter, mit welchem historischen Erbe, um nicht zu sagen mit welcher historischen Last, das neue Russland nach dem Zusammenbruch der Sowjetunion starten musste. Es war die Last eines totalitären Regimes, unter dem Russland teilweise bis jetzt noch leidet. Viele geschilderte Mängel im Bereich der Medien, des politischen Systems und der Machtausübung erinnern an manche Entwicklungen im heutigen Russland.

Der Leser muss berücksichtigen, dass es sich hier nicht um eine wissenschaftliche Arbeit handelt, sondern um eine journalistische Darstellung, die sich vor allem auf die gesellschaftlichen Veränderungen beschränkt. Die zitierten Quellen entstammen der aktuellen Tagesarbeit, den Interviews, Pressekonferenzen, Hintergrundgesprächen, Fernseh- und Radiosendungen sowie den Tages- und Wochenzeitungen aus den Jahren meines Aufenthaltes in der Sowjetunion. Nicht alles konnte für dieses Buch mit allen Belegstellen rekonstruiert werden. Deshalb sind als Ergänzung weitere Hinweise auf andere publizistische wie auch wissenschaftliche Bücher zu dem behandelten Zeitraum – und teilweise darüber hinaus – aufgenommen worden.

Von der zitierten Fachliteratur ist die umfangreiche Memoirenliteratur zu unterscheiden. Allen voran die Bücher von Michail Gorbatschow und Boris Jelzin. Beide Politiker wurden von Verbündeten zu Gegnern und haben sich in ihren Büchern mit gegenseitiger Kritik nicht zurückgehalten.[25] Ebenso leidenschaftlich ist auch die Abrechnung der ursprünglichen Anhänger und späteren innenpolitischen Gegenspieler von Gorbatschow, wie die Bücher des ehemaligen Ministerpräsidenten Ryschkow und des konservativen Politbüromitglieds Ligatschow oder des ehemaligen sowjetischen Botschafters in der Bundesrepublik Deutschland Falin zeigen.[26] Aber auch Gorbatschows Berater und bleibende Anhänger haben ihre Memoiren verfasst wie Arbatow, Schachnasarow und Tschernjajew.[27] Überdies liegt gerade zu Michail Gorbatschow eine unglaubliche Fülle an Biografien vor.[28] Darunter dürfte die Gorbatschow-Biografie des amerikanischen Politikwissenschaftlers William Taubman[29], an der er

---

[25] Vgl. die Schriften von M. S. Gorbatschow auf Deutsch in: Grotzky, Johannes: *Schachmatt. Michail Gorbatschow und die letzten Jahre der Sowjetunion.* Norderstedt 2019, S. 287-291. Auf Russisch gibt es eine Gesamtausgabe von Gorbatschow in bislang 26 Bänden: Горбачев, Михаил Сергеевич: *Собрание сочинений.* том 1-26, Москва 2008-2015. Zu den autobiographischen Büchern von Boris Jelzin vgl. S. 12, FN 14.

[26] Ryschkow, Nikolai: *Mein Chef Gorbatschow. Die wahre Geschichte eines Untergangs.* Berlin 2013. Ligatschow, Jegor: *Wer verriet die Sowjetunion?* Berlin 2012. Falin, Valentin: *Konflikte im Kreml. Zur Vorgeschichte der deutschen Einheit und Auflösung der Sowjetunion.* München 1997.

[27] Arbatow, Georgi: *Das System. Ein Leben im Zentrum der Sowjetpolitik.* Frankfurt am Main 1993. Schachnasarow, Georgi. Hrsg. von Frank Brandenburg: *Preis der Freiheit. Eine Bilanz von Gorbatschows Berater.* Bonn 1996. Tschernjajew, Anatoli: *Die letzten Jahre einer Weltmacht. Der Kreml von innen.* Stuttgart 1993.

[28] Allein die Deutsche Nationalbibliothek weist mehr als vierzig Titel auf. Vgl. https://portal.dnb.de/opac.htm?method=simpleSearch&query=Michail+Gorbatschow+Biographie (Aufruf 26. Juni 2020).

[29] Taubman, William: Gorbatschow. *Der Mann und seine Zeit. Eine Biografie.* München 2018.

zwölf Jahre gearbeitet hat und die sich unter anderem auf persönliche Gespräche mit Gorbatschow und seinen Wegbegleitern sowie auf das Archiv der Gorbatschow-Stiftung[30] in Moskau stützt, einen einzigartigen Stellenwert einnehmen.

Mit Kritik an Russland ist man schnell zur Hand und sieht kaum, welchen weiten Weg dieser Staat vom Kommunismus bis heute zurückgelegt hat, ohne dass dem Land durch seine Geschichte bereits eine demokratische Kultur in die Wiege gelegt worden wäre. Das Ringen um diese Demokratie, die Erfolge und Rückschläge, der Pendelschlag zu autoritären Strukturen, die Einschränkung politischer Pluralität und der Pressefreiheit, aber auch die Umsetzung einer nie gekannten Reisefreiheit, die Publikation früher verbotener Bücher und der Zugang zu ausländischen Informationsquellen im Internet zeigen die Widersprüche, in denen sich Russland immer noch befindet. Dieser Rückblick beschränkt sich auf die innergesellschaftliche Entwicklung der Sowjetunion. Fragen der Außen- und Sicherheitspolitik werden nicht behandelt.[31] Klar ist aber: Die Konzeption der kommunistischen Weltmacht von Wladimir Iljitsch Lenin konnte sich nicht behaupten. Sein politischer Traum hatte sich in einen Albtraum verwandelt. Die Sowjetunion, ein von Lenin mit Terror und Gewalt geschaffenes Staatsgebilde, ist verschwunden. Der Zerfall war das Verdienst vieler Menschen in der Sowjetunion, die nicht länger bereit waren, die Unwahrheit als Wahrheit, die Misswirtschaft als Erfolg und unnötige Einschränkungen ihrer Freiheit als etwas Selbstverständliches zu akzeptieren.

---

[30] Vgl. https://www.gorby.ru/en/ (Aufruf 21. August 2020).

[31] Vgl. Beyme, von Klaus: *Das ‚neue Denken' in Gorbatschows Außenpolitik.* In: In: Mommsen, Margareta; Schröder, Hans-Henning (Hrsg.): *Gorbatschows Revolution von oben. Dynamik und Widerstände im Reformprozeß der UdSSR.* Frankfurt am Main, Berlin 1987, S. 124-138 sowie Segbers, Klaus: *Die neue Beweglichkeit in der sowjetischen Sicherheits- und Abrüstungspolitik.* In: Ebd. S. 139-156.

# Die Sowjetgesellschaft –
# eine historische Fehlkonstruktion?

Die Sowjetgesellschaft ist nie das geworden, was mit der Oktoberrevolution 1917 erreicht werden sollte. Zwei wesentliche Ideale konnten nicht verwirklicht werden. Es ist erstens nicht gelungen, die sozial gerechteste Gesellschaftsordnung aufzubauen, wie sie auf der Grundlage des Marxismus-Leninismus angestrebt wurde. Zweitens ist der Versuch gescheitert, das sowjetische Staatswesen auf der Grundlage einer freiwilligen und friedlichen Vereinigung unterschiedlicher Völker zu errichten.

Kaum eine Woche nach ihrer Machtübernahme gaben die Bolschewiken im November 1917 eine Deklaration ab, die „das Recht der Völker Russlands auf freie Selbstbestimmung bis zur Abtrennung und Bildung eines selbständigen Staates" garantierte. Zahlreiche Völker nahmen dieses Recht zunächst wahr und bildeten eigene Nationalstaaten in der Randzone des früheren russischen Imperiums, darunter im Baltikum, im Transkaukasus und in Zentralasien. Sie alle wurden später teilweise durch politischen, teilweise durch militärischen Druck in die spätere Sowjetunion eingegliedert. Damit war der Grundstein gelegt für Nationalitätenkonflikte, die bis über den Zerfall der Sowjetunion hinaus nicht selten in blutigen Zusammenstößen wieder aufgebrochen sind. Das Erbe jener Zeit war zur existentiellen Herausforderung für den Staat Sowjetunion geworden.

National in der Form, sozialistisch im Inhalt – mit dieser Zielsetzung sollte der Vielvölkerstaat Sowjetunion als erster

Arbeiter- und Bauernstaat unter Beweis stellen, dass mit der „Großen Sozialistischen Oktoberrevolution" die Epoche der nationalbürgerlichen Gesellschaft und der kapitalistischen Produktionsformen für diesen Teil der Welt überwunden ist. Es folgten Jahrzehnte des Experiments mit grandiosen Erfolgen und erschütternden Niederlagen. Die damalige Weltmacht Sowjetunion hielt die Mehrzahl aller Rekorde im Weltraum, vom ersten bemannten Raumflug bis zur Errichtung der ersten ständig bewohnten Raumstation. Gleichzeitig litt die sowjetische Gesellschaft unter Mangelerscheinungen im Bereich der Lebensmittel und der Konsumgüter. Ganz zu schweigen von den Einschränkungen grundsätzlicher bürgerlicher, intellektueller und künstlerischer Freiheiten. Dieser Widerspruch war das Resultat einer ebenfalls widersprüchlichen historischen Entwicklung seit der Revolution. Bis zum Tod von Staatsgründer Lenin 1924 war die Entwicklung des Landes geprägt worden

- vom Bürgerkrieg,
- vom Terror und den Morden an politischen Gegnern,
- von der ersten Großen Hungersnot 1921-22
- vom beginnenden Machtkampf zwischen Josef Stalin (1878-1953) und Leo Trotzki (1879-1940).

Wirtschaftlich versuchte Lenin noch, mit der Einführung der Neuen Ökonomischen Politik (NEP) das Steuer der erfolglosen zentralen Planwirtschaft herumzureißen. Privatisierung und Investitionen von ausländischem Kapital wurden gefördert. Eine differenzierte Produktionsweise sollte in die Lage versetzt werden, auf die Bedürfnisse des Marktes angemessen zu reagieren.

Mit Stalins fünfzigstem Geburtstag 1928 wird nicht nur der Beginn des Personenkultes, sondern das Ende der Neuen Ökonomischen Politik verbunden, deren Grundkonzeption erst mehr als fünfeinhalb Jahrzehnte später unter Gorbatschow mit der Politik der Perestrojka wiederbelebt werden solltc.

20

Bis zu diesem Zeitpunkt beanspruchte die Sowjetunion nicht nur das absolute Machtmonopol, sondern auch die ideologische Vorherrschaft über das Denken und Handeln ihrer Bürger. Diese Haltung wurde ebenfalls erst unter Gorbatschow aufgegeben.

Die schlimmste Prüfung im Inneren mussten die Völker der Sowjetunion mit dem Terror der Stalin-Zeit ertragen, dessen Opfer bis heute nur annähernd benannt werden können. Der russische Historiker Roy Medwedew (Roi Medvedev)[32] und der Stalin-Biograf Dmitri Wolkogonow[33], ein ehemaliger sowjetischer Generaloberst und Historiker, schätzten, dass bis zu 22 Millionen Menschen den Stalinistischen Säuberungen zum Opfer fielen. Und dies noch vor dem Beginn des Großen Vaterländischen Krieges.

Die verheerendste Heimsuchung kam von außen mit dem Zweiten Weltkrieg, den die deutsche Wehrmacht mit ihrem Überfall 1941 in die Sowjetunion getragen hat. Auch hier kann das Ausmaß der Opfer nur annähernd geschätzt werden. Weitere rund 27 Millionen Tote hatte dadurch die Sowjetunion zu beklagen. Zahllose Städte und Industriezentren wurden zerstört, die Entwicklung des Landes weit zurückgeworfen.

Unter den Folgen dieser beiden Katastrophen hatte die Sowjetunion bis zu ihrem Zerfall gelitten, jedoch mit einem bewegenden Unterschied. Die Leiden des Zweiten Weltkrieges wurden nicht den Deutschen, sondern der faschistischen Ideologie des Nationalsozialismus angelastet. Die Leiden der Stalin-Zeit hingegen wurden der eigenen Gesellschaft zur Last gelegt.

Der negative Schnittpunkt jener Zeit war für viele Sowjetbürger der Hitler-Stalin-Pakt vom 23. August 1939, in des-

---

[32] *Das Urteil der Geschichte. Stalin und der Stalinismus.* Bd. 1-3, Berlin 1992. Bei Buchveröffentlichungen in Deutschland variieren beide Schreibweisen des Namens.
[33] *Stalin. Triumph und Tragödie.* Berlin 1993.

sen Geheimen Zusatzprotokoll die beiden Diktatoren sich auf die Teilung Europas einigten. Dies ermöglichte Stalin den Zugriff auf die baltischen Staaten, Ostpolen und Bessarabien. Ungeachtet aller Verbrechen, die später von deutscher Seite in der Sowjetunion verübt wurden, gehört es zur Tragik der sowjetischen Geschichte, dass die Existenz dieses Geheimen Zusatzprotokolls bis 1989 von den obersten Repräsentanten der Sowjetunion geleugnet wurde. Sogar das ehemalige Staatsoberhaupt Andrei Gromyko (1909-1989) [34] verbürgte sich in seinem politischen Vermächtnis nur wenige Wochen vor seinem Tod mit seinem Ehrenwort dafür, dass es ein solches Zusatzprotokoll nie gegeben habe. Die Herausforderung, sich der historischen Wahrheit zu stellen, hatte die Sowjetmacht erst allmählich angenommen.

Der deutsche Vernichtungsfeldzug gegenüber der Sowjetunion hatte die stalinistischen Verbrechen zunächst in den Hintergrund gerückt. Das waren

- die Zwangskollektivierung, Enteignung und Massendeportation der Kulaken,[35]
- die Zerstörung der landwirtschaftlichen Basis ab 1929 mit großen Hungersnöten als Folge, der insbesondere in der Ukraine und in Kasachstan zwischen 1932 und 1933 Millionen Menschen zum Opfer fielen,[36]

---

[34] Gromyko war 1957 bis 1985 Außenminister und 1985-1988 Vorsitzender des Präsidiums des Obersten Sowjets (Staatsoberhaupt), nahm aber schon im Juli/August 1945 mit Stalin als junger Diplomat an der Siegerkonferenz in Potsdam teil.

[35] Im Russischen ein Begriff für wohlhabende Bauern. Siehe auch https://www.britannica.com/topic/collectivization sowie https://de.wikipedia.org/wiki/Entkulakisierung (Aufruf 15. Juni 2020).

[36] Die Ukraine bewertet heute unter dem Begriff „Holodomor" (Tötung durch Verhungern) dieses Ereignis als Völkermord. Vgl. https://www.britannica.com/event/Holodomor sowie https://de.wikipedia.org/wiki/Holodomor (Aufruf 15. Juni 2020).

- die Schauprozesse zur Vernichtung politischer Gegner besonders zwischen 1936 und 1938,[37]
- die Errichtung der stalinistischen Lager,
- die innersowjetische Deportation zahlreicher Völker[38] und die Auflösung ihrer Siedlungsgebiete zwischen 1941 und 1944.

Diese Etappen sind in ihrem gesamten Ausmaß erst wenige Jahre vor dem Zerfall der Sowjetunion durch die Politik von Glasnost öffentlich behandelt worden.

Schon einmal hatte sich die Sowjetunion der Herausforderung der historischen Wahrheit gestellt, als nach Stalins Tod Nikita Chruschtschow 1956 die stalinistischen Lager auflösen ließ und Millionen Menschen, darunter viele Totgeglaubte, in die sowjetische Gesellschaft zurückkehrten. Es war eine kurze Zeit der Liberalisierung, als die Sowjetunion – nach einem Besuch des westdeutschen Bundeskanzlers Konrad Adenauer – auch die letzten etwa zehntausend deutschen Kriegsgefangenen entließ. Trotzdem gelang es nicht, das Sowjetreich aus der wirtschaftlichen und politischen Isolierung, die durch den Kalten Krieg entstanden war, völlig herauszuführen. Vielmehr war die Ära Chruschtschow durch widersprüchliche Maßnahmen charakterisiert. Dazu gehörte die Sprung-

---

[37] Die volle Rehabilitierung dieser und anderer Stalin-Opfer – insgesamt über eine Million – erfolgte erst zwischen 1987 und 1990. Vgl. https://www.britannica.com/event/Great-Purge sowie https://de.wikipedia.org/wiki/Moskauer_Prozesse (Aufruf 15. Juni 2020).

[38] Neben den Russlanddeutschen zählten dazu vor allem Krimtataren, Karatschaier, Kalmücken, Tschetschenen, Inguschen, Balkaren und Mescheten. Laut Chruschtschow entgingen die Ukrainer „diesem Schicksal lediglich deshalb, weil sie zu zahlreich sind und kein Raum vorhanden war, wohin man sie hätte deportieren können. Sonst hätte er (Stalin) sie auch deportiert." *Chruschtschows ‚Geheimrede' vom 25. Februar 1956* in: Medwedew, R. u.a., *Entstalinisierung. Der XX. Parteitag der KPdSU und seine Folgen.* edition suhrkamp 606, Frankfurt/Main 1977, S. 520.

haftigkeit in der Wirtschaft ebenso wie unrealistische Droh-gebärden in den außenpolitischen Beziehungen und eine Kulturpolitik, bei der sich unerträgliche Einschränkungen und liberale Phasen einander ablösten. Einerseits durfte der Schriftsteller Boris Pasternak (1890-1960) unter politischem Druck den Literaturnobelpreis 1958 nicht annehmen. Er wurde über seinen Tod hinaus zur Unperson erklärt und jahrelang mit den schändlichsten Beschimpfungen in sowjetischen Publikationen bedacht. Andererseits konnte Alexander Solschenizyn (1918-2008) seine Erzählung über den Alltag in stalinistischen Lagern unter dem Titel *Ein Tag im Leben des Iwan Denissowitsch* 1963 veröffentlichen.

Mit dem Sturz Chruschtschows 1964 und dem Amtsantritt von Leonid Breschnjew begann jene – fast zwei Jahrzehnte dauernde – Epoche, die später als die Phase der Stagnation kritisiert wurde. Trotz einer aktiven Außenpolitik und internationaler Entspannung fällt in diesen Zeitabschnitt nicht nur der wirtschaftliche Niedergang der Sowjetunion. Bedrückende Zäsuren waren auch

- ab 1968 die Verfolgung der Dissidentenbewegung,
- 1974 die Ausbürgerung des Schriftstellers Alexander Solschenizyn,
- 1979 der Einmarsch der sowjetischen Truppen in Afghanistan,
- 1980 die Verbannung des Menschenrechtlers Andrej Sacharow nach Gorki.

Als Breschnjew 1982 starb, so zeigen im Rückblick die Analysen, war das Land wirtschaftlich und sozial ruiniert. Die beiden kurzen Interimsphasen der Partei- und Staatschefs Juri Andropow (gestorben 1984), und Konstantin Tschernenko (gestorben 1985), haben noch einmal den Widerstreit zwischen zwei Konzeptionen für die weitere Entwicklung der Sowjetunion demonstriert:

Andropow, der auch als Förderer von Michail Gorbatschow galt, sah im Marxismus eine entwicklungsfähige

24

Grundlage zur Ausarbeitung neuer Methoden für die Sowjetgesellschaft und forderte eine vorsichtige Reformpolitik.

Sein Nachfolger Tschernenko versteifte sich jedoch auf den Standpunkt, Reformen seien unnötig, denn die Sowjetunion besitze bereits mit dem Marxismus-Leninismus alle notwendigen Mittel und Methoden zum weiteren Aufbau des Sozialismus. Man müsse sie nur besser aktivieren.

Beide Konzeptionen wurden von den Begebenheiten der folgenden Jahre überrollt. Michail Gorbatschow wollte das sozialistische System durch eine Beschleunigung und Intensivierung der wirtschaftlichen Entwicklung reformieren und gegenüber dem Kapitalismus konkurrenzfähig machen. Gleichzeitig hatte Gorbatschow die politische Sprengkraft der nationalen Frage und den Widerstand konservativer Kräfte in der Partei unterschätzt. Seine Politik mündete in einer Reform des politischen Systems und führte zum Ende des kommunistischen Machtmonopols. Aber er konnte das Auseinanderdriften der einzelnen Republiken und den chaotischen Übergang zum Zerfall nicht mehr aufhalten.[39]

Unter Michail Gorbatschow, der 1985 Parteichef wurde, hat sich die Sowjetunion innerhalb eines halben Jahrzehnts einer Fülle von Herausforderungen gestellt, die letztlich auf einen Punkt hinausliefen: Der größte Staat der Welt hatte sich in der politischen Konzeption der kommunistischen Oktoberrevolution als Fehlkonstruktion erwiesen und war nicht mehr lebensfähig. Auch ein Putschversuch[40] konserva-

---

[39] Vgl. dazu vor allem die Jahre 1990 und 1991 in der Zeittafel S. 215 ff.

[40] Vgl. dazu Ruge, Gerd: *Der Putsch. Vier Tage, die die Welt veränderten.* Frankfurt am Main 1991. In diesem Band mit zeitgenössischen Reportagen werden die Ereignisse tagesaktuell vom 19. August bis zum 05. September 1991 belegt. Ferner: Schewardnadse, Eudard; Gurkow Andrej; Eichwede, Wolfgang u.a. Revolution in Moskau. *Der Putsch und das Ende der Sowjetunion.* Reinbeck bei Hamburg 1991 sowie die akribisch aufgebaute, zeitgeschichtliche Studie von Lozo, Ignaz: *Der Putsch gegen Gorbatschow und das Ende der Sowjetunion.* Köln, Weimar, Wien 2014.

tiver Kräfte gegen die Reformpolitik von Michail Gorbatschow im August 1991 konnte das kommunistische Regime nicht mehr retten. Denn die Putschisten erreichten das Gegenteil und beschleunigten das Ende der Sowjetunion.[41]

Michail Gorbatschow, der während des Putsches auf der Krim festgesetzt wurde, zog im Rückblick die Schlussfolgerung: „Die wichtigste Lehre aus den Augustereignissen ist: Wir müssen die demokratische Umgestaltung beschleunigen".[42]

Doch seine Zeit war abgelaufen.[43] Die Bevölkerung hatte sich schon mehrheitlich umorientiert und hinter Boris Jelzin, den Parteirebellen und Gegenspieler von Gorbatschow, gestellt. Boris Jelzin betrieb als erster frei gewählter Präsidenten der Russischen Föderation die endgültige Auflösung der Sowjetunion, die am 31. Dezember 1991 aufhörte zu existieren.

---

Eine gute Zusammenfassung bietet https://de.wikipedia.org/wiki/ Augustputsch_in_Moskau. Vgl. https://www.britannica.com/place/Soviet-Union/The-attempted-coup (Aufruf 15. Juni 2020).

[41] Vgl. Simon, Gerhard und Nadja: *Verfall und Untergang des sowjetischen Imperiums*. München 1993. Pryce-Jones, David: *Der Untergang des sowjetischen Reiches*. Reinbeck bei Hamburg 1995. Sixsmith, Martin: *Der Untergang der Sowjetmacht. Welche Zukunft hat Rußland?* Frankfurt am Main, Berlin 1992. Druwe, Ulrich: *Das Ende der Sowjetunion. Krise und Auflösung einer Weltmacht*. Weinheim 1991. Lauterbach, Reinhard: *Das lange Sterben der Sowjetunion. Schicksalsjahre 1985-1999*. Berlin 2017.

[42] Gorbatschow, Michail: *Der Staatsstreich*. München 1991, S. 49.

[43] Am 25. Dezember 1991 erklärte Gorbatschow in einer Fernsehansprache den Rücktritt von allen Ämtern. Er erinnert sich: „Ich hatte meine Ansprache noch nicht beendet, da war Jelzin schon bereit, selbst auf das Dach des Kremls zu klettern, um die Flagge der UdSSR möglichst schnell einzuholen." Und weiter: „Intrigen waren Jelzins Lieblingsbeschäftigung." Gorbatschow, Michail: *Alles zu seiner Zeit. Mein Leben*. Hamburg 2013, S. 354 f.

# Von der nationalen Vielfalt zum Zwiespalt

Als der Parteichef der damaligen mittelasiatischen Sowjetrepublik Usbekistan Scharaf Raschidow (1917-1983) starb, zeigte das zentrale Moskauer Fernsehen einen Bericht von der Beerdigungsfeier aus Taschkent. Fremd anmutende Klagelieder tönten aus dem Lautsprecher. Trauernde Männer in blauen Kaftanen drängten sich auf dem Bildschirm. Sie alle trugen – ebenso wie der Tote im offenen Sarg – eine Tjubetejka auf dem Kopf, eine landesübliche Kopfbedeckung, ähnlich einem Barett, mit aufgestickten Ornamenten. Ein Gast im schwarzen Anzug europäischen Zuschnitts und ohne Kopfbedeckung stach aus dieser Trauergemeinde hervor. Dieser auffällige Einzelgänger war Witali Worotnikow (1926-2012), der Abgesandte aus Moskau und Kandidat des Politbüros, des obersten Führungsgremiums der Kommunistischen Partei. Fast symbolisch wurde damit deutlich, wie die Russen gegenüber den anderen sowjetischen Völkern in die Minderheit zu geraten drohten.

Nach offizieller Statistik machten die Russen in der Endphase der Sowjetunion knapp die Hälfte der Bevölkerung aus. Und ihr Anteil drohte immer weiter zu sinken. Denn die Geburtenziffern der südlichen Völker in Zentralasien und im Kaukasus lagen weit höher als die in Moskau, Leningrad, Nowosibirsk oder Irkutsk. Die verwirrende Vielzahl der mehr als hundert Völker und Völkerschaften, die in der Sowjetunion zusammenlebten, machte es nicht leicht, sich einen ethnografischen Überblick über dieses Land zu verschaffen.

Ein Rückblick auf die damalige administrative Einteilung des Landes hilft hier weiter; denn fünfzehn Titularnationen lebten in eigenen Sowjetrepubliken.

Vom Nordwesten her waren dies im Baltikum an der Ostseeküste die Esten, Letten und Litauer. Sie führten kulturell und sprachlich eine sehr eigenständige Existenz und betrieben als erste den Austritt aus der Sowjetunion. Seit ihrer Zwangseinverleibung 1940 als Folge des Hitler-Stalin-Paktes hatten sie sich der Sowjetunion nie zugehörig gefühlt. Die baltischen Republiken waren immer „westorientiert", auch bedingt durch die traditionellen evangelisch-lutherischen und römisch-katholischen Glaubensgemeinschaften. Zur russisch-orthodoxen Kirche zählten überwiegend jene russischen Bevölkerungsteile, die nach der Annexion der baltischen Staaten und der Verbannung der baltischen Eliten nach Sibirien massiv im Baltikum angesiedelt worden waren.

An diese baltischen Republiken schlossen sich – entlang der polnischen Grenze – zwei Sowjetrepubliken an, die im Zweiten Weltkrieg besonders gelitten hatten: Belarus (auch Weißrussland genannt) und die Ukraine. Gerade die Ukraine unterlag einem steten Wandel der Grenzen und einem ständigen Behauptungskampf um eine eigene nationale Identität. Dies illustriert am besten der Lebenslauf eines alten Mannes aus der Stadt Uschgorod: Er war als Bürger der österreich-ungarischen Monarchie geboren worden; dann hat er in der Tschechoslowakei gearbeitet; seine Rentnerjahre begann er in der Sowjetunion; und in der unabhängigen Ukraine verbrachte er seinen Lebensabend. Trotz dieses bewegten Lebens hat er seine Heimatstadt Uschgorod nicht ein einziges Mal verlassen müssen.

An den südwestlichen Zipfel der Ukraine schmiegt sich die kleine ehemalige Sowjetrepublik Moldau (Moldawien) an, die an Rumänien grenzt. Hier wie jenseits der Grenze wurde dieselbe Sprache gesprochen, wurden dieselben Lieder gesungen und dieselbe Kultur gepflegt: Doch zur sowjetischen

Zeit erhielten diese Republik, die dort lebenden Menschen, ihre Sprache und Nationalität „moldawisch" als ethnische Bezeichnung verliehen. Die Sprache – obgleich identisch mit dem Rumänischen – wurde mit kyrillischen Buchstaben geschrieben. Auf rumänischer Seite hingegen benutzt man lateinische Buchstaben und leugnete die Berechtigung einer eigenen moldawischen Sprache. Dieser Zwist im kleinen sozialistischen Grenzverkehr hatte auch praktische Auswirkungen. Durch die Abtrennung von Moldau und die Angliederung an die Sowjetunion waren viele Familien auseinandergerissen worden. Gegenseitige Besuche waren zwar in einem Abkommen vorgesehen, aber die Betroffenen vor Ort klagten, dass mehr auf Abgrenzung als auf Gemeinsamkeiten Wert gelegt wurde. Erst mit dem Sturz des rumänischen Diktators Ceaușescu 1989 und der Politik der Perestrojka in der Sowjetunion wurde die Grenze wieder passierbar, und die Familien konnten einander ungehindert besuchen. Dann wurde die Schrift der „moldawischen" Sprache wieder latinisiert und schließlich auf Beschluss des Moldauischen Verfassungsgerichts 2013 in „Rumänisch" umbenannt. Nur in der von Moldau abgespaltenen und von Moskau unterstützten Region Transnistrien wird weiterhin „Moldawisch" in kyrillischer Schreibweise benutzt. Völkerrechtlich gehört Transnistrien jedoch weiter zur Republik Moldau.

Nun folgt ein geografischer Sprung nach Südosten, über die Krim[44] hinweg, vorbei an der Schwarzmeerküste zum

---

[44] Die Krim, damals ein Vasallenstaat des Osmanischen Reiches, erlangte im Russisch-Türkischen Krieg (1768-1774) offiziell die Unabhängigkeit, wurde aber unter der deutschstämmigen Zarin Katharina II. am 8. April 1773 von Russland annektiert. 1954 wurde die Krim der Ukrainischen Sozialistischen Sowjetrepublik angegliedert und votierte 1991 für die „Wiederbegründung" einer autonomen Republik. Nach der Unabhängigkeit der Ukraine erhielt die Krim nach langen Auseinandersetzungen den Status einer Autonomen Republik mit einer eigenen Verfassung. In Sewastopol auf der Krim blieb die ehemals sowjetische Schwarzmeerflotte stationiert, die zu 85 Prozent Russland und zu 15 Prozent der Ukraine

Transkaukasus. Dort liegen die ehemaligen Sowjetrepubliken Georgien, Armenien und Aserbaidschan. Drei völlig verschiedene Völker mit jeweils eigener Sprache. Während Georgien und Armenien ihre Nationalität eng mit der Geschichte einer eigenen christlichen Nationalkirche verbinden, gehören die Aserbaidschaner im Grenzgebiet zum Iran historisch zur islamischen Kultur überwiegend schiitischer Glaubensrichtung.

Bis heute unbewältigt ist für die Armenier ihr territoriales Schicksal, das von Flucht, Vertreibung und Genozid im Osmanischen Reich mitgeprägt ist.[45] Ein Großteil der ursprünglichen Heimat mit dem Nationalsymbol, dem Berg Ararat, liegt inzwischen unerreichbar auf dem Gebiet der angrenzenden Türkei. Die armenische Enklave Berg-Karabach (armenisch *Lernajin Gharabagh)* dagegen liegt in Aserbaidschan (aserbaidschanisch *Dağlıq Qarabağ)* und war in der Endphase der Sowjetunion mehrfach Anlass für blutige, bürgerkriegsähnliche Auseinandersetzungen zwischen Armeniern und Aserbaidschanern, die bis heute immer wieder aufflammen.

Zu Aserbaidschan gehörte die Autonome Republik Nachitschewan, die allerdings durch einen »armenischen Korridor« getrennt ist. Die Aserbaidschaner (Aseris) empfinden sich als

---

zugeschlagen wurde. Nach einer klaren Westorientierung der Ukraine wurde die Krim 2014 nach einem militärischen Eingreifen russischer Soldaten und einem umstrittenen Referendum am 18. März 2014 in die Russische Föderation eingegliedert. Vgl. die Übersicht unter https://de.wikipedia.org/wiki/Krim sowie https://www.britannica.com /place/Crimea (Aufruf 14. Juni 2020).

[45] Das gilt besonders für die beiden Massaker in den Jahren 1894-1896 https://de.wikipedia.org/wiki/Massaker_an_den_Armeniern_1894%E2 %80%931896 sowie sowie für die Jahre 1915/16. https://de.wikipedia.org/wiki/V%C3%B6lkermord_an_den_Armeniern und https://www.britannica.com/event/Armenian-Genocide (Aufruf 15. Juni 2020).

ein geteiltes Volk, weil doppelt so viele Aseris im benachbarten Iran leben. Um das wirkliche Zahlenverhältnis wird zwischen beiden Staaten gestritten. Nach Darstellung Aserbeidschans leben im eigenen Land etwas mehr als 8 Mio. Aseris gegenüber 12-15 Mio. Aseris im Iran.[46]

Geografisch begrenzt ist diese Region im Westen vom Schwarzen Meer und im Osten vom Kaspischen Meer, das auch als größter See der Welt bezeichnet wird, weil es keinen natürlichen Abfluss hat.

Der Transkaukasus zwischen Schwarzem und Kaspischem Meer ist auch die Heimat weiterer Völker. So befanden sich in Georgien die Abchasische und die Adscharische Autonome Republik. Nach langjährigen Konflikten und einem Waffengang[47] zwischen Russland und Georgien 2008 wurden Abchasien sowie die Region Südossetien abgetrennt. Sie bilden unter Russlands Protektorat eigene, international nicht anerkannte Republiken, gehören völkerrechtlich aber weiterhin zu Georgien.

Auf der östlichen Seite des Kaspischen Meeres liegen die ehemaligen sowjetischen zentralasiatischen Republiken. Die größte davon ist Kasachstan, dessen Territorium vom Kaspischen Meer bis an den Ural und weiter bis nach China reicht. In Kasachstan liegt – noch aus der Sowjetzeit – der größte Startplatz für Weltraumraketen, Baikonur. Seit dem Ende der Sowjetunion zahlt Russland eine jährliche Pacht von vermutlich 200 Mio. Euro, um den Weltraumbahnhof Baikonur weiter nutzen zu können.[48] Von hier sind auch zahlreiche Astro-

---

[46] Vgl. https://www.britannica.com/place/Azerbaijan und
https://de.wikipedia.org/wiki/Aserbaidschan#Bev%C3%B6lkerung
sowie https://de.wikipedia.org/wiki/Aserbaidschaner (Aufruf 14. Juni 2020).

[47] Vgl. https://de.wikipedia.org/wiki/Kaukasuskrieg_2008 (Aufruf 14. Juni 2020).

[48] Vgl. https://www.britannica.com/place/Baikonur
https://de.wikipedia.org/wiki/Baikonur (Aufruf 14. Juni 2020).

nauten der USA und anderer Staaten in den Weltraum gestartet.

Kasachstan erstreckt sich in einem großen Bogen nördlich über die anderen – inzwischen unabhängigen – mittelasiatischen Republiken Turkmenistan, Usbekistan, Tadschikistan und Kirgistan, die in dieser Reihenfolge den islamischen Gürtel entlang der ehemals sowjetischen Südgrenze zum Iran, zu Afghanistan und China bilden. Durch einen Teil dieser Zone führte die alte Seidenstraße, auf der Handelskarawanen einst ihre Kostbarkeiten aus China, dem „Reich der Mitte", nach Europa brachten. Für die Bewohner der bislang erwähnten ehemaligen Sowjetrepubliken war Russisch eine Fremdsprache, bestenfalls eine Zweitsprache. Eine Ausnahme bildete Kasachstan. Dort lebt bis heute eine bedeutende Gruppe von Russen (21 Prozent der Bevölkerung) und Russisch ist – neben Kasachisch – weiterhin Amtssprache. Neben Kasachstan akzeptiert auch Kirgistan mit einem russischen Bevölkerungsanteil von 21,5 Prozent Russisch als weitere Amtssprache.

Die größte aller Republiken war die Russische Sozialistische Föderative Sowjetrepublik (RSFSR). Sie trat nach dem Zerfall der Sowjetunion als Russische Föderation (eigentlich: *Russländische Föderation*)[49] die Rechtsnachfolge der Sowjetunion an.[50]

Mit dem Ende der alten Sowjetunion und der Unabhängigkeit von vierzehn ehemaligen Sowjetrepubliken hatte das Land 5,3 Mio. Quadratkilometer und einen Bevölkerungsan-

---

[49] Im Russischen wird unterschieden zwischen *russkij (русский)* = *russisch* als nationale Bezeichnung und *rossijskij (российский)* = *russländisch* als staatsrechtliche Bezeichnung, die auch alle nicht-russischen Völker umfasst. Im Deutschen werden beide Begriffe oft als *russisch* zusammengezogen.

[50] Russland verfügt auch heute noch über 22 Republiken mit eigenen Verfassungen, einer eigenen Gesetzgebung und oftmals auch mit eigenen Amtssprachen.

teil von 145 Mio. Menschen „verloren". Trotzdem ist das verbliebene Russland mit 146,7 Mio. Einwohner weiterhin ein Vielvölkerstaat mit – neben Russisch – 37 weiteren offiziellen Amtssprachen sowie mit insgesamt 76 Unterrichtssprachen für die Schulen nationaler Minderheiten.[51] Und Russland ist auch heute noch der größte Flächenstaat der Welt. So dauert ein Direktflug innerhalb Russlands von Moskau nach Wladiwostok mit neun Stunden nahezu gleich lang wie ein Direktflug von Moskau nach New York. Zur Illustration dieses Ausmaßes dient eine eindrucksvolle Frage: Was haben Norwegen, Finnland, die USA, Japan, China und Nordkorea gemeinsam? Sie alle teilen eine Grenze mit Russland! Nur so kann man sich die geografische Größe des heutigen Russlands vorstellen.

Zur Sowjetzeit wurde in dem noch größeren Reich mit der Vielzahl von Völkern und Republiken in allen Schulen Russisch gelehrt, und in allen Republiken erschienen – neben den nationalsprachlichen – auch russische Zeitungen. Das zentrale Fernsehprogramm sendete auf Russisch. Fachbücher an den Universitäten waren auf Russisch geschrieben, berufliche Qualifikationsprüfungen mussten auf Russisch abgelegt werden. Inzwischen haben in all den übrigen vierzehn Nachfolgestaaten vom Baltikum über den Transkaukasus nach Zentralasien die jeweiligen Nationalsprachen das Russische weitgehend verdrängt, obwohl in sozialen Netzwerken wie *Vk (V kontakte)* oder *ok (Odnoklassniki)* auch Länder übergreifend Russisch als *lingua franca* genutzt wird, allerdings sehr stark bedrängt und teilweise schon abgelöst von *Facebook, Instagram, Twitter, TikTok* und der englischen Sprache.

Als die Sowjetunion die Endphase des Siechtums erreicht hatte, fast siebzig Jahre nach der Oktoberrevolution, konnte man allerdings in dem Entwurf für eine Schulreform nachle-

---

[51] Vgl. https://www.russlandjournal.de/russland/russische-foederation/ (Aufruf 15. Juni 2020).

sen, dass die Schüler der nichtrussischen Schulen mit Abschluss der 10. Klasse endlich die russische Sprache in Wort und Schrift beherrschen müssten. Also war das Ziel einer vollkommenen russischsprachigen Durchdringung nie wirklich erreicht worden. Der nationale Widerstand der nichtrussischen Völker gegen die verordnete Russifizierung hatte überlebt. Lenins Enkel redeten weiterhin in der Vielfalt ihrer über hundert Sprachen. Wenn sie sich aber untereinander verständigen wollten, im Parlament, auf dem Parteitag der Kommunisten, auf Kongressen, im Geschäftsverkehr, in der Armee, dann blieb ihnen nichts anderes übrig, als auf die russische Amtssprache auszuweichen. Gleiches galt etwa für einen Kasachen, der die Bücher eines Georgiers lesen wollte und umgekehrt. Beide benutzten eine russische Übersetzung. Die Folge: Es gab in der Sowjetunion bereits Nationalschriftsteller wie den Kirgisen Tschingis Aitmatow, die nicht mehr in ihrer jeweiligen Muttersprache, sondern gleich auf Russisch schrieben.

Der von Lenin propagierte Verband gleichberechtigter Völker war nie erreicht worden. Vielmehr ist im Laufe der Zeit das Gegenteil eingetreten.[52] Was jahrelang durch politischen Druck von oben und durch flankierende Maßnahmen der Administration zusammengehalten wurde, nämlich das

---

[52] Das wichtigstes Standardwerk zur nationalen Frage jener Zeit stammt von Simon, Gerhard: *Nationalismus und Nationalitätenpolitik. Von der totalitären Diktatur zur nachstalinistischen Gesellschaft*. Baden-Baden 1986. Vgl. ferner Carrère d'Encausse, Hélène: *Risse im roten Imperium. Das Nationalitätenproblem in der Sowjetunion*. Wien-München u.a. 1980. Mark, Rudolf A.: *Die Völker der Sowjetunion. Ein Lexikon*. Opladen 1989. Grotzky, Johannes: *Konflikt im Vielvölkerstaat. Die Nationen der Sowjetunion im Aufbruch*. München 1991. Kappler, Andreas. *Russland als Vielvölkerreich. Entstehung, Geschichte, Zerfall*. München 1992. Beckherrn, Eberhard: *Pulverfaß Sowjetunion. Der Nationalitätenkonflikt und seine Ursachen*. München 1990. Siehe ferner den Quellenband mit zeitgenössischen sowjetischen Autoren, herausgegeben und eingeleitet von Meyer, Gerhard: *Nationalitätenkonflikte in der Sowjetunion*. Köln 1990.

abgestufte Gefüge von Sowjetrepubliken, autonomen Republiken, autonomen Gebieten und Kreisen, war in Frage gestellt worden. Gleichrangigkeit und Gleichberechtigung der Nationen im politischen Alltag waren nicht identisch. Auch eine umfassende Gesetzgebung zum Schutz kleiner Völker und Völkerschaften konnte das ursächliche Problem nicht aus der Welt schaffen: Das Verhältnis des historischen Kerns Russland zu seinen mehr als einhundert Nachbarvölkern in den Grenzen der Sowjetunion blieb das Verhältnis des Zentrums zur Peripherie, ein Erbe, das die Revolution aus der Zarenzeit übernommen hatte.

In den letzten Jahren der Sowjetunion wurde von der Deformierung des Sozialismus in der Stalin-Zeit gesprochen. Dazu zählte der Ausbau des Zentralismus mit einem für viele kleine Sowjetvölker vernichtenden Zugriff. Deportationen, willkürliche innersowjetische Grenzziehungen sowie Glaubensverfolgungen, die mit der Religion zugleich die nationale Identität auszulöschen suchten, waren die tiefere Ursache für Konflikte, die im Rahmen der Perestrojka unter Gorbatschow an die Oberfläche getragen wurden. Denn trotz aller Parolen von der gelösten nationalen Frage waren diese Konflikte unterschwellig immer vorhanden, auch wenn sie gezielt aus dem öffentlichen Bewusstsein verdrängt werden sollten. Die Jahre seit Stalins Tod 1953 haben bis jetzt nicht dessen Verbrechen an den Völkern der Sowjetunion vergessen lassen.

Immer wieder kam es zu Unruhen und Demonstrationen in verschiedenen Teilen der damaligen Sowjetunion, ohne dass davon verlässliche Informationen ins Ausland gelangten. Noch Mitte der 1980er Jahre wurde der Protest kleiner Völker unterdrückt, nur auf Umwegen konnte die Öffentlichkeit informiert werden. So wurde nach dem Tod von Verteidigungsminister Dmitri Ustinow im Dezember 1984 die Hauptstadt der Udmurtischen Autonomen Sowjetrepublik, Ischewsk – am Nebenfluss der Kama im Voruralgebiet –

nach diesem umbenannt. Der Vorgang allein zeugte bereits von mangelndem Fingerspitzengefühl gegenüber einem der kleineren Völker in der Russischen Föderation. Protesttelegramme und Telefonanrufe aus der Udmurtischen Autonomen Republik erreichten Moskauer Korrespondentenbüros. Doch Angaben über nationale Demonstrationen gegen diese Umbenennung ließen sich zu dem damaligen Zeitpunkt nicht mit journalistischer Sorgfaltspflicht glaubwürdig überprüfen. Anfragen bei den Behörden wurden abgewiegelt. Reiseerlaubnis in das Gebiet gab es nicht. Das Problem blieb nahezu unbeachtet.

Ein anderer Fall ereignete sich in Frunse (heute Bischkek), der Hauptstadt der damaligen kirgisischen Sowjetrepublik. Nachdem bereits ein blutiger Konflikt zwischen Armenien und Aserbaidschan aufgebrochen war, tauchten in Frunse 1988 kurz vor den Feiern zum 1. Mai Flugblätter mit nationalistischen, antirussischen Parolen auf. Eine geplante Gegendemonstration zu den Maifeiern wurde aufgelöst. Über die Initiatoren und deren Schicksal ist nie etwas bekanntgeworden.

Auch über den Beginn der armenischen Unruhen im selben Jahr waren zunächst kaum Informationen zu erhalten. Unüberprüfbare Telefonanrufer aus Eriwan, der armenischen Hauptstadt, meldeten sich in den Korrespondentenbüros in Moskau. Das waren tagelang die einzigen Informationsquellen, die man nur mit großer Vorsicht nutzen konnte. Dann tauchte ein privat gedrehter Videofilm in der Öffentlichkeit auf. Dieses Video war ein Schock, weil es zeigte, dass tatsächlich erstmals in der Geschichte der Sowjetunion ein ganzes Volk gegen die Einschränkungen seiner nationalen Rechte protestierte. Daraufhin hatte sich der Umgang mit den nationalen Problemen im Land erheblich verändert, konnte aber den Bestand der Sowjetunion nicht mehr retten.

Eine zeitgeschichtliche Rückblende illustriert diesen Wandel:

Auf dem Roten Platz in Moskau versammelten sich 1983 etwa ein Dutzend Menschen, Sowjetbürger deutscher Nationalität, die für ihre Ausreise demonstrieren wollten. Eltern, Kinder und Großeltern hatten vergeblich jahrelang Ausreiseanträge gestellt. Auf ein verabredetes Zeichen hin öffneten sie vor dem Lenin-Mausoleum ihre Mäntel. Darunter hatten sie weiße Bettlaken versteckt. Sie entfalteten die Tücher, auf denen sie ihre Forderung in deutscher Sprache geschrieben hatten: „SOS – Wir wollen in unser Vaterland." Verwirrt schauten die meisten Besucher auf den für sie unverständlichen Text, der nur wenige Sekunden lang zu sehen war. Denn sofort griffen angebliche Passanten ein, hochgewachsene Herren in schwarzen, dreiviertellangen Fellmänteln und -kappen, die mit ihren kleinen Aktenköfferchen wie Besucher über den Roten Platz hin und her schlenderten. Es waren zivile Sicherheitsleute, die mit harten Schlägen die Demonstranten zusammenprügelten. Fast gleichzeitig brausten vom Rande des Roten Platzes graue Wolgalimousinen heran, aus denen Milizionäre sprangen. Sie führten die Leute ab.

Über das Schicksal dieser Demonstranten, die ihre Aktion telefonisch, aber anonym in einigen westdeutschen Korrespondentenbüros in Moskau angekündigt hatten, war nie wieder etwas zu erfahren.

Vier Jahre später ereignete sich das Gegenteil.

Eine Demonstration von etwa 500 Krimtataren am Fuße des Roten Platzes wurde tagelang geduldet. Unter ihnen waren alte, hochdekorierte Kriegsveteranen, die – im vollen Ordensschmuck – verlangten, dass ihr Volk nach den Jahren der Deportation unter Stalin endlich in seine Heimat auf die Krim zurückkehren könne. Die Milizionäre und KGB-Leute im Dienst zeigten dieses Mal ungewöhnliche Zurückhaltung, ja sogar Langmut mit den Demonstranten, die ungehindert die Absperrungen passieren konnten, um sich regelmäßig mit Essen und Getränken zu versorgen. Selbst während der Nacht wurden die Demonstranten nicht vertrieben, die eng aneinander gekauert gewissermaßen zu Füßen des Kremls auf dem harten Steinpflaster ausharrten. Als westliche Korrespondenten zu Interviews kamen und die Polizei eingreifen wollte, setzten sich die Krimtataren auf die Erde und bildeten um die Journalisten mit ihren Körpern einen Schutzwall vor dem Zugriff der Polizei, die sich daraufhin resigniert zurückzog.

Das Schicksal der Krimtataren – die Deportation unter Stalin, die gewaltsame Auflösung ihrer autonomen Republik und der frühere Vorwurf der Kollaboration mit dem faschistischen Feind während des Zweiten Weltkrieges – wurde zum Anlass genommen, um erstmals unter Gorbatschow die Unzulänglichkeiten in der nationalen Frage öffentlich, das heißt in den Massenmedien, zu behandeln.

Das Ergebnis musste zu jener Zeit, 1987, für die teilweise kompromisslosen Forderungen der Krimtataren zwangsläufig unbefriedigend bleiben. Die Wiederherstellung ihrer autonomen Republik auf der Krim, einer Halbinsel, die inzwischen in zweiter Generation neu und vor allem russisch besiedelt worden war, konnte nicht erreicht werden. Wie weit sich anschließend die Diskussion um die nationale Frage weiterentwickelt hat, zeigt folgender Vergleich:

Eine Regierungskommission unter dem damaligen Staatspräsidenten Gromyko bescheinigte den Krimtataren[53] zwar das Recht auf mehr kulturelle Selbständigkeit, schloss jedoch

---

[53] Kurz vor dem Zerfall der Sowjetunion hatten sich etwa 20.000 Krimtataren – in der Regel ohne behördliche Erlaubnis – auf der Krim angesiedelt. Mit der Unabhängigkeit der Ukraine, zu der die Krim seit 1954 gehörte, wurde Krimtatarisch neben Ukrainisch und Russisch als dritte Amtssprache anerkannt. Mit der Annexion der Krim 2014 durch Russland wurden die Krimtataren erneut verfolgt. Viele flohen in andere Landesteile der Ukraine. Obwohl Russland 2014 ein Gesetz zur Rehabilitierung der Krimtataren erließ, beklagte die UNO 2017 eine Verschlechterung der Menschenrechtslage für die Krimtataren. Siehe auch:
https://www.britannica.com/topic/Tatar sowie
https://de.wikipedia.org/wiki/Krimtataren (Aufruf 24. April 2020).

für die Zukunft jede innersowjetische Gebietsänderung zugunsten deportierter Völker aus.

Zwei Jahre später stand auf der Tagesordnung des Obersten Sowjets (Parlament) die Revision dieses Beschlusses: Ernsthaft wurde erwogen, die Autonomie der Russlanddeutschen, die ein ähnliches Schicksal wie die Krimtataren erleiden mussten, wiederherzustellen. Auch die Unterdrückung der nationalen Rechte deutschstämmiger Sowjetbürger wurde thematisiert. Sie durften ebenso wenig wie die Krimtataren – trotz staatlicher Rehabilitierung – in ihre alten Siedlungsgebiete an der Wolga zurückkehren. Erste Petitionen unter Gorbatschow hatten allerdings Erfolg. Der muttersprachliche Deutschunterricht, der bis zur Mitte der sechziger Jahre überhaupt verboten war, wurde entscheidend verbessert. Ausreisewillige Russlanddeutsche konnten nach Jahren schwerster Demütigungen das Land verlassen.

Nachdem die Bereitschaft zur öffentlichen Erörterung der nationalen Frage einerseits und der Wille zu einer Neuordnung des politischen Systems andererseits erkennbar waren, meldeten sich in nahezu allen geografischen Zonen und Republiken der Sowjetunion einzelne Völker mit ihren Forderungen zu Wort:[54] Die drei baltischen Republiken Litauen, Lettland und Estland im Norden des Landes waren die Vorreiter bei der friedlichen Lösung der nationalen Frage. Die Nationalbewegungen in den drei baltischen Republiken hatten als erste erreicht, dass die jeweiligen Landessprachen 1989 als Staatssprachen anerkannt wurden. Als Staatssymbole fungierten offiziell wieder die Hymnen und Fahnen, die seit der Errichtung der Sowjetmacht verboten waren.

Der wichtigste Schritt für die baltischen Republiken – noch vor ihrer endgültigen Unabhängigkeit 1991 – bestand jedoch darin, in Zukunft wirtschaftlich völlig selbständig zu

---

[54] Einen knappen, aber guten Überblick über die nationale Frage in der Perestrojka liefert Zaslavsky, Victor: *Das russischen Imperium unter Gorbatschow. Seine ethnische Struktur und ihre Zukunft.* Berlin 1991.

arbeiten. Diese Republiken verfügten in der Sowjetunion über das höchste Lebensniveau. Führende Finanzexperten in dieser Region erörterten deshalb den Plan, eigene Währungszonen zu bilden, die nicht länger an den sowjetischen Rubel gebunden sein sollten. Als erste Republik stellte Estland 1990 den Plan für eine eigene Währung vor. Mit dem Angebot, in den baltischen Republiken freie Wirtschafts- und Handelszonen für einen ungehinderten Verkehr mit dem Ausland einzurichten, wollte Moskau – allerdings vergeblich – dem Wunsch nach Austritt aus der Sowjetunion entgegenwirken. Denn in den baltischen Staaten lebten Angehörige nichtbaltischer Völker, die sich angesichts starker nationaler Strömungen benachteiligt fühlten, darunter überwiegend Russen. Sie hatten sich ihrerseits zu einer „Front" zusammengeschlossen, um gegen die Wiederherstellung der Nationalstaatlichkeit im Baltikum zu protestieren.

Während im Baltikum im Zuge des Unabhängigkeitsprozesses eine gewisse Homogenität zwischen den drei Nationen und weiten Teilen der dortigen Parteiführung bestand, war der Prozess der nationalen Selbstfindung im Kaukasus in einer blutigen Auseinandersetzung zwischen Armeniern und Aserbaidschanern gemündet. Die Gegensätze zwischen christlicher und islamischer Kultur haben mit dazu beigetragen, dass territoriale Forderungen, wirtschaftliche Fehlentwicklungen und soziale Spannungen zu Mord und Totschlag geführt haben.

Der Aufbruch von nationalen Rivalitäten, der Streit um die armenische Enklave Berg-Karabach in Aserbaidschan oder um die autonome Republik Nachitschewan sollte zeigen, dass es im Transkaukasus nahezu unmöglich war und ist, nationale historische Ansprüche und heutige Grenzen miteinander in Einklang zu bringen. Islamische Minderheiten leben im Gebiet der christlichen Georgier und Armenier und umgekehrt. Aserbaidschan wiederum steht als Grenzland unter dem Einfluss der schiitischen Glaubensbrüder im Nachbarland Iran.

Anders als im Baltikum gab es im Kaukasus also keine regionale, republikübergreifende Bewegung, die gemeinsame Ziele verfolgte. Dies war der wichtigste Unterschied zwischen den beiden Gebieten. Massendemonstrationen wie in Armenien, Georgien und Aserbaidschan waren stets von Leidenschaft und radikalen Parolen begleitet. Auch hier wurden schon drei Jahre vor dem Ende der Sowjetunion dieselben Forderungen nach mehr Souveränität bis hin zum Austritt aus der Sowjetunion erhoben. Die Moskauer Zentrale ebenso wie die örtlichen Parteiführungen hatten dabei taktische und politische Fehler zu verantworten, die – wie in Sumgait und Kirowabad im Frühjahr 1988 oder in Tiflis im April 1989 – mehrfach zu blutigen Zusammenstößen mit jeweils Dutzenden von Toten führten.

Durch die Fluchtbewegung von Armeniern aus Aserbaidschan und Aserbaidschanern aus Armenien waren Hunderttausende von Menschen obdachlos geworden. Weder politisch-analytischer Sachverstand noch das Durchgreifen einer Sonderkommission hatten diesen Konflikt wirklich lösen können. Es war die praktische Kapitulation der Perestrojka. Denn nur der massive Militäreinsatz der Truppen des Innenministeriums hatte eine Art Waffenstillstand in diesem Nationalitätenkonflikt schaffen können.

Georgien als dritte Kaukasusrepublik sah sich bereits Ende der 1980er Jahre mit Forderungen kleiner Völker wie den Abchasen und Osseten konfrontiert, die nicht länger gewillt waren, im Bestand der georgischen Republik zu verbleiben. So klagten die Abchasen, dass sie in ihrer autonomen Republik keine Autonomierechte hätten. Als Beispiel führten sie an, dass es seit 1941 keine Hörfunksendungen mehr in ihrer Sprache gegeben habe und seit 1946 alle abchasischen Schulen liquidiert worden seien.

Angesichts solcher Probleme stellte sich hier die Existenzfrage der Sowjetunion, die auch wesentlich zum Zerfall mit beigetragen hat: Konnte es eine Hierarchie der Völker geben, die durch deren Größe bedingt war und sich in unterschiedlichen politischen Spielräumen manifestierte?

Völlig anders war dagegen die Lage der so genannten Westrepubliken Belarus (Weißrussland), Ukraine und Moldawien. Eine starke Russifizierungspolitik hatte zumindest in den beiden slawischsprachigen Republiken Belarus und Ukraine zu einem erheblichen Verlust an nationaler Identität geführt, um die schon in der Endphase der Sowjetunion gerungen wurde. Das Verhältnis Moskaus zur Ukraine war jahrzehntelang durch das Verbot der mit Rom unierten Kirche des byzantinischen Ritus in der Westukraine belastet. Diese Kirche war in der Stalin-Zeit mit der russisch-orthodoxen Kirche des Moskauer Patriarchats zwangsvereint worden, lebte aber im Untergrund immer weiter. Aus dieser Untergrundkirche bezogen viele Westukrainer ihr nationales Selbstverständnis. Perestrojka bedeutete für diese lange verfolgten Gläubigen, dass sie wieder staatlich anerkannt wurden, nachdem Gorbatschow 1989 Papst Johannes Paul II. in Rom besucht hatte. Doch erst mit der Unabhängigkeit der Ukraine wurde die Frage der Unierten endgültig geklärt. Mehr noch, mit dem zunehmenden Zerwürfnis zwischen Russland und der Ukraine spaltete sich 2018 auch eine ukrainisch-orthodoxe Kirche mit einem eigenen Patriarchat vom Moskauer Patriarchat ab. Die Entfremdung der Ukraine von Russland war schon ab 2014 durch die Annexion der Krim und den Krieg in der Ostukraine immer größer geworden.

In Belarus lässt sich bis heute die nationale Lage am besten durch die Tatsache charakterisieren, dass von 1945 bis zum Zerfall der Sowjetunion kein Lehrer mehr in Weißrussisch für den Unterricht an den örtlichen Schulen ausgebildet worden war. Eine weißrussische Volksfront, die in Anlehnung an ähnliche Bewegungen in anderen Sowjetrepubliken für die nationalen Belange eintrat, musste ihren Gründungskongress in die benachbarte Sowjetrepublik Litauen verlegen. Die eigenen Behörden verweigerten jede Unterstützung. Und auch mehr als 25 Jahre nach der Unabhängigkeit von Belarus wurden fast 90 Prozent der Schüler auf Russisch unterrichtet. Die Schulen mit weißrussischer Sprache bilden immer noch eine Minderheit. In Belarus hatte sich unter Präsident Aljaksandr Lukaschenko der Geist der alten Sowjetunion am längsten erhalten. Lukaschenko baute seine Macht zu einer Alleinherrschaft aus, stoppte die Privatisierung und schaffte durch die Kontrolle der Staatsbetriebe ein Netz persönlicher Abhängigkeiten. Erst Jahre nach der Majdan-Revolution im Nachbarland Ukraine erhob sich die Bevölkerung von Belarus 2020 – nach offensichtlich gefälschten Präsidentschaftswahlen – gegen ihren Alleinherrscher.

In den asiatischen Teilen der Sowjetunion war die nationale Frage wesentlich an zwei Faktoren gekoppelt: erstens an die Wirtschaftsstruktur, die den asiatischen Republiken weitgehend den Status von Rohstofflieferanten zugewiesen hatte. Zweitens an den Islam, der als Religionskultur die Gesetze des gesellschaftlichen Lebens und das Zusammengehörigkeitsgefühl stärker bestimmt hatte – und seit der Unabhängigkeit auch weiterhin bestimmt – als der Oberbegriff *Sowjetunion*.

Als unangemessen wurde stets eine Wirtschaftsordnung empfunden, mit der Moskau die gesamte Region auf eine Monokultur festgelegt hatte, und zwar mit schlimmsten Resultaten. Mittelasien wurde zum Rohstofflieferanten für Baumwolle. Der Erdboden ist heute ausgelaugt, durch Umweltkatastrophen versalzt. Die Länder verbrauchten große Mengen von kostbarem Wasser für die Felder, und dies bei chronischem Wassermangel für den privaten Bedarf. Planziffern wurden sklavisch eingehalten, indem der erschöpfte Boden mit höherem Chemikalieneinsatz genährt wurde. Die Katastrophe nahm ihren Lauf: Die Feldarbeit betrieben überwiegend Frauen und Kinder. Die hohe Kindersterblichkeit wurde ebenso wie der hohe Grad an unfruchtbaren Frauen offen auf die Verseuchung des Landes zurückgeführt. Soziale Missstände trieben jährlich Hunderte von Frauen in die freiwillige Selbstverbrennung.

Ein zusätzliches Problem aus der Zeit des Zweiten Weltkrieges brach mit dem Zerfall der Sowjetunion wieder auf: Mittelasien war Auffangbecken für Hunderttausende Deportierter: Krimtataren, türkische Mescheten, Deutsche und Koreaner. Diese Völker hatten nie aufgehört, für eine Rückkehr in ihre alten Siedlungsgebiete zu kämpfen. Besonders blutig verlief bereits im Zeichen von Perestrojka der Konflikt um die Mescheten, die nach Mittelasien deportiert worden waren und von Gorbatschows neuer Öffnung zu profitieren hofften.

Die Mescheten sind islamisierte turksprachige Kaukasier, die im Grenzgebiet zur Türkei lebten. Am 14. November 1944 wurde der Deportationsbefehl erlassen. Stalin argwöhnte, dass sich die Mescheten auf die Seite der Türken schlagen könnten, die ihrerseits mit dem Krieg führenden Deutschland verbündet waren. Die Mescheten hatten zwei Stunden Zeit, um sich mit der notdürftigsten Habe an Sammelplätzen einzufinden. Je sieben Familien wurden auf einem Lastwagen zusammengepfercht. Der Transport nach Zentralasien dauerte zwei Monate. Zahlreiche Menschen kamen dabei ums Leben. Hundertzehntausend Mescheten überlebten die Deportation. Die pauschale Beschuldigung lautete wie im Falle der anderen deportierten Völker: *Kollaboration mit dem faschistischen Feind.* Zur Zeit der Deportation dienten jedoch 40.000 Mescheten als loyale Soldaten in der damaligen Sowjetarmee.

Nach dem XX. Parteitag 1956, auf dem Chruschtschow die Entstalinisierung einleitete, wurden die Mescheten zwar rehabilitiert. Doch wie bei den Russlanddeutschen war der Beschluss nicht in der zentralen Presse veröffentlicht worden. Die sowjetische Gewerkschaftszeitung *Trud* hatte erstmals im Herbst 1988 auf das Schicksal der Mescheten aufmerksam gemacht. Dieser Darstellung zufolge wollten viele wieder in ihre alte Heimat nach Georgien im Kaukasus zurückkehren, klagten jedoch über eine ablehnende Haltung der Georgier.

Ähnlich wie die Krimtataren betrieben die Mescheten seit den fünfziger Jahren eine organisierte Kampagne für ihre Rechte. Tausende von Delegierten waren zu so genannten Volksversammlungen zusammengekommen und hatten an Moskau appelliert. Das Organisationskomitee der Mescheten rief sogar die Türkei auf, eine Auswanderung in ihr Territorium zu unterstützen. Ein früherer Führer der Nationalbewegung war Anfang der siebziger Jahre in der Sowjetunion zu Gefängnishaft verurteilt worden.

Im Zuge einer neuen Minderheitenpolitik durften 300 Familien der Mescheten 1988 nach Georgien zurückkehren. Es lagen jedoch wesentlich mehr Anträge für eine Rücksiedlung vor. Dabei deuteten sich neuerliche Probleme an. Ein meschetischer Gewährsmann äußerte damals gegenüber der Gewerkschaftszeitung *Trud*: „In Georgien halten uns heute noch viele für Verräter." Seit die Mescheten unter dem Einfluss von Glasnost und Perestrojka begonnen hatten, ihre Forderungen nach Gleichstellung mit allen anderen Völkern und nach Rückkehr in die alte Heimat deutlicher zu vertreten, war es zu Spannungen mit den Usbeken gekommen, in deren Republik sie seit der Deportation lebten. Beim blutigen Zusammenstoß beider Völker wurden 1989 Dutzende Menschen getötet. Zehntausend türkische Mescheten mussten wegen der anhaltenden Gefahr evakuiert werden. Sie lebten zunächst unter dem Schutz der Armee in Kasernen und bewachten Zeltlagern. Die Wohnstätten in ihrem Siedlungsgebiet wurden von fanatischen usbekischen Extremisten teilweise niedergebrannt. Die Tatsache, dass die Mescheten der islamischen Kulturgemeinschaft angehörten, konnte die usbekischen Glaubensbrüder nicht an diesen Übergriffen hindern. Der sowjetische Zentralismus hatte in Zentralasien außer Acht gelassen, dass die mittelasiatischen Völker ihre Identität zwar durch die gemeinsame islamische Kultur definieren, gleichzeitig aber einen inneren Regionalismus pflegten, der – nachvollziehbar durch sprachliche, mentale und kulturelle Unterschiede – einer gegenseitigen Abgrenzung diente. Darüber hinaus war zu unterscheiden, dass die nun unabhängigen Republiken Turkmenistan, Usbekistan und Kasachstan zur turksprachigen Kultur gehören, während Tadschikistan sprachlich zum persischen Kulturkreis zählt.

Innerhalb Usbekistans existierten nach dem Zerfall des Zarenreiches 1917 zunächst eigene Republiken, die an das historische Emirat Buchara und das Khanat Choresm anschlossen. Diese Republiken wurden wieder zerschlagen, teilweise sogar dreigeteilt. Willkürliche Grenzziehungen und schriftsprachliche Entwicklungen folgten, die nicht immer mit der tatsächlichen Muttersprache einzelner Regionen zu tun hatten. Ähnlich erging es auch den anderen zentralasiatischen Sowjetrepubliken. Es war also kein Wunder, dass sich mit dem Zerfall der Sowjetunion nicht nur die Titularnationen, sondern auch Uiguren, Karakalpaken, Karaimer und andere Völker mit Forderungen nach mehr Selbstbestimmung zu Wort meldeten.

Vorausschauende Politiker in Mittelasien versuchten, diesen Prozess zu kanalisieren. Sie bemühten sich um die Errichtung einer regionalen Wirtschaftszone, um die Befreiung aus dem Kolonialstatus eines Rohstofflieferanten, um die Anerkennung regionaler Staatssprachen und um ein größeres Mitspracherecht islamischer Vertreter in öffentlichen Angelegenheiten. Aber auch islamische Fundamentalisten griffen in die Debatte ein und propagierten eine islamische Gesellschaftsform, die auf nationale Unterschiede verzichten könnte. Die Bedeutung dieser Bewegung, die von nichtoffiziellen Predigern in Zentralasien ausging, war schwer abzuschätzen und ist heute auch keine Angelegenheit Moskaus mehr.

Doch in der Endphase der Sowjetunion sollen mehr als 2000 heimliche Mullahs in Zentralasien den 300 offiziellen Geistlichen gegenübergestanden haben.[55]

In den nördlich an Zentralasien anschließenden Gebieten Sibiriens, die im Gegensatz zu Zentralasien heute weiterhin zu Russland gehören, ist die nationale Frage für eine Reihe von Völkern schlicht zu einer Existenzfrage geworden. Raubbau in der Natur hat den meist kleinen Nordvölkern ihre Lebensgrundlagen entzogen, so dass sie nach offiziellen Angaben bereits vom Aussterben bedroht sind.

Die Differenzierung zwischen den vielen Völkern stellte die Sowjetunion damals vor eine wichtige Entscheidung: sollte überhaupt nach einem neuen föderativen Prinzip im Zusammenleben der Völker gesucht werden, um dem unterschiedlichen Entwicklungsstand einzelner Nationen Rechnung zu tragen? In diesem Sinne argumentierte die estnische Wissenschaftlerin Dr. Klara Hallik 1989 vor dem Volkskongress in Moskau:

„Eine weltweit verbreitete Erfahrung ist die ungleiche soziale und wirtschaftliche Entwicklung von Ländern und Völkern. Im politischen Sprachgebrauch bezeichnet man diese Erscheinung mit den Begriffen von Norden-Süden, Osten-Westen. In unserem Staat sind diese Kategorisierungen gleichfalls üblich. Deshalb gibt es bei uns Institute für Fragen der USA und Kanadas, Afrikas oder Asiens. Aber es gibt nicht solche Institute für Sowjetisch-Zentralasien oder für solche Völkerschaften des sowjetischen Nordens oder in

---

[55] Nach dem Ende der Sowjetunion war Russland mit ähnlichen Problemen in der Republik Tatarstan, einem Subjekt der Russischen Föderation, konfrontiert. Islamstudenten, die sich im Ausland aufhalten, werden seither auf eine mögliche Radikalisierung überprüft. Radikale Imame erhielten Predigtverbot. Die einzige verbindliche Wochenpredigt wird in einer Zeitschrift veröffentlicht und muss wörtlich in den Moscheen verlesen werden. Vgl. Grotzky, Johannes: *Russlands religiöse Renaissance. Von der Gorbatschow-Zeit bis heute*. In: *Stimmen der Zeit* Nr. 5, 2014, S. 298 f.

Sowjetisch-Fernost. Dieses Problem wurde nie ernsthaft überdacht. Da das Thema der nationalen Beziehungen später als andere Themenbereiche in die Politik der Perestrojka eindrang, sind wir noch nicht bereit, diese Problematik mit den Mitteln der allgemein üblichen politischen Terminologie zu analysieren. Öfter als bei anderen Erscheinungen bedienen wir uns hier der Metaphern und beschwörender Formeln wie zum Beispiel gemeinsames Haus, Freundschaft, starkes Zentrum und starke Republiken."

Somit war das Aufbrechen der nationalen Frage in der Perestrojka gleichzeitig zu einer belastenden Hypothek geworden und hat eine alte Formel widerlegt, die in der Sowjetunion wie ein Mantra zitiert worden war:

„Die nationale Frage in der Sowjetunion ist gelöst."

Die aufbrechenden Konflikte, die weder faktisch noch publizistisch in dem Umfeld von Glasnost unterdrückt werden konnten, bewiesen das Gegenteil. Nationale Identität und staatliche Loyalität waren im Bewusstsein vieler Sowjetvölker zu zwei konkurrierenden Merkmalen geworden. Zur Befriedung dieser Konflikte hatte sich Michail Gorbatschow mit der Idee eines neuen Unionsvertrages zwischen den Republiken und Völkern der Sowjetunion an einen Strohhalm geklammert. Er ist damit gescheitert.[56] Denn der Zugang zur nationalen Frage unter dem Gesichtspunkt einer neu zu gestaltenden Souveränität warf gleichzeitig das Problem der Vergangenheitsbewältigung auf. Es galt zu klären, unter welchen Bedingungen einzelne Völker ihre Souveränität verloren hatten.

Das bedeutendste Eingeständnis der Moskauer Staats- und Parteiführung bestand darin, die Existenz des Geheimen Zusatzprotokolls im Hitler-Stalin-Pakt vom August 1939 an-

---

[56] Vgl. Stölting, Erhard: *Eine Weltmacht zerbricht. Nationalitäten und Religionen der UdSSR*. Frankfurt am Main 1990. Der Autor stellt in seinem hervorragend gegliederten Buch den Zerfall des Landes in einen ursächlichen Zusammenhang mit nationalen und religiösen Fragen.

zuerkennen. Auf dieser Grundlage hatte die Sowjetunion die baltischen Republiken, Ostpolen sowie Teile des heutigen Moldawiens annektiert. Schwieriger schien es dagegen, solchen kleinen Völkern gerecht zu werden, die ihre territoriale Identität durch Deportation und willkürliche innersowjetische Grenzziehungen verloren hatten. Der jahrzehntelange Kampf der Krimtataren, der türkischen Mescheten, aber auch der Russlanddeutschen, die völlig zersplittert meist in asiatischen und sibirischen Landesteilen lebten, wurde dank Perestrojka zwar öffentlich diskutiert, aber nicht wirklich gelöst. Auch hier galt es zunächst, eine Erblast der Vergangenheit zu überwinden, die Boris Dadamjan, ein Volksdeputierter aus Berg-Karabach, 1988 im Parlament als „Fiktion der Selbstbestimmung" bezeichnete:

„Werte Abgeordnete, ich möchte Ihre Aufmerksamkeit auf die Tatsache lenken, dass die Entstalinisierung nur teilweise durchgeführt wird. Warum befreien wir uns von dem Erbe Stalins auf anderen Gebieten in unserem Land und lassen dabei willkürliche Entscheidungen außer Acht, mit denen Stalin die bestehende föderative Organisationsform geschaffen hat. Der zurzeit existierende Status der Autonomie ist praktisch eine halbfeudale Einrichtung, legt sie doch eine Hierarchie der einzelnen Nationen fest. Unter diesen Bedingungen wird der Begriff der Selbstbestimmung der Nationen zu einer Fiktion."

Damit wurde wieder das grundsätzliche Problem angesprochen: Gibt es eine je nach Größe der Völker abgestufte Form der Souveränität und damit eine Hierarchie der Nationen? Das Zentrum, mithin die Russische Föderation, hatte sich oft vorwerfen lassen müssen, die größte Nation, nämlich die Russen, auf Kosten der anderen Völker gleichsam zur Staatsnation erhoben zu haben. Der Kampf der kleinen Republiken gegen das Zentrum wurde deshalb oft als Kampf gegen die russische Nation missverstanden. Viele warfen dem Sowjetstaat vor, dass die kleinen Völker in dieser russischen Vorherrschaft aufzugehen drohten. Umgekehrt meldeten sich besorgte russische Konservative zu Wort, die befürchteten, Russland ginge in der Sowjetunion auf und würde auf diese Weise seine Identität verlieren.[57]

Die Frage von Identität und nationaler Abgrenzung führte als Folge vom Zerfall der Sowjetunion zu einer Reihe von Kriegen. Mit Ausnahme des Bürgerkriegs in Tadschikistan (1991-1997)[58] ging es in allen anderen Fällen um eine Sicherung der russischen Herrschaftsinteressen. Diese Politik begann schon unter Präsident Jelzin mit dem Transnistrien-Konflikt (1992)[59], der sich weit außerhalb der russischen Grenzen westlich der Ukraine in Moldawien, einem Grenzland zu Rumänien, abspielte. Dort war die 14. Russische Armee stationiert. Seither betrachtet Russland den – völkerrechtlich nicht anerkannten – Staat Transnistrien nach Abspaltung von Moldawien als sein Einflussgebiet und hält dort weiter russische Truppen stationiert.

---

[57] Einer der wichtigsten Vertreter war der Literaturnobelpreisträger Alexander Solschenizyn (1918-2008). Noch im Exil veröffentlichte er sein Manifest *Russlands Weg aus der Krise* (München 1990). Darin plädierte er für die Auflösung der Sowjetunion und die Bildung eines russischen Staates, bestehend aus „Kleinrussen, Großrussen und Weißrussen" (S. 10). Dabei sprach er den Ukrainern (Kleinrussen) eine eigene nationale Identität ab. Ferner verlangte er, den russisch besiedelten Norden Kasachstans einem künftigen russischen Staat mit einzuverleiben. Vgl. auch Solschenizyn, Alexander: *Die russische Frage am Ende des 20. Jahrhunderts.* Herausgegeben und mit einem Nachwort von Wolfgang Kasack. München 1994. Wladimir Putin hat diese Positionen Solschenizyns wohlwollend unterstützt und den Schriftsteller bis zu dessen Tod immer wieder öffentlich geehrt.

[58] Vgl. zum innerstaatlichen Konflikt den Beitrag der Bundeszentrale für politische Bildung: *Tadschikistan.* https://www.bpb.de/internationales/weltweit/innerstaatliche-konflikte/54708/tadschikistan sowie https://de.wikipedia.org/wiki/Tadschikischer_B%C3%BCrgerkrieg (Aufruf 16. Juni 2020).

[59] Vgl. https://de.wikipedia.org/wiki/Transnistrien-Konflikt und https://www.britannica.com/place/Transdniestria (Aufruf 16. Juni 2020).

Auch der Erste Tschetschenien-Krieg (1994-1995)[60] fand unter Jelzin statt. Hier ging es um eine Republik im Nordkaukasus innerhalb der Russischen Föderation, die sich abtrennen wollte. Im Zuge dieses Konflikts kam es zu islamistischen Radikalisierungen mit einem kurzen Krieg im benachbarten Dagestan (1999)[61] und dem Zweiten Tschetschenien-Krieg (1999-2009)[62], der dann unter Putin fortgesetzt wurde und auf beiden Seiten mit einem hohen Grad an Brutalität geführt wurde. In dieser Kriegsphase setzten die USA tschetschenische Rebellengruppen auf die Liste terroristischer Organisationen und belegten sie mit Sanktionen.

Im Transkaukasus führte Russland 2008 Krieg mit Georgien[63], um aus dem georgischen Staat Abchasien und Südossetien unter russischem Protektorat als – völkerrechtlich nicht-anerkannte – eigene Republiken herauszulösen.

Der bislang letzte anhaltende Krieg findet seit 2014 in der Ostukraine[64] statt. Russland leugnete anfänglich sein militärisches Engagement dort und sprach von einem ukrainischen Bürgerkrieg. Doch die massive militärische Unterstützung und der Einsatz von russischen Truppen zugunsten der Separatisten in der Ostukraine waren offenkundig und wurden letztlich von Moskau auch zugegeben.

---

[60] Vgl. Quiring, Manfred: Pulverfass Kaukasus. Konflikte am Rande des russischen Imperiums. Berlin 2009 sowie https://de.wikipedia.org/wiki/Erster_Tschetschenienkrieg (Aufruf 16. Juni 2020).

[61] Vgl. https://de.wikipedia.org/wiki/Dagestankrieg (Aufruf 16. Juni 2020).

[62] Vgl. https://de.wikipedia.org/wiki/Zweiter_Tschetschenienkrieg (Aufruf 16. Juni 2020).

[63] Vgl. https://de.wikipedia.org/wiki/Kaukasuskrieg_2008 (Aufruf 16. Juni 2020).

[64] Vgl. https://www.britannica.com/topic/Ukraine-crisis sowie https://de.wikipedia.org/wiki/Krieg_in_der_Ukraine_seit_2014 (Aufruf 16. Juni 2020).

# Vom Machtmonopol
# zum politischen Pluralismus

Am Morgen des 23. Dezember 1986 – die kalte graue Dämmerung lag noch über dem Jaroslawler Bahnhof in Moskau – drängte sich eine stoßende und schiebende Menschenmenge an den einfahrenden Nachtzug aus Gorki (seit 1990 wieder Nischni Nowgorod) heran. Kamerascheinwerfer flammten auf, leuchteten grell in eine offene Waggontür. Dutzende von Journalisten aus aller Welt warteten auf den lebenden Beweis dafür, dass unter Michail Gorbatschow eine neue Ära angebrochen war, die mehr umfasste als nur kosmetische Korrekturen an der Oberfläche der sowjetischen Gesellschaft. Nach siebenjähriger Verbannung kehrte der Bürgerrechtler und Friedensnobelpreisträger Andrej Sacharow (1921-1989) nach Moskau und damit in die internationale Öffentlichkeit zurück. Seine Stimme zitterte leicht, als er denjenigen dankte, die sich unermüdlich für ihn eingesetzt hatten. Dieser Moment der ersten Begegnung gehörte für alle Beteiligten zu den bewegendsten Erlebnissen des Aufbruchs in der Sowjetunion.

Dann schilderte Sacharow das Unfassbare, das man zuerst bestenfalls für ein Gerücht gehalten hatte: „Am 16. Dezember um drei Uhr nachmittags rief Michail Sergejewitsch Gorbatschow mich an und sagte, dass die Entscheidung über meine Befreiung gefallen sei, dass ich nach Moskau zurückkehren kann. Und ich antwortete ihm, dass ich dankbar bin für diese Entscheidung."

Der Generalsekretär und der Dissident im telefonischen Zwiegespräch – das war gleichsam ein symbolischer Akt der Versöhnung mit den Brüchen der Vergangenheit. Doch es blieb nicht bei diesem symbolischen Schritt. Sacharow erhielt seinen alten Arbeitsplatz in der Akademie wieder. Mit seinen zu Tränen gerührten Kollegen feierte er eine triumphale Rückkehr in sein Büro. Entgegen den Richtlinien der Partei war sein Arbeitsplatz während der Jahre der Verbannung für ihn freigehalten worden.

Bei einem internationalen Friedensforum trat Sacharow einige Monate später auf. Und als im Kremlpalast Parteichef Gorbatschow auf diesem Forum die Freilassung von 140 politischen Gefangenen erwähnte, die kurz zuvor aus den sowjetischen Lagern hatten heimkehren können, da blendete das staatliche Fernsehen in abgezirkelter Regie erstmals Andrej Sacharow ein, der unter den Zuhörern saß.

Ganz gleich, wieviel die Weltöffentlichkeit bis dahin von den Reformansätzen des dynamischen Parteichefs gehalten hatte, die Botschaft war deutlich: Wir wollen unsere Gesellschaft von Grund auf erneuern und scheuen nicht länger den Disput mit unseren Gegnern. Im Gegenteil – Kritik und Auseinandersetzung mit den Andersdenkenden ist nun Programm.

Die Reformpolitik, die in der Sowjetunion unter dem Begriff Perestrojka (Umbau) geführt wurde, hatte eine weltweite Resonanz ausgelöst.[65] Doch im Laufe der Jahre war die euphorischer Hoffnung in skeptische Besorgnis umgeschlagen.

---

[65] Vgl. die weitsichtigen Bücher von zwei wissenschaftlichen Beobachtern: Meissner, Boris: *Die Sowjetunion im Umbruch. Historische Hintergründe, Ziele und Grenzen der Reformpolitik Gorbatschows.* Stuttgart 1988. Huber, Mária: *Moskau, 1. März 1985. Die Auflösung des sowjetischen Imperiums.* München 2002. Vgl. außerdem eine der ersten Bestandsaufnahmen, die sich kritisch mit den Schwierigkeiten dieser Entwicklung auseinandersetzte: Schmidt-Häuer, Christian; Huber, Mária: *Russlands zweite Revolution. Chancen und Risiken der Reformpolitik Gorbatschows.* München 1987.

Ideologische Welten stürzten ein. Infolge der sowjetischen Perestrojka brachen nahezu alle politischen Systeme der bisherigen sozialistischen Staaten in Osteuropa zusammen – in Polen, Ungarn, der Tschechoslowakei, der DDR, Bulgarien und später – unter eher mysteriösen Umständen – auch in Rumänien[66].

Ein Prozess der gesellschaftlichen und nationalen Selbstfindung förderte in der damaligen Sowjetunion eine der schärfsten Abrechnungen mit dem Marxismus-Leninismus und seinen realpolitischen Folgen seit der Oktoberrevolution 1917 zutage. Die Anfänge dieser Politik, die historisch mit dem Namen Michail Gorbatschow verknüpft bleiben wird, reichten in der Sowjetunion allerdings schon in die Zeit vor Gorbatschow zurück. Sein persönlicher Förderer und Vorvorgänger im Amt des Staats- und Parteichefs, Juri Andropow, erschütterte in einer denkwürdigen Rede zum hundertsten Todestag von Karl Marx 1983 ein gängiges Klischee, als er davon sprach, dass Marx „ein entschiedener Gegner von Gleichmacherei war und die auch zu seiner Zeit häufigen demagogischen oder naiven Äußerungen über den Sozialismus *allgemeiner Gleichheit* in Verteilung und Konsum kategorisch ablehnte".

Die hehren Bekenntnisse der sowjetischen Politik zur sozialen Gleichheit im Land, die publizistischen Jubelfanfaren über die angeblichen Errungenschaften des Sozialismus, die in der Praxis Lügen gestraft wurden, konterkarierte bereits Andropow, der 1982 Generalsekretär wurde, dabei mit dem entlarvenden Satz in eigener Sache: „Völlige soziale Gleichheit entsteht nicht auf einmal und in vollendeter Form." Wenige Monate vor seinem endgültigen körperlichen Zusammenbruch und Tod am 09. Februar 1984 hatte Andropow eine kritische Bestandsaufnahme angeregt, die in jahrelanger

---

[66] Vgl. Grotzky, Johannes.: *Rumänien - Das Ende einer Diktatur. Umsturz und Machtkampf.* Norderstedt 2019.

54

Arbeit von sowjetischen Wirtschafts- und Sozialwissen-schaftlern vorbereitet worden war.

Die Lähmung der sowjetischen Politik während des kurzen Interregnums seines Nachfolgers zwischen 1982 und 1984, des kränkelnden Kompromisskandidaten Konstantin Tschernenko, ließ die ersten Ansätze einer späteren Reformpolitik zunächst verblassen. In diesen Monaten war es lediglich Michail Gorbatschow, der sich in seinen Reden immer wieder auf wörtliche Zitate von Andropow stützte und die Idee einer notwendigen kritischen Bestandsaufnahme der sowjetischen Wirklichkeit propagierte.

Längst war trotz manipulierter Statistiken[67] und staatlich gesteuerter Massenmedien klargeworden, dass im Namen des Sozialismus die wirtschaftliche und gesellschaftliche Entwicklung der Sowjetunion nicht nur stagnierte, sondern auf nahezu allen Gebieten zurückfiel. Die Lebenserwartung sank dramatisch von Jahr zu Jahr, die Arbeitsproduktivität ließ nach. Korruption und Schattenwirtschaft beherrschten das Land.

Familienclans und persönliche Seilschaften rissen in Behörden und Ministerien, auf der Ebene einzelner Republiken und in großen Wirtschaftsvereinigungen die Macht an sich. Als Michail Gorbatschow kurz nach seinem Amtsantritt im April 1985 vor dem Zentralkomitee die erste entlarvende Analyse der wirtschaftlichen Lage in der Sowjetunion vorlegte, signalisierte er deutlich, dass die Prioritäten der künftigen politischen Praxis nicht mehr der ideologischen Selbstbestätigung der herrschenden Kommunistischen Partei dienen dürften. Diametral dazu setzte er in seinen Forderungen bei der wirtschaftlichen Misere im Land an: „Die politisch-ideologische Erziehung muss in allen ihren Formen der

---

[67] Bei einem Hintergrundgespräch am 24. März 2011 in München erzählte Michail Gorbatschow, dass bei Wahlen in der Sowjetunion die Kommunistische Partei selten mehr als 40 Prozent der Stimmen erhalten habe, „während wir immer 98 Prozent Zustimmung veröffentlichten".

Hauptaufgabe unserer Tage, der Beschleunigung der sozial-ökonomischen Entwicklung unseres Landes, untergeordnet sein."

In der Folgezeit wurde offenbar, welche Zielrichtung Gorbatschow anstrebte. Staat und Gesellschaft sollten nicht länger im Dienst der Partei stehen, sondern umgekehrt: die Partei müsse sich an den Bedürfnissen der Gesellschaft orientieren. Damit wurde die von Stalin erzwungene Gleichsetzung von Staat und Partei wieder aufgehoben. Von diesem Ausgangspunkt erfolgte eine logische, wenngleich konfliktreiche Entwicklung, die eine Trennung der Aufgaben von Staat und Partei anstrebte. Über vier Jahre hinweg verfolgte Gorbatschow seine parteipolitische Strategie im Spannungsverhältnis zwischen Macht und Machbarem, bis die Reform des politischen Systems auf den institutionellen Weg gebracht worden war. Nach der ersten kritischen Bestandsaufnahme auf dem April-Plenum 1985 wurde knapp ein Jahr später der XXVII. Parteitag der KPdSU abgehalten. Rückblickend war dieser Parteitag nicht der eigentliche politische Umbruch, sondern eine eher mühselige Zwischenetappe auf dem Reformweg. Dies lag daran, dass die Mehrheit des Parteitages von der Dynamik der neuen Politik schlicht überfordert war. Denn Gorbatschow ließ keine Entschuldigungen für die Schlampereien der Vergangenheit mehr gelten, als er den Delegierten sagte: „Für uns Kommunisten schickt es sich nicht, irgend jemandem den Schwarzen Peter zuzuschieben."[68]

Dann erschütterte er das Selbstverständnis altgedienter Parteigenossen mit der Feststellung: „Es gibt keine Avantgarderolle des Kommunisten schlechthin: Sie manifestiert sich in praktischen Taten." Mit anderen Worten: Die Füh-

---

[68] In deutscher Sprache liegt dazu eine umfangreiche Dokumentation vor: *Sowjetunion zu neuen Ufern? Der 27. Parteitag der KPdSU März '86.* Dokumente und Materialien mit einer Einleitung von Dr. Gerd Meyer. Düsseldorf 1986. Die gesamte Rede Gorbatschows im Wortlaut S. 23-165.

rungsrolle musste in der politischen Praxis erworben werden. Sie bestand nicht mehr aufgrund eines historischen Determinismus.

Gerade für die politische Praxis sollte Gorbatschow in den kommenden Jahren mehrfach die Messlatte der Qualifikation besonders hoch anlegen. Es wurden nicht nur die Mitglieder in den Gremien der obersten Parteiführung mehrheitlich ausgetauscht; auch der Personalbestand der Parteikader auf unterer und mittlerer Ebene wurde innerhalb der ersten vier Jahre zu 60 Prozent erneuert.

Diesen Prozess deutete Gorbatschow eher indirekt auf dem Parteitag 1986 an, als er sagte: „Je lauterer und sauberer das Leben im Haus der Partei ist, desto eher werden wir jene nicht einfachen Aufgaben bewältigen, die für den derzeitigen Wendepunkt kennzeichnend sind." Damit verband er seine Kritik, dass die Kommunistische Partei ihre gesellschaftliche Bodenhaftung in der Sowjetunion verloren hatte und sich die Führungskräfte – bereits abgehoben von den Alltagsproblemen – der Verwaltung ihrer Macht hingaben: „Wenn sich das Wort vom Boden der Tatsachen löst, werden dadurch die ideologischen Bemühungen stark abgewertet. Wir können noch so viele Vorträge über Aufmerksamkeit gegenüber den Menschen halten, Hartherzigkeit und Bürokratismus brandmarken, sie bleiben Schall und Rauch, wenn der Mensch in Dienststellen, auf der Straße und in Geschäften mit Grobheit konfrontiert wird."

Schließlich drohte Gorbatschow jenen Kräften, die sich der Verantwortung für die – von ihnen verursachte – Misere im Land dank ihrer führenden Stellung in der Partei entziehen wollten. An sie richtete er die Warnung: „In der Partei gibt es keine außerhalb der Kontrolle stehenden und aus der Kritik ausgeklammerten Organisationen, keine von der Verantwortung gegenüber der Partei suspendierten Leiter – und es darf sie auch nicht geben."

Aus ihrem Programm strich die Partei die anspruchsvolle Zielsetzung heraus, man wolle den Kommunismus noch in den achtziger Jahren aufbauen. Als politisches Credo verkündete Gorbatschow dann den später vielzitierten Satz: „Wir brauchen die Demokratie wie die Luft zum Atmen."

Den siebzigsten Jahrestag der Oktoberrevolution 1987 nahm der Generalsekretär zum Anlass, der sowjetischen Geschichte eine denkwürdige Forderung in die Annalen zu schreiben. Als Ziele formulierte er die Demokratisierung der gesamten Gesellschaft und eine radikale Wirtschaftsreform: „Beim Umbau unseres wirtschaftlichen und politischen Systems müssen wir erstens einen zuverlässigen und flexiblen Mechanismus zur realen Einbeziehung aller Werktätigen in die Lösung staatlicher und gesellschaftlicher Angelegenheiten schaffen. Zweitens müssen wir in der Praxis die Menschen das Leben unter den Bedingungen einer sich vertiefenden Demokratie lehren, die Menschenrechte erweitern und festigen sowie den Massen eine moderne politische Kultur beibringen. Mit anderen Worten: die Demokratie lehren und zugleich lernen." [69]

Das Defizit, das Gorbatschow mit dieser Forderung für die Sowjetgesellschaft eingestand, hätte kaum vernichtender ausfallen können.

Um die innerparteiliche Demokratie ging es wieder ein Jahr später auf einer außerordentlichen Parteikonferenz 1988, die eine Zäsur für die Perestrojka darstellte. [70] Für Gorbatschow und seinen Beraterkreis war inzwischen klargeworden, dass nur eine Reform des Gesamtsystems in Frage kommen würde. Doch viele Parteimitglieder waren von der kritischen Erkenntnis ihres Generalsekretärs überrascht, der unverblümt feststellte:

---

[69] Gorbatschow, Michai.: *Die Rede zum 70. Jahrestag...* a.a.O., S. 74.
[70] Vgl. auch Grotzky, Johannes: *Die XIX. Parteikonferenz der KPdSU in Moskau.* In: *Europaarchiv.* Zeitschrift für internationale Politik. 16, 1988, S. 459-464.

„Das bestehende politische System hat sich in den letzten Jahrzehnten als unfähig erwiesen, uns vor zunehmenden Stagnationserscheinungen im wirtschaftlichen und sozialen Leben zu bewahren."[71] Im Grunde beschrieb damit Gorbatschow den Albtraum von siebzig Jahren Sowjetmacht.

Der Ausweg bestand in einer Gewaltenteilung, zu der sich die Partei nach den ersten Jahren der Perestrojka endlich bereitfand. Die Aufgaben von Partei und Staat sollten getrennt werden. Das betraf die Parteikomitees einerseits und Sowjets (Räte), also die örtlichen Volksvertretungen, andererseits. Denn die Partei hatte die Sowjets völlig in ihrem Sinne instrumentalisiert und somit jede parlamentarische Arbeit im Sinne einer pluralistischen Meinungsfindung unterbunden. Mit dem Eingeständnis, dass sich die Partei an den Volksvertretungen vergriffen hatte, öffneten sich auch die Schleusen für die interne Parteikritik. Boris Jelzin, der gestürzte und dann wiederauferstandene Volkstribun, den Gorbatschow zunächst als Moskauer Parteichef installiert und dann wieder aus diesem Amt entfernt hatte, nutzte diese Parteikonferenz als Tribüne für seine Philippika:

„Die Partei ist für das Volk da, und das Volk soll wissen, was die Partei macht. Leider ist das nicht so. Es sollte auch ausführliche Rechenschaftsberichte des Politbüros und des Sekretariats geben – mit Ausnahme von Staatsgeheimnissen. Dazu gehört auch, etwas über das Leben und die Lebensläufe führender Leute zu erfahren, womit sie sich beschäftigen, was sie verdienen, welche Leistungen diese Führungspersönlichkeiten in ihrem Bereich vorzuweisen haben."[72]

---

[71] Dazu liegt in deutscher Sprache ein umfangreicher Quellenband vor: *Offene Worte. Sowjetunion, Sommer 1988. Gorbatschow, Ligatschow, Jelzin und 4991 Delegierte diskutieren über den richtigen Weg.* Sämtliche Beiträge und Reden der 19. Gesamtsowjetischen Konferenz der KPdSU in Moskau. Mit einem offenen Brief von J. Karjakin. Nördlingen 1988. Darin die gesamte Rede Gorbatschows im Wortlaut S. 9-92.
[72] ebd., S. 443.

Mit dieser populären Kritik an der Nomenklatura begann Jelzins Fall in der Partei und sein Aufstieg bei der Bevölkerung. Er wurde – noch innerhalb der Sowjetunion – 1991 erster freigewählter Präsident der Russischen Föderation. Jelzin verbot in seinem Herrschaftsbereich (also dem heutigen Russland) vorübergehend die Kommunistische Partei und betrieb die Auflösung der Sowjetunion.[73]

Für mehr Glasnost in der Parteiarbeit sorgte während der Perestrojka die Wochenzeitung *Argumenty i Fakty*, ursprünglich ein Propagandainstrument, die sich nun auch um die weißen Flecken der Parteigeschichte kümmerte und keine Tabus mehr kannte. Diese Zeitschrift erhielt 1990 einen Eintrag in das Guinness-Buch der Rekorde, weil sie mit fast 33,5 Mio. Exemplaren die auflagenstärkste Zeitung der Welt war. Ebenso wichtig wie Glasnost war für das Konzept der Perestrojka der Umbau des gesamten Parteiapparates, in dessen Folge die bisher zwanzig Abteilungen des Zentralkomitees auf neun Abteilungen zusammengelegt wurden. Neben den klassischen ZK-Sekretariaten wurden Kommissionen mit teilweise identischer Aufgabenstellung eingerichtet – eine Parallelität, die auch als Ausdruck eines Machtkampfes zwischen alten und neuen Kräften angesehen wurde.

Mit dieser Parteikonferenz war die Zeit der einstimmigen Akzeptanz innerhalb der Partei auch öffentlich beendet worden. Das Dogma des ausschließlich richtigen Weges hatte seither in der Methodendiskussion keinen Platz mehr. Die vorgelegten Modelle für ein neues Präsidialamt, für die parlamentarische Umstrukturierung und für die Demokratisierung der Partei waren nicht Ausdruck politischer Erkenntnisse, sondern politische Experimente. Um den Fortgang der

---

[73] Am 31. Dezember 1999 übertrug Boris Jelzin – ohne vorherige Wahlen – dem heutigen Präsidenten Wladimir Putin als seinem Nachfolger die Amtsgeschäfte. Mit diesem Amtsbonus konnte sich Putin bei den Präsidentschaftswahlen im Mai 2000 behaupten.

Perestrojka richtig einzuschätzen, musste man Denk- und Erfahrungsfehler mit einkalkulieren. Denn die Perestrojka war kein System, sondern ein Prozess, der im Laufe der Entwicklung seine Methoden selbst revidieren musste und dabei immer anfälliger und in der Bevölkerung unbeliebter wurde. Später sollte Michail Gorbatschow als Urheber von Glasnost und Perestrojka nach seinem Sturz auf den untersten Rängen der Beliebtheitsskala in Russland landen und – noch hinter Stalin – zu den unbeliebtesten Politikern der Gegenwart gezählt werden.

Mit der Trennung von Partei- und Staatsaufgaben sowie einer Begrenzung der Amtsperioden in Partei und Staat wurden die entscheidenden Weichen gestellt, um auf lange Sicht dem Mehrparteiensystem eine Chance einzuräumen. Auf der Grundlage eines Präsidialsystems mit einem ständig tagenden Parlament wurde ein neues parlamentarisches Verständnis verankert. Nach dieser Konzeption verloren die bisherigen Volksvertretungen, die Sowjets, ihre Rolle als reine Abstimmungsmaschinerie für die Vorentscheidungen der Partei und verwandelten sich allmählich in selbsttätige Parlamente. Deren Abgeordnete wurden – anders als zuvor – für die parlamentarische Arbeit beruflich freigestellt.

Parallel dazu musste der Parteiapparat sich von solchen Aufgaben trennen, die der Legislative (den Sowjets) und der Exekutive (dem Ministerrat und den Ministerien) vorbehalten waren. Analog zu einer Regierung verfügte nämlich die Partei in hierarchischer Gliederung bis zu den kleinsten regionalen Einheiten über Fachabteilungen mit Abteilungsleitern für alle Bereiche des wirtschaftlichen, sozialen und kulturellen Lebens. Am deutlichsten war dies an den Abteilungen des Zentralkomitees der KPdSU abzulesen, dessen Apparat unter anderem einzelne Abteilungen für die chemische Industrie, für Baustoffe und Bauwesen oder das Verkehrs- und Fernmeldewesen unterhielt. Nach dem Reformkonzept musste die Partei gerade solche Funktionen an die staatlichen

Organe abtreten. Dies war der entscheidende Schritt, um der Kommunistischen Partei das Machtmonopol zu entziehen.

Innerhalb der Partei war ein Demokratisierungsprozess festgeschrieben worden, der an sich schon einer Revolution gleichkam. Denn künftig sollten mehrere Kandidaten um ein Amt konkurrieren. Es wurde beschlossen: „Bei der Wahl der Mitglieder und Sekretäre aller Parteikomitees, bis hin zum ZK der KPdSU, sind eingehende Erörterung der Kandidaturen und geheime Abstimmung zu gewährleisten wie auch die Möglichkeit, eine über die Zahl der zur Verfügung stehenden Mandate hinausgehende Anzahl von Kandidaten in die Stimmzettel einzutragen.“

Gleichzeitig erfolgte eine Parlamentsreform von damals noch unabsehbaren Konsequenzen: Bis dahin verfügte der – zweimal jährlich – in Moskau tagende Oberste Sowjet über eine Nationalitätenkammer und eine Unionskammer mit jeweils 750 Abgeordneten, also zusammen 1500 Abgeordnete. Nach der Reform wurde dieser Bestand um zusätzliche 750 Deputierte erweitert, die gemeinsam mit dem Obersten Sowjet den Kongress der Volksabgeordneten bilden sollten. Dieser Volkskongress wurde das entscheidende Gremium, das in geheimer Abstimmung den ersten Präsidenten der damaligen Sowjetunion wählte, nämlich Michail Gorbatschow, der – mit weitreichenden Befugnissen ausgestattet – die Richtlinien der Politik festlegte. Gleichzeitig bestimmte der Volkskongress aus seinen Reihen ein kleineres Parlament nach dem alten Zweikammersystem, das ständig tagte und dem nicht mehr als 450 Abgeordnete angehören durften.

Ernüchternde Eingeständnisse musste Gorbatschow auf der Parteikonferenz angesichts der schleppenden wirtschaftlichen Verbesserungen machen. „Wir haben die Schwere der Deformationen und die Tiefe der Stagnation der vergangenen Jahre stark unterschätzt“, hieß es in seiner Bilanz. Zur Beschreibung der ernsthaften Finanzlage benutzte Gorbatschow Begriffe, die lange von sozialistischen Finanzwirtschaftlern vermieden worden waren: „Das Haushaltsdefizit lastet auf dem Markt, untergräbt die Stabilität des Rubels und der gesamten Geldzirkulation und verursacht Inflationsprozesse."

Einzelne Konferenzdelegierte hatten auf drastische Weise dargelegt, dass gesetzliche Maßnahmen im wirtschaftlichen Bereich ebenso wie der Reformwille in weiten Teilen des Landes keine positiven Ergebnisse zeigten. Der Walzwerkarbeiter W. A. Jarin aus dem Hüttenkombinat W. I. Lenin im Gebiet Swerdlowsk sagte unverblümt, was allenthalben im Land inzwischen laut beklagt wurde: „Unser alltägliches Leben bereitet uns Schmerzen. Die Arbeiter stellen die Frage ganz direkt: Wo ist die Perestrojka? In den Lebensmittelgeschäften hat sich nichts geändert. Für Zucker wurden sogar Bezugsscheine eingeführt. Fleisch gibt es auch nicht, genauso, wie es früher war. Und gute Industriewaren sieht man gar nicht mehr."

In einer vernichtenden Analyse hatte das Akademiemitglied Leonid Abalkin (1930-2011), ein führender Wirtschaftswissenschaftler in der Perestrojka, angemahnt, dass die Sowjetunion im wissenschaftlich-technischen Bereich immer weiter hinter dem Weltniveau zurückgeblieben sei. Ein bedrohliches Urteil für die Wirtschaft.[74]

Nach dieser kritischen Parteikonferenz hatte Gorbatschow seinen größten personellen Sieg über die konservativen Kräfte in der KPdSU verbuchen können. Auf den Monat genau vier Jahre nach dem Auftakt zu seiner Reformpolitik auf dem ZK-Plenum vom April 1985 konnte er im April 1989 die so genannte „Bitte von über einhundert Mitgliedern

---

[74] Vgl. Abalkin, Leonid: *Wohin wir gehen. Wirtschaftsreform vom Standpunkt der Fakten und Prinzipien.* In: Huffschmid, Jörg (Hrsg.): *Glasnost, Perestroika. Streiten für die Umgestaltung. Die sowjetische Diskussion.* Köln 1987, S. 97-107 sowie Abalkin, Leonid: *Wie die Beschleunigung erreichen?* In. Huffschmid, Jörg (Hrsg.): *Glasnost, Perestroika. Die Wirtschaftsreform in der Sowjetunion.* Köln 1987,73-79.

und Kandidaten des Zentralkomitees" vortragen, sie „von ihren Pflichten zu entbinden". Darunter waren allein acht ehemalige Politbüromitglieder oder -kandidaten. Auf diese Weise wurde mehr als ein Drittel der Mitglieder im entscheidenden Führungsgremium der Partei, dem Zentralkomitee, ausgetauscht. Ihr Abgang in Ehren war entweder als Übergang zur Rente begründet worden oder schlicht damit, dass sie sich den Aufgaben der Perestrojka nicht länger gewachsen sahen. Aber letztlich war dieser Schritt eine klassische Parteisäuberung auf oberster Ebene gewesen, mit der sich Gorbatschow viele Feinde geschaffen hatte.

Eine Reform des Wahlsystems und Verfassungsänderungen stellten dann sicher, dass in der Sowjetunion erstmals demokratische Wahlen durchgeführt wurden, bei denen die Kommunisten als Vertreter der einzigen Partei mit einer Vielzahl unabhängiger, aber noch nicht organisierter Kandidaten konkurrieren mussten. Zahlreiche Parteifunktionäre, durch einstimmige Bestätigungen in ihren Ämtern verwöhnt, mussten erleben, wie die Wähler ihnen die Zustimmung verweigerten. Mit diesem Wahlgang gelangten nun wirkliche Volksvertreter in den neu geschaffenen Volkskongress.

Die erste Tagung dieses Volkskongresses 1989 mit nominell 2250 Abgeordneten kam in der politischen Geschichte des Landes einem Dammbruch gleich, weil sich ein herrschender Partei- und Staatschef dem Votum eines Parlaments stellte, das nicht mehr zu widerspruchsloser Zustimmung zu missbrauchen war. Erstmalig spürten Abgeordnete ihre politische Macht. Ein jahrzehntelanger Automatismus brach zusammen. Denn früher gab der sowjetische Parlamentspräsident – oft ohne aufzuschauen – die einstimmige Annahme von Gesetzen und Verordnungen zu Protokoll. Niemand hätte früher gewagt, sich der Stimme zu enthalten – oder schlimmer noch – mit Nein zu votieren.

Unter den Delegierten im neuen Volkskongress regte sich bereits zu Anfang bei einzelnen Abgeordnetengruppen Widerstand, der später zur politischen Opposition werden sollte. Auch der Weg Litauens aus der Sowjetunion heraus zeichnete sich ab, zumal die litauische Delegation wiederholt den geschlossenen Auszug aus dem Parlament androhte. Gorbatschow selbst kam nicht ungeschoren davon. Er musste sich den Vorwurf gefallen lassen, er habe die Verfassung missachtet, weil er ohne Zustimmung des Kongresses den Vorsitz übernommen hatte. Seine Wiederwahl in das Amt des nun mächtigeren Staatspräsidenten war von 87 Gegenstimmen und kritischen Vorbehalten des Abgeordneten Andrej Sacharow begleitet, der sich bis zu seinem Tod als moralischer Mahner gegen einen unkontrollierten Machtzuwachs des Präsidenten engagierte.

Der Volkskongress war die Plattform dramatischer Ereignisse. Hier wurde das politische Klima des Landes entscheidend verändert. Dieses neue Parlament stellte die Weichen für ein Ende des kommunistischen Machtmonopols, für ein Mehrparteiensystem und eine Präsidialverfassung. Alles live im Fernsehen zu sehen. Nie zuvor hatten Live-Übertragungen im Fernsehen die sowjetische Öffentlichkeit in eine so atemlose Spannung versetzt wie dieser erste Volkskongress. Die Arbeit ruhte praktisch im ganzen Land. Die Sowjetunion wurde zu einem politischen Debattierklub der widersprüchlichen Meinungen, die sich später in bislang unvorstellbaren Massendemonstrationen manifestierten.

Aus dem Mund des Staats- und Parteichefs Gorbatschow erfuhren die Menschen, dass sie von der Regierung jahrzehntelang belogen worden waren: der Militärhaushalt belief sich nämlich auf die beklemmende Summe von 77,2 Milliarden Rubel, während der gedruckte Haushaltsplan stets nur ein Viertel davon ausgewiesen hatte.

Der Abgeordnete Alexander Obolenski (geb. 1943), der Parlamentsgeschichte geschrieben hat, weil er als einziger Bewerber den Mut aufbrachte, gegen Gorbatschow für das Amt des Staatspräsidenten zu kandidieren, forderte, Artikel 6 der sowjetischen Verfassung zu streichen. Dadurch sollte der Kommunistischen Partei die Führungsrolle im Land verweigert werden. Anschließend sprach der Abgeordnete und Literaturwissenschaftler Juri Karjakin (1930-2011) aus, was in der Sowjetunion einerseits ein Tabu, andererseits seit Jahren ein Gesprächsthema war: Das Lenin-Mausoleum auf dem Roten Platz in Moskau, Inbegriff der Eroberung des Kremls durch die sozialistische Revolution, solle geschlossen werden. Lenin selbst, so das Argument, habe nach seinem Tod nie öffentlich zur Schau gestellt werden wollen. Nun solle man Lenin in der Erde bestatten, wie er es gewünscht habe. Karjakin schloss seinen vehementen Aufruf mit den theatralischen und für Parteigenossen unglaublichen Worten: „Wäre Lenin gläubig gewesen, dann würde er jetzt *Danke* sagen."

Nichts verdeutlichte mehr den Umbruch in der politischen Kultur des Landes als diese öffentliche Forderung, mit einem Byzantinismus aufzuräumen, der zu einem politischen Selbstzweck geworden war, nämlich die Identität der Sowjetmacht als „sakrales Geheimnis ihres Schöpfers" zu bewahren. Doch die erzwungene Harmonie unter einer Ein-Parteien-Herrschaft war zu Ende gegangen, ohne dass ein sichtbares Reformkonzept von der Mehrheit des Landes akzeptiert worden war.

Andrej Sacharow, der mit kritischer Sympathie die Reformen Gorbatschows begleitete, warnte am Ende dieses Volkskongresses unverblümt vor einem möglichen Machtmissbrauch des künftigen starken Präsidenten. Von Gorbatschow mehrfach unterbrochen, gelang es dem Abgeordneten Sacharow nicht mehr, seine Schlusserklärung im Volkskongress vollständig vorzutragen, in der es wörtlich hieß:

„Nach meiner Meinung hat der Kongress einen schwerwiegenden Fehler begangen, indem er sich in bedeutendem Ausmaß seiner Möglichkeit enthob, Einfluss auf die Gestaltung der Politik unseres Landes zu nehmen. Er leistete damit

66

dem gewählten Vorsitzenden [Gorbatschow] einen schlechten Dienst. Nach der geltenden Verfassung hat der Vorsitzende des Obersten Sowjets der UdSSR eine absolute, praktisch durch nichts begrenzte persönliche Macht. Die Konzentration einer solchen Macht in den Händen einer Person ist überaus gefährlich, und zwar auch dann, wenn diese Person der Initiator der Perestrojka ist. Das gilt besonders für die Möglichkeit einer Einflussnahme hinter den Kulissen. Und was ist, wenn einmal ein anderer diesen Posten innehaben wird?"[75]

Diese Warnungen von Andrej Sacharow wurden sein politisches Testament. Er starb am 14. Dezember 1989, fast genau drei Jahre nach seiner Befreiung aus der Verbannung, an einem Herzinfarkt allein zu Hause in seinem Arbeitszimmer. Er war gerade dabei, Argumente für die Bildung einer politischen Opposition im Parlament zusammenzustellen.

Diese politische Opposition hatte sich dann rasch konstituiert.[76] Denn im März 1990 strich der Volkskongress das Machtmonopol der Kommunistischen Partei aus der sowjetischen Verfassung. Bereits in den folgenden drei Monaten verließen 370.000 Mitglieder die Partei. Zahlreiche Parteien – Sozialdemokraten, Christdemokraten, Liberale, aber ebenso anarchistische und monarchistische Gruppen – warben

---

[75] Der gesamte Wortlaut der bewegenden Rede ist in seinen Memoiren veröffentlicht. Sacharow, Andrej: *Mein Leben*. München 1991, S. 882-888

[76] Vgl. Sobčak, Anatolij: *Die Herausbildung eines neuen politischen Systems: Macht, Partei, Recht*. In: Segbers, Klaus (Hrsg.): *Perestrojka. Zwischenbilanz*. Frankfurt am Main 1990, S. 40-51. Anatolij Sobčak (Anatoli Sobtschak) wurde 1991 erster frei gewählter Bürgermeister von St. Petersburg, holte die späteren Präsidenten Wladimir Putin und Dmitri Medwedew in die Verwaltungsspitze der Stadt. Sobtschak starb unter ungeklärten Umständen in der Nacht vom 19. Auf den 20. Februar 2000 in einem Hotel in Swetlogorsk. Siehe auch https://www.britannica.com/biography/ Anatoly-Aleksandrovich-Sobchak sowie https://de.wikipedia.org/wiki/ Anatoli_Alexandrowitsch_Sobtschak (Aufruf 19. Juni 2020).

nunmehr ungehindert für ihre politischen Anschauungen. Gorbatschow, der Vater der Reform, wurde von den Ereignissen im wahrsten Sinne des Wortes überrollt. In der Hauptstadt Moskau verloren die Kommunisten praktisch die Kontrolle über die Stadtverwaltung. Im Stadtrat verloren sie 41 Prozent der Sitze. Auch ein Großteil der Kommunisten im Moskauer Stadtparlament hatte im April 1990 den Gorbatschow-Kritiker und Radikalreformer, den Wirtschaftswissenschaftler Gawril Popow (geb. 1936), als neues Stadtoberhaupt mit gewählt. Nur wenige Tage später, am 1. Mai 1990, musste Gorbatschow bei den üblichen Jubeldemonstrationen auf dem Roten Platz die Balustrade des Lenin-Mausoleums vorzeitig verlassen, nachdem es der Opposition gelungen war, die Kundgebung in eine Massendemonstration gegen die kommunistische Parteispitze umzufunktionieren.

Die erste wirkliche politische Niederlage musste Gorbatschow hinnehmen, als im selben Monat der Oberste Sowjet der Russischen Föderation nach mehreren Wahlgängen nicht den Kandidaten des Staats- und Parteichefs, sondern dessen schärfsten Kritiker, den Parteirebellen Boris Jelzin, zum Präsidenten der Russischen Föderation – noch innerhalb der Sowjetunion – wählte. Jelzin, der zuvor von Gorbatschow öffentlich gedemütigt worden war, bot dennoch 1991 den Verschwörern des August-Putsches gegen Gorbatschow die Stirn und konnte sich durchsetzen. Gleichwohl betrieb Jelzin gemeinsam mit den Präsidenten der ukrainischen und der belorussischen Sowjetrepubliken die Auflösung der Sowjetunion, verdrängte damit Gorbatschow von der Macht und wurde schließlich erster frei gewählter Präsident des neuen, postkommunistischen Russlands.

Der politische Pluralismus, von Gorbatschow selbst gegen den Widerstand der eigenen Partei durchgesetzt, hatte sich gegen seinen Initiator gewandt. Der Albtraum des sowjet-kommunistischen Experiments schien beendet.

# Das Scheitern der Planwirtschaft

Das alte Mütterchen starrte lange Zeit auf ein kleines Bündel Karotten, das auf dem gekachelten Tresen des Kolchosmarktes am Kiewer Bahnhof in Moskau zum Verkauf lag. Dann wagte sie, nach dem Preis zu fragen. Einen Rubel sollte sie dafür bezahlen. Enttäuscht schüttelte sie den Kopf und ging weg. Sie gehörte am Ende der Sowjetunion zu den Rentnern unter der Armutsgrenze. Ganze 53 Rubel monatlich bekam sie. Da wurden sechs kleine Karotten für einen Rubel zum Luxus. Von Fleisch ganz zu schweigen. In Moskau lagen die Marktpreise im freien Verkauf deutlich höher als in der Provinz. Zehn Rubel pro Kilo Schweinefleisch war der Mindestpreis. Und das bei einem damaligen Durchschnittsverdienst von 200 Rubel monatlich. Doch viele Waren gab es überhaupt nicht oder nur in schlechter Qualität. Zucker war selbst in der allgemein besser versorgten sowjetischen Hauptstadt rationiert. Nach einem halben Jahrzehnt Perestrojka war dies mehr als nur eine optische Niederlage für die Wirtschaftsreform.[77]

Die Bevölkerung in der Provinz hatte es noch schlimmer getroffen. In Nowosibirsk, der Hauptstadt Westsibiriens, waren 1990 bereits Lebensmittel rationiert. Es wurden Lebensmittelmarken verteilt. Pro Kopf standen der Bevölkerung monatlich auf Marken zu: ein Kilo Zucker, ein Kilo Fleisch, ein Kilo Butter. Schwerarbeiter und Studenten erhielten ei-

---

[77] Vgl. Gajdar, Egor; Kogalovskij, Konstantin: *Tendenzen der Wirtschaftskrise in der UdSSR*. In: Segbers, Klaus (Hrsg.): *Perestrojka. Zwischenbilanz*. Frankfurt am Main 1990, S. 230-265.

nen Zuschlag. Allerdings standen selbst die staatlich garantierten Mengen nicht überall zur Verfügung.

Die Wirtschaftsreform hatte sogar manche Probleme verschärft. So konnten Kooperativen, also privat organisierte Kleinunternehmen, ebenfalls Lebensmittel verkaufen. Als Familienbetriebe brachten sie Fleisch und Gemüse aus der eigenen Herstellung auf den Markt – zu horrenden Preisen für den Durchschnittsbürger. Die Kooperativen wiederum verdienten gut und waren bereit, ihrerseits hohe Preise zu zahlen. Das galt für erste private Restaurants, deren Küchenchefs ohne weiteres täglich Hunderte von Rubeln für Lebensmittel hinblättern konnten, weil ihre Geschäfte gut liefen. Die Schere zwischen Arm und Reich öffnete sich immer weiter. Doch die Mehrheit der Bevölkerung begann am Ende der Sowjetzeit zu darben.

Die offizielle Statistik konnte dabei nicht befriedigen. Darin war die Inflationsrate, die übrigens früher nie eingestanden wurde, mit fünf Prozent ausgewiesen. Die offiziellen Einkommenssteigerungen machten dagegen angeblich über acht Prozent aus. Das war kaum ein Trost für die über 40 Millionen Sowjetbürger, die bereits 1990 – sogar laut offiziellen Angaben – unter der Armutsgrenze lebten; denn sie hatten monatlich weniger als siebzig Rubel zum Leben zur Verfügung.

Manche Engpässe waren allerdings hausgemacht. So rechnete der Schriftsteller Jewgeni Jewtuschenko[78] vor, dass in der Sowjetunion offiziell 32 Kilo Zucker pro Einwohner im Jahr zur Verfügung standen. In den USA habe es weniger Zucker gegeben und dennoch bestand dort kein Defizit. Der Hintergrund: Private Schnapsbrennereien, die viel Zucker verbrauchten, erschwerten die Lage in der Sowjetunion ebenso wie panische Hamsterkäufe.

---

[78] Vgl. Jewtuschenko, Jewgeni: *Das Recht auf Uneindeutigkeit.* In: Huffschmid, Jörg (Hrsg.): *Glasnost, Perestroika. Streiten für die Umgestaltung. Die sowjetische Diskussion.* Köln 1987, S. 83-96.

Die wegen der schleppenden Wirtschaftsreformen überstrapazierte Geduld der Sowjetbürger trieb Hunderttausende im ganzen Land zu Demonstrationen. Ihr Zorn richtete sich gleichermaßen gegen die Bremser in der Politik wie gegen bloße Versprechungen von Michail Gorbatschow. „Wenn laut Statistik angeblich alles besser geworden ist", so schimpfte ein Abgeordneter im Parlament, „wo sind dann die Produkte, nach denen wir vergeblich in den Regalen der Geschäfte suchen?"

In dieser Situation war es schier aussichtslos, dafür Verständnis zu wecken, dass die wirkliche Misere nicht erst in den letzten Jahren der Perestrojka entstanden war, sondern das Ergebnis einer jahrzehntelangen Schlamperei der gesamten sowjetischen Planwirtschaft gewesen ist.[79]

In nahezu allen Bereichen war schwer gesündigt worden. Die berüchtigte Tonnenideologie hatte jahrelang verschleiert, was sich hinter gigantischen Produktionsziffern verbarg. Mit dem Begriff *Tonnenideologie* bezeichnete man das Verhalten, die Quantität der Produktion zu erfassen und zu steigern, ohne auf die Qualität zu achten. Wenn man bedenkt, dass die Sowjetunion mehr Öl als Saudi-Arabien, mehr Stahl als Japan und mehr Düngemittel als die USA pro Jahr erzeugt hat und trotzdem in den genannten Bereichen Defizite aufwies, dann war klar, dass mit den gigantischen Mengen nicht die notwendige Qualität geliefert werden konnte.

Am schlimmsten wirkte sich die Tatsache aus, dass die Maschinenparks in den Fabriken überaltert waren. Noch

---

[79] Eine systematische Beschreibung der Fehlentwicklungen und späteren Reformen in der sowjetischen Wirtschaft liefern die Jahrbände zur Sowjetunion, herausgegeben vom Bundesinstitut für ostwissenschaftliche und international Studien in Köln. Insbesondere der Band *Sowjetunion 1990/91. Krise-Zerfall-Neuorientierung.* München, Wien 1991, hier das Kapitel *Wirtschaft*, S. 135-240. Vgl. ferner Shelton, Judy: *Der rote Crash. Gorbatschows schweres Erbe. Die wirtschaftlichen Probleme der Sowjetunion.* München 1989.

1985, als die ersten kritischen Bestandsaufnahmen veröffentlicht wurden, waren mehr als 20 Prozent aller Maschinen in der metallverarbeitenden Industrie über dreißig Jahre alt und stammten aus den 1950er Jahren. Auch in der Automatisation hatte die Sowjetunion den Anschluss an die neuen Technologien verpasst.

Zwei – freilich extreme – Beispiele zeigten, wie weit das Verständnis von Automatisation in der Praxis zurückgeblieben war. In einer lettischen Fischerei-Sowchose wurden die Fische von den Arbeiterinnen mit der Hand aus großen Netzen am Arbeitstisch herausgenommen, an einem eingestanzten Maßband angelegt und, nach Größe sortiert, auf lange Spieße gesteckt, die in Räucherkästen eingehängt wurden. Die geplante Automatisation, so führte der Sowchosen-Chef dem ausländischen Korrespondenten vor, werde darin bestehen, dass in Zukunft die Fische auf ein Förderband geschüttet würden. Von dort sollten sie durch kleinere und größere Löcher eines Rostes – also „automatisch sortiert" – in die darunter stehenden Körbe fallen. Anschließend würden sie wieder von Hand auf die langen Spieße gesteckt und zum Räuchern aufgehängt.

Ein anderes Beispiel aus der Obstrepublik Moldawien zeigte ähnliche Probleme. Auf einer Apfelplantage wurde ausländischen Besuchern die „automatische" Verpackung der Äpfel vorgeführt: In der riesigen Halle lief unter der Decke ein mit Metallhaken bestücktes Kettenband. An den Haken hingen leere Holzkisten. Darunter verlief ein Transportband, auf das von Hand die Äpfel geschüttet wurden. Vom Transportband kullerten die Äpfel in Ausbuchtungen, hinter denen Frauen standen. Sie griffen über ihren Kopf, angelten sich von oben eine leere Holzkiste herunter und legten die Äpfel, die ihnen über das Förderband zurollten, hinein. An diesem Punkt war das Ende der „Automatisation" erreicht. Die Kisten wurden zur Seite gestellt. Arbeiter trugen sie in einen hinteren Hallenteil, nagelten sie mit Brettern zu, um sie dann wiederum von Hand neu zu stapeln und zu verladen.

An diesen Systemen wäre nichts auszusetzen gewesen, wenn sie nicht noch Ende der 1980er Jahre als repräsentativer Stand der „Automatisation" in der Landwirtschaft vorgeführt worden wären. Natürlich gab es auch hochqualifizierte sowjetische Spezialisten. Die Erfolge der Raumfahrt waren beeindruckend. Doch die Umsetzung der Errungenschaften reichte weder für die Massenproduktion noch für die Massenausbildung aus. In Schulen der sowjetischen Hauptstadt wurde Computerunterricht an Geräten simuliert, die als Ausschussware eines sowjetischen Herstellers nie funktioniert haben. Den Computerwettlauf hatte die Sowjetunion bereits 1960 verloren, als IBM weltweit 1,5 Millionen Computer verkaufte, während die sowjetischen Werktätigen nur 25.000 Computer herstellten. Kein Wunder, dass nach dem Zusammenbruch der Sowjetunion zahlreiche spätere Oligarchen mit Computerhandel aus dem Ausland die Grundlagen für ihr Vermögen gelegt haben. Auch eine andere Entwicklung war in der Sowjetunion durch ständige Bevormundung gehemmt worden; denn noch bis 1989 war es den Sowjetbürgern verboten, privat ein Kopiergerät oder gar einen Computer mit einem Drucker zu besitzen.

Ebenso haben außenpolitische Hürden die Entwicklung gebremst. Die großen Industrienationen der kapitalistischen Länder hatten in einer Liste (Cocom[80]) alle jene Technologien mit einem Exportverbot aufgeführt, die von der Sowjetunion zu militärischen Zwecken hätten missbraucht werden können. Dieses Verbot wurde gegen Ende der Sowjetunion zwar gelockert, aber für den Ankauf westlicher Technologie benötigte das Land Devisen. Die eigenen Deviseneinnahmen wurden zum großen Teil nicht durch Produktivität erwirt-

---

[80] Coordinating Committee on Multilateral Export Controls. Mitglieder sind außer Island alle NATO-Staaten sowie Australien und Japan.

schaftet, sondern stammten zu fast 80 Prozent aus dem Verkauf von Rohstoffen wie Gold, Erdöl und Erdgas.

Der sowjetische Staatshaushalt, stets als finanziell ausgeglichen gepriesen, hatte bereits 1989 ein Defizit in Höhe von 100 Milliarden Rubel erreicht. Allein für die Jahre 1987 und 1988 wurden als Minusposten genannt: 15 Milliarden Rubel Verluste in Folge der gesunkenen Erdölpreise. Für die Sowjetunion als damals größtem Erdölproduzent der Welt kam erschwerend hinzu, dass darin wegen sinkender Erdölpreise erhebliche Devisenverluste eingeschlossen waren.[81] Ferner verzeichnete der Haushalt fast 20 Milliarden Rubel Steuer- und Beteiligungsverluste aus dem Rückgang der Alkoholproduktion. Das war die Folge einer strengen Gesetzgebung, die dem traditionellen Missbrauch von Alkohol vorbeugen sollte. Schließlich schlugen die Folgen der Kernkraftkatastrophe von Tschernobyl 1986 (das sich in der heute unabhängigen Ukraine befindet) mit hohen Milliardensummen noch zu Zeiten der Sowjetunion zu Buche. Weitere Defizitposten in der Endphase der Sowjetunion waren Aufbaukosten für Armenien nach dem Erdbeben im Dezember 1988 mit mindestens 25.000 Toten, die Verluste durch Bürgerkrieg und Nationalitätenstreit im Baltikum, im Kaukasus und in Zentralasien sowie Verluste durch landesweite Streikwellen. Vorsichtige Schätzungen gingen davon aus, dass damals mehr als ein Drittel des sowjetischen Staatshaushaltes, der etwa bei 400 Milliarden Rubel lag, nicht gedeckt werden konnte. Als weitere Verlustposten für die sowjetische Staatswirtschaft kamen noch einmal über 100 Milliarden Rubel hinzu, die bei Investitionen in sinnlose Unternehmen und Bauprojekte verloren gegangen waren.

---

[81] Diese Devisenabhängigkeit vom Rohstoffhandel sollte sich später bei sinkenden Öl- und Gaspreisen wieder rächen, weil Russland unter Präsident Putin wichtige Jahre beim Ausbau einer verarbeitenden Industrie vertan hatte und der russische Staatshaushalt weiterhin überproportional vom Verkauf der Rohstoffe abhängig blieb.

Wenn Finanzdefizite in der Sowjetunion nicht ausgewiesen wurden, dann lediglich, weil die sowjetische Notenpresse auf Hochtouren gearbeitet hatte. Damit wurde eine Inflation in Kauf genommen, die jeder Verbraucher zu spüren bekam, die aber in keiner Statistik auftauchte.

Wirtschaftswissenschaftler und Politiker sprachen zunächst vorsichtig vom „Vorkrisenzustand", ehe sie auf die Linie einer radikalen Wirtschafts- und Preisreform als letztem Rettungsanker in der wirklichen Krise einschwenkten. Mit der Perestrojka sollte die wirtschaftliche Flexibilität und damit die wirtschaftliche Kraft der Sowjetunion gefördert werden. Die Zauberformel dafür hieß *Chosrastschot*, wirtschaftliche Rechnungsführung. Das bedeutete nichts anderes als Gewinn orientiertes Wirtschaften. Erst als Experiment, dann landesweit ausgedehnt, sollte den Unternehmen Gelegenheit gegeben werden, Produkte zu entwickeln und herzustellen, für die sich ein Verbrauchermarkt und ein marktgerechter Preis finden lassen. Doch auf beides waren die Unternehmen nicht vorbereitet. Solange sie an staatlich kontrollierte Zulieferungen für Material und Ersatzteile gebunden waren, konnten sie ihre Produktion nicht einfach umstrukturieren.

Viele Arbeiter, die sich auch in Form von Belegschaftsaktien an ihren Betrieben beteiligen konnten, wollten kein Risiko eingehen. Früher gesicherte Finanzfonds für Lohn, Sozialleistungen und Investitionen waren in Frage gestellt.

Der teilweise bescheidene Wohlstand, den manche Unternehmen mit Kindertagesstätten, Betriebswohnungen, kostenlosem Urlaub und besonderer Versorgung ihren Belegschaften geboten hatten, sollte fortan eigenständig erarbeitet werden. Die Staatsaufträge, die diesen „Wohlstand" garantiert hatten, sollten aber nach Ansicht von Abel Aganbegjan, einem der wichtigen Wirtschaftsberater der Perestrojka, allmählich bis auf 30 Prozent der Gesamtproduktion gesenkt

werden.[82] Das hätte geheißen, 70 Prozent der Produktions-
kapazität sollten nach „kapitalistischen" Kriterien, also den
Spielregeln der Marktwirtschaft, arbeiten. Plötzlich entdeckten viele Betriebsdirektoren wieder den bequemen sozialistischen Weg der Staatsaufträge, die zwei wesentliche Vorteile
hatten: erstens wurde das Material für die vom Staat bestell-
ten Produkte genehmigt, und zweitens wurde die Ware kor-
rekt bezahlt, also eine Produktion ohne Marktrisiko, egal
welche Qualität die Ware aufwies.

Die Flucht in das alte System wurde dadurch begünstigt,
dass eine angestrebte und notwendige Preisreform über Jahre
hinaus aufgeschoben wurde. Das größte Problem für den
sowjetischen Verbraucher bestand darin, dass mit einer rea-
listischen Preisbildung die zahlreichen staatlichen Subventionen hätten abgebaut werden müssen. Neben relativ teuren
Textilien wurde zum Beispiel Kinderkleidung erheblich be-
zuschusst. Die Wohnungsmiete brachte dem Staat einen
Bruchteil dessen ein, was für Baukosten und Unterhalt investiert werden musste. Die Kosten der Lebensmittel, soweit sie
überhaupt im staatlichen Handel auftauchten, wurden bis zu
70 Prozent subventioniert. Ein Kilo Schweinefleisch kostete
im staatlichen Handel, also nicht auf den Kolchosmärkten
der Bauern mit freien Preisen, 1,85 Rubel, während der Her-
stellerpreis bei 4,10 Rubel lag. Auch bei Brot, Milch und Butter machten die Subventionen für den Verkaufspreis etwa die
Hälfte der Herstellerkosten aus.

Mit langsamen Preissteigerungen hatten ab 1990 in den
Bereichen Energie und Dienstleistungen die Reformen beginnen sollen.[83] Doch die dramatischen Versorgungsmängel
auf nahezu allen Sektoren und langanhaltende, landesweite

---

[82] Agangbegjan, Abel: *Ökonomie und Perestrojka. Gorbatschows Wirtschaftsstra-
tegie.* Hamburg 1989.
[83] Vgl. dazu den Sammelband sowjetischer Autoren mit wichtigen Zeit-
dokumenten, Huffschmid, Jörg (Hrsg.): *Glasnost/Perestrojka* (Band 3): *Die
Wirtschaftsreform in der Sowjetunion.* Köln 1987.

Streiks hatten einer geordneten Finanzreform einen Strich durch die Rechnung gemacht. Und der Leidtragende war die Bevölkerung.

Im Außenhandel wurden den Unternehmen größere Freiheiten eingeräumt. Was früher ausschließlich zentral von den zuständigen Moskauer Ministerien abgewickelt worden war, nämlich Verhandlungen und Vertragsabschlüsse, sollte auf so genanntem direkten Weg von Firma zu Firma erledigt werden. Als negative Begleiterscheinung zeigte sich allerdings, dass damit mehr administrative Ebenen in den Bereich der Außenhandelsstruktur Einzug hielten als vorher. So wurde die Reform der Außenhandelsstruktur zwar auf dem Papier, aber nicht in der Praxis umgesetzt.

Große Hoffnungen setzte die sowjetische Wirtschaft auf Gemeinschaftsbetriebe mit westlichen Firmen, Joint ventures, die vor der Perestrojka verboten waren. Ziel war es, westliche Technologie mit sowjetischem Arbeitspotential zu koppeln. Auch hier hätten die sowjetischen Betriebe erst unternehmerisches Handeln lernen müssen, um das Gesetz von Angebot und Nachfrage richtig anzuwenden. Stattdessen berichteten westliche Unternehmer von abenteuerlichen Konstruktionen. So war die Sowjetunion an einem Joint Venture mit einem Schweizer Pharmakonzern interessiert. Maschinen und Technologie sollten aus der Schweiz geliefert werden. Grundstück, Gebäude und Arbeitskräfte wollte die sowjetische Seite stellen. Bei der ungleichen Bewertung der Posten, die von beiden Seiten in das Gemeinschaftsunternehmen eingebracht werden sollten, wurde der Schweizer Partner „überrascht": die sowjetischen Planer berechneten den Wert des von ihnen angebotenen Grundstücks gemäß dem Quadratmeterpreis von Basel Innenstadt, dem Sitz des Geschäftspartners. Daher verlangten sie – zusätzlich zu Maschinen und Technologie – noch Ausgleichszahlungen vom Schweizer Partner.

Auf dem sowjetischen Binnenmarkt war die zentrale Planung eines der größten Hindernisse für die wirtschaftliche Entwicklung. Nur über eine radikale Dezentralisierung hätte das Land zu besserer Versorgung und größerer Produktivität angeleitet werden können. Eines der haarsträubendsten Beispiele belegte, welche Hürden die zentrale Planung aufgebaut hatte. So durfte selbst Tausende Kilometer von Moskau entfernt in keiner staatlichen Konditorei eine Torte hergestellt und verkauft werden, deren Rezept nicht zuvor von einer zentralen Stelle in Moskau genehmigt worden war.

Von der Schraube bis zum Bleistift, von der Sonnenbrille bis zur Badehose hatte die zentrale Planung Umfang, Größe, Farbe und Material der Produktion bestimmt, deren einzelne Bestandteile in Kennziffern festgelegt wurden. Die Qualität hing allerdings überwiegend vom Arbeitseinsatz vor Ort ab. Getreu dem damals viel zitierten Leitspruch „Der Staat tut so, als ob er uns bezahlt. Dafür tun wir so, als ob wir arbeiten", hat man kaum ein echtes Engagement der Arbeiter in der Produktion erwarten können. Die Perestrojka sollte in ihrer Anfangsphase hier mit einer scharfen staatlichen Kontrolle nachhelfen.

Die Folge war, dass bis zu 90 Prozent Ausschuss reklamiert wurden wie in den LKW-Werken an der Kama oder in einer Motorradfabrik in Wladimir, einer Provinzhauptstadt 200 Kilometer östlich von Moskau. Der Negativeffekt dieser Perestrojka bestand schlicht darin, dass den Arbeitern zunächst nur noch der Mindestlohn gezahlt wurde und die Prämien entfielen. Im Einzelfall machte dieser Verlust bis zu 40 Prozent des üblichen Einkommens aus. Für die Betroffenen also war mit der Perestrojka konkret eine Verschlechterung ihrer Lebensbedingungen verbunden.

Ein Beispiel aus der Praxis konnte zeigen, wie eng der wirtschaftliche Spielraum war. Ein Ehepaar mit einer achtjährigen Tochter verfügte über 360 Rubel monatlich. Davon gingen für Miete und Energie etwa 18 Rubel weg. Und fast der gesamte Rest des Monatsgehaltes wurde für Nahrungsmittel verbraucht. Konsumgüter und Kleidung wurden in der Regel durch Leistungen der Großeltern finanziert. Reisen, soweit sie nicht von der Arbeitsstelle organisiert werden, waren bei einem solchen Familienbudget so gut wie ausgeschlossen.

Wer nicht den intellektuellen Genuss von Glasnost, der neuen Offenheit, in den Massenmedien nachvollziehen konnte, wer nicht die Aufbruchsstimmung der Historiker und Politologen teilen, sich nicht die Leninismus-Debatte und Rehabilitierung von Stalin-Opfern zu Eigen machen konnte, wen nicht die Abkehr von dem ideologischen Strickmuster der friedlichen Koexistenz als Fortsetzung des Klassenkampfes faszinierte oder die früher verteufelten marktwirtschaftlichen Ansätze überraschten, der maß die Perestrojka gewissermaßen mit der Elle des Normalverbrauchers. Angaben der Zeitschrift *Argumenty i Fakty* ließen erschreckend deutlich werden, dass die Versorgungsmängel teilweise künstlich erzeugt wurden, weil ein großer Teil der Waren durch die Hintertür der Handelsorganisationen auf dem Schwarzmarkt verschwand. In Zahlen ausgedrückt hieß das: etwa 40 Prozent der Lebensmittel und 60 Prozent der Konsumgüter in der Sowjetunion wurden 1988 nicht über den Ladentisch verkauft, sondern vorher abgezweigt.

Der Historiker Leonid Batkin (1932-2016) schilderte in seinem Beitrag zu einem kritischen Sammelband den Diskussionsstand der Perestrojka unter seinen Bekannten: „Ich muss zugeben, dass ich mit meinem finsteren Optimismus alleine dastehe. Die Gesprächspartner würden mir mit Freude zustimmen, aber sie sehen sogar für einen solchen etwas seltsamen und vorsichtigen Optimismus keinen Grund."[84] Dann kam der Autor auf den Punkt zu sprechen, der für die

---

[84] Batkin, Juri: Erneuerung der Geschichte. In: Afanassjew, Juri (Hrsg.): *Es gibt keine Alternative.* Nördlingen 1988, S. 202.

Sowjetbürger immer mehr zu einer Vertrauensfrage gegenüber der Perestrojka geworden ist. „Unlängst traf ich mich mit Bekannten aus Swerdlowsk, und sie zeigten mir die blassgelben Abschnitte ihrer Lebensmittelkarten. Jeder Hauseingang hat einen Bevollmächtigten, der sie ausgibt. Achthundert Gramm Kochwurst im Monat. Vierhundert Gramm Butter, wie es scheint. Und zwei Kilogramm Fleisch im Jahr. An Sonntagen verschwinden zuweilen sogar die Nudeln und Graupen."[85] Das Fazit war identisch mit dem, was Gorbatschow auf einer seiner vielen Reisen im Land selbst erlebt hatte: „Mit diesen Menschen sollte man zunächst lieber nicht über Perestrojka sprechen. Sie glauben an nichts, nur an sichtbare Ergebnisse."[86]

Die vollmundigen Forderungen der Chruschtschow-Zeit, man werde die USA wirtschaftlich überholen, wurden in der Perestrojka auf bittere Weise konterkariert. Denn die wirtschaftlichen und sozialen Unterschiede zwischen beiden Ländern waren zum Nachteil der Sowjetunion sogar immer größer geworden. Den Nachweis lieferte die sowjetische Fachzeitschrift für Amerikafragen *USA: Wirtschaft, Politik, Ideologie*. In seiner Studie, die von vielen Zeitungen zitiert wurde, vermittelte der Autor namens Sajtschenko den Sowjetbürgern erstmals anhand konkreter Daten ein erschütterndes Bild der Lage im eigenen Land. Verweise auf Angaben der vorrevolutionären Zeit belegten außerdem, dass die Menschen zu den vielgeschmähten zaristischen Zeiten mehr und besser zu essen hatten als in der Schlussphase der Sowjetunion. Vor Beginn des Ersten Weltkriegs und vor der Oktoberrevolution lag der jährliche Fleischverbrauch in Russland laut dieser Studie bei 88 Kilogramm pro Person. In Städten, in denen der Verkauf von Fleisch seit Jahren in der Sowjetunion immer noch rationiert war, standen pro Einwohner vor

---

85 ebd., S. 203.
86 ebd.

der Revolution sogar mehr als 100 Kilogramm jährlich zur Verfügung. Der Fleischverbrauch in der Endphase der Sowjetunion lag dagegen offiziell bei 62 Kilogramm, eine Angabe, die von Fachleuten stark bezweifelt wurde, zumal es sich bei dem, was auf den Ladentisch kam, oft nur um Knochen und Fettgewebe gehandelt hat. Im Vergleich zu den USA mit knapp 120 Kilogramm Fleisch pro Kopf und Jahr stand selbst offiziell den Sowjetbürgern nicht einmal die Hälfte der amerikanischen Versorgung zur Verfügung.

Als soziale Ungerechtigkeit wurde in der Analyse bewertet, dass die Sowjetbürger nur 36,6 Prozent aus dem Bruttosozialprodukt (in der Sowjetunion Nationaleinkommen genannt) als Lohnausschüttung erhielten, während in den USA 64 Prozent des gesamten erwirtschafteten Einkommens in die Taschen der arbeitenden Bevölkerung zurückfloss. Diese Kluft war noch größer, wenn man Preise und Arbeitsleistungen miteinander vergleichen wollte. Demnach mussten Sowjetbürger für Fleischprodukte zehn- bis zwölfmal länger arbeiten als Amerikaner. Selbst Grundnahrungsmittel waren trotz hoher Subventionen wesentlich teurer. Für Milch arbeitete ein Sowjetbürger achtzehn- bis zwanzigmal, für Brot je nach Sorte zwei- bis achtmal länger als ein amerikanischer Bürger; ganz zu schweigen von den schier unerschwinglichen Köstlichkeiten wie Orangen und Bananen, für die ein Sowjetbürger bis zu fünfundzwanzigmal länger hatte arbeiten müssen als sein Kollege in den USA.

Nicht weniger vernichtend fiel der Vergleich im Konsumgüterbereich aus. Die Kosten für Elektrogeräte, Autos, selbst für Schuhe und Kleidung lagen teilweise unvorstellbar hoch. Das Warenangebot war gemessen an dem in den USA sehr bescheiden. Nach dieser sowjetischen Untersuchung verfügte der sozialistische Markt lediglich über 14 Prozent des amerikanischen Warenangebotes für Gegenstände des täglichen Bedarfs, die langfristig genutzt wurden wie Kühlschränke oder Waschmaschinen. In der Sowjetunion, so lautete die

Schlussfolgerung der Studie, gehörten die Preise für Lebensmittel und Konsumgüter zu den höchsten der Welt.

Diese Lage hatte sich seit dem Beschluss der sowjetischen Regierung im Sommer 1990, die Planwirtschaft völlig aufzugeben und zu einer vorerst gesteuerten Marktwirtschaft überzugehen, noch erheblich verschlimmert. Denn damit entfielen die hohen staatlichen Subventionen für die Grundnahrungsmittel, die sich sprunghaft verteuerten und den Lebensstandard wiederum rigoros absinken ließen.

Fünf Jahre lang hatte die Perestrojka mit wirtschaftlichen Experimenten Zeit vergeudet, ehe die Sinnlosigkeit der zentralen Planwirtschaft offen zugegeben wurde. Schnell geschneiderte Gesetze über eine Neuordnung der staatlichen Betriebe erwiesen sich als unbrauchbar. Die Reform im Rahmen des Systems, also unter Aufrechterhaltung des engen sozialistischen Eigentumsbegriffs, von dem schlicht kein Profitdenken ausging, waren zum Scheitern verurteilt.

In dieser Situation steuerte Gorbatschow einen Kurs, der zu einem anderen Eigentumsbegriff führen und die Marktwirtschaft im Sozialismus salonfähig machen sollte. Gorbatschow sprach sich im Volkskongress für neue Eigentumsverhältnisse aus, „damit jede Form des Eigentums in einem gerechten Wettbewerb ihre Eigenständigkeit und ihre Existenzberechtigung behauptet. Als einzige Bedingung gilt: keine Ausbeutung und auch keine Entfremdung von den Produktionsmitteln zuzulassen."

Maßgeblich für diesen Kurs waren Gorbatschows Wirtschaftsberater, zu denen auch die Wirtschaftssoziologin Tatjana Saslawskaja[87] aus der Akademie der Wissenschaften gehörte. Sie arbeitete in der Zweigstelle Akademgorodok, einem Forschungszentrum nahe Nowosibirsk. Schon vor Beginn der Perestrojka hatte sie 1983 ein „Manifest aus

---

[87] Vgl. Saslawskaja, Tatjana: *Die Gorbatschow-Strategie, Wirtschafts- und Sozialpolitik in der UdSSR. Analysiert von der prominenten sowjetischen Ökonomin.* Wien 1989.

Nowosibirsk" mit herber Kritik an der wirtschaftlichen und sozialen Lage in der Sowjetunion vorgelegt.

Auch der Direktor des Moskauer Wirtschaftsinstituts für Studien über die USA und Kanada, Nikolai Schmeljow, gehörte zu den heftigen Kritikern der ineffizienten Planwirtschaft und unterstütze die Perestrojka mit seinen zahlreichen Veröffentlichungen.[88]

Auch das Privateigentum, das früher als volkswirtschaftliche Größe verschmäht worden war, hätte nun im Markt wirksam werden und helfen sollen, um die Misere im Land zu überwinden. „Natürlich ist der Markt nicht allmächtig", warnte Gorbatschow. „Aber die Menschheit hat keinen demokratischeren und effektiveren Mechanismus der wirtschaftlichen Tätigkeit ausgearbeitet. Die sozialistische Planwirtschaft kann darauf nicht verzichten. Das muss man anerkennen."

Konzerne, Aktiengesellschaften, Kooperativen, Kleinhandwerk – alles sollte möglich gemacht werden. Und dennoch waren die Ergebnisse bescheiden geblieben. So waren zwischen 1987 und 1988 die Kooperativen wie Pilze aus dem Boden geschossen, von 3.700 auf fast 33.000 privat organisierte Unternehmen. Führende Ökonomen hatten sich davon eine entscheidende Belebung der Volkswirtschaft erhofft. Die Vielzahl der Kooperativen machte 1988 jedoch erst ein Prozent aller Unternehmen aus mit einem kaum messbaren volkswirtschaftlichen Nutzen. Denn die meisten Kleinbetriebe, deren Zahl kurz nach ihrer Zulassung bereits wieder durch zahlreiche Auflagen eingeschränkt worden waren, hatten sich mit Aufgaben beschäftigt, die weniger klaffende Konsumlücken deckten, als vielmehr neue Konsumwünsche weckten. Dazu zählten Nobelrestaurants, die wiederum nicht von Normalverdienern besucht werden konnten, weil eine

---

[88] Schmeljow, Nikolai: *Gewalt oder Rubel. Essays zur Perestrojka in der Wirtschaft.* Göttingen 1990.

Mahlzeit bis zu 25 Rubel kostete, und dies ohne alkoholische Getränke, deren Vertrieb in privaten Restaurants untersagt war. Andere Kooperativen kopierten westliche Markenzeichen von Autofirmen als Anstecker oder Aufkleber und verkauften diese zu wahnwitzigen Preisen, ohne sich um Urheberrechte zu kümmern.

Kein Wunder, dass die flankierende Gesetzgebung nicht schnell genug auf ständig neu entstehende Mängel reagieren konnte; die verantwortlichen Kader und Ministerien waren überfordert, die Bevölkerung durch die wirtschaftliche Talfahrt demotiviert. Die immer noch existente sowjetische Bürokratie setzte viele Beschlüsse mit Ausführungsbestimmungen wieder außer Kraft oder – wie oft geklagt wurde – verwandelte sie gar in ihr Gegenteil.

Auf diese Weise wirkte die Perestrojka nur als Notbremse für die wirtschaftliche Fehlentwicklung. Doch ein wirklicher Wandel in eine funktionierende Marktwirtschaft war der Perestrojka und ihrem Urheber Michail Gorbatschow nicht gelungen.

# Soziale Not des Alltags

Als Ludmilla vor dem Standesbeamten ihrem Sascha das Jawort gab, träumte sie vom häuslichen Glück. Ein eigenes Zimmer für sich und ihren Mann, vielleicht sogar ein Kind. Ludmilla lebte jedoch weiter in einem Frauenwohnheim. Sascha, ihr Ehemann, durfte nicht bei seiner Frau übernachten. Der Wohnheimkommandant war ein strenger Mann. Er hielt sich an die Regeln und schickte Sascha um 23 Uhr nach Hause, in ein Wohnheim für Männer, wo – versteht sich – Ludmilla nicht übernachten darf. Auch das war Ehealltag in Moskau. Seit Jahren wurde in der Sowjetunion ein neues Hilfsprogramm diskutiert, um junge Familien wenigstens mit einem eigenen Zimmer in einer Gemeinschaftswohnung zu versorgen, soweit sie nicht bei den Eltern oder Schwiegereltern Unterschlupf finden konnten.

Siebzig Prozent der jungen Familien mussten überdies von den Eltern finanziell mit unterhalten werden. Die eigenen Einkünfte reichten nicht aus. Nach einer Umfrage im Moskauer Kirow-Bezirk im Jahre 1988 hatte jede zweite Braut und jeder vierte Bräutigam unter hundert Rubel monatlich. Das statistische Durchschnittsgehalt lag damals doppelt so hoch. Und selbst mit solchen Einkommen wäre das teure Leben in Moskau nur knapp zu bewältigen gewesen.

Angesichts dieser angespannten Situation verzichteten die meisten jungen Eheleute auf Nachwuchs. Kinder? Nein danke, das konnte man sich nicht so ohne weiteres leisten. Deshalb war in Moskau der natürliche Bevölkerungszuwachs unter allen sowjetischen Großstädten am niedrigsten. Und noch ein Negativ-Rekord von damals: mit fast 50 Prozent Ehescheidungen hielt Moskau in der Sowjetunion nach Odessa den zweiten Platz. Fachleute wiesen auf eine scheinbar widersprüchliche Gesetzmäßigkeit hin: Das erste Kind verminderte die Stabilität der Ehe. Mit dem zweiten Kind wuchs dagegen die Stabilität einer sowjetischen Ehe um das Sechsfache.

Leidtragende der unzureichenden sozialen Verhältnisse[89] waren mehrheitlich die Frauen. Trotz Gleichberechtigung bei der Arbeit, auf dem Bau, am Traktor und auf dem Feld waren frauenpolitische Themen in ihrem Umfang und ihrer Brisanz erst allmählich von den Massenmedien im Land entdeckt und erörtert worden. Dabei stellte sich heraus, wie stark die traditionellen Belastungen – neben dem wirtschaftlichen Druck – das Verfassungsgebot von der Gleichberechtigung der Frauen konterkarierten.

Die Bandbreite der Belastungen für Frauen war groß: von alleinerziehenden Müttern, die in den westlichen und nördlichen Großstädten des Landes zu mehr als 50 Prozent geschieden waren, bis hin zu der Tatsache, dass sich in den islamischen Landesteilen der Sowjetunion jährlich immer noch Hunderte von Frauen aus Verzweiflung über ihr geknechtetes Schicksal selbst verbrannten.

Zaghafte Ansätze einer emanzipatorischen Bewegung zielten daher in eine andere Richtung als im Westen. Die Frauen wollten gerne von den Belastungen des Berufes befreit werden, um sich der Familie widmen zu können. Das Geldverdienen wurde zuweilen weniger als Akt der Selbstverwirklichung denn als bittere Notwendigkeit betrachtet, weil in der Regel ein einzelnes Monatseinkommen nicht zum Lebensun-

---

89 Vgl. Huber, Mária: *Die soziale Lage der Bevölkerung.* In: Bundesinstitut für ostwissenschaftliche und internationale Studien (Hrsg.): *Sowjetunion 1990/91. Krise-Zerfall-Neuorientierung.* München, Wien 1991, S. 165-173. Beyme, von Klaus: *Sozialstruktur und Gesellschaftspolitik.* In: Ferenczi, Caspar; Löhr, Brigitte: *Aufbruch mit Gorbatschow? Entwicklungsprobleme der Sowjetgesellschaft.* Frankfurt am Main 1987, S. 118-135.

terhalt ausreichte. Deshalb arbeiteten 93 Prozent aller Frauen im berufsfähigen Alter.

Als typische Frauenberufe galten der Lehrerberuf mit einem Anteil von 77 Prozent und der Arztberuf mit einem Anteil von 70 Prozent Frauen. Gerade diese Berufe wurden denkbar schlecht bezahlt. Eine Ärztin erhielt nach zwanzig Berufsjahren 190 Rubel monatlich, während ein junger Busfahrer seine Karriere mit monatlich 210 Rubel begann.

Soziologische Untersuchungen am Ende der Sowjetzeit hatten gezeigt, dass die angeblich emanzipierte Frau nicht nur in der Lohnskala, sondern generell im beruflichen Leben unterdrückt war. Die Arbeit der untersten Lohngruppen in der Sowjetunion wurden zu 90 Prozent von Frauen verrichtet. Selbst in gehobenen Funktionen verdienten die Frauen in der Regel die Hälfte dessen, was die Männer durchschnittlich erhielten. Ein sowjetischer Almanach verzeichnete für das Jahr 1988 zwar über eine halbe Million Frauen in leitenden Funktionen. Doch in der Politik hatten auch unter Gorbatschow nur wenige Frauen den Aufstieg in die Parteispitze geschafft. Gorbatschow selbst überraschte die Öffentlichkeit mit einem eher konservativen Frauenbild, als er 1987 in seinem Eröffnungsreferat vor der Internationalen Frauenkonferenz von den „eigentlichen Aufgaben der Frau als Mutter und Ehefrau" sprach, die „unsere Kinder großzieht".[90]

Die sowjetischen Frauen, auf denen die alleinige und zusätzliche Pflicht der Haushaltsführung lag, hatten von ihren Männern kaum Unterstützung beim Einkaufen und Kochen.

---

[90] Vgl. Voronina, Ol'ga: *Die Frau in der sowjetischen Gesellschaft*. In: Segbers, Klaus (Hsg.): *Perestrojka. Zwischenbilanz*. Frankfurt am Main 1990, S. 154-82. du Plessix Gray, Francine: *Drahtseilakte. Frauen in der Sowjetunion*. München 1990 sowie Krone-Schmalz, Gabriele: *In Wahrheit sind wir stärker. Frauenalltag in der Sowjetunion*. Düsseldorf, Wien, New York 1990. Löhr, Brigitte: *Alltag im realen Sozialismus*. In: Ferenczi, Caspar; Löhr, Brigitte: *Aufbruch mit Gorbatschow? Entwicklungsprobleme der Sowjetgesellschaft*. Frankfurt am Main 1987, S. 178-195.

Die Belastung der engen Wohnverhältnisse und der Alkoholismus trieben jährlich viele Ehen auseinander. In der Regel verblieben die Kinder bei der Mutter, die trotz staatlicher Hilfe als Alleinerzieherin den gesamten Lebensunterhalt bestreiten musste. Unterhaltszahlungen der Väter waren begrenzt und wurden häufig nicht eingehalten.

Die Familienplanung[91] blieb in der Sowjetunion infolge mangelnder Verhütungsmittel meistens dem Zufall überlassen. Einzig wirksames „Korrektiv" waren Abtreibungen, die problemlos durchgeführt werden konnten. Nicht selten brachten es Frauen in der Sowjetunion auf ein Dutzend oder mehr Abtreibungen. Es lagen nur wenige Statistiken über dieses trübe Kapitel vor. In der Großstadt Perm am Ural zum Beispiel wurden eintausend Frauen untersucht, die zum ersten Mal schwanger waren – ungeachtet ihres Familienstandes. Über 27 Prozent der Kinder wurden abgetrieben. Nur ein Drittel der Kinder kam mehrere Monate nach der Eheschließung zur Welt. Der Rest war unehelich oder im ersten Monat der schnell geschlossenen Ehe geboren, die sich dann als wenig stabil entpuppte.

Der Moskauer Professor Dmitri Walenti leitete Ende der 1980er Jahre ein Hilfsprogramm für die junge Familie und kam zu der schockierenden Schlussfolgerung: Das Einkommensniveau von Familien mit mehreren Kindern sei derart niedrig gewesen, dass sich deren Lage nach westlichen Maßstäben durchaus mit der Armutsgrenze gleichsetzen ließe. Konkreter Einzelfall: ein Ingenieur, 28 Jahre alt, lebte mit Frau und vier Kindern in einem 20 Quadratmeter großen Zimmer. Er verdiente 140 Rubel pro Monat. Nach einer Faustregel hätte er als Minimum in Moskau 100 Rubel pro Kopf im Monat benötigt, das hieße 600 Rubel. Nur wenn

---

[91] Vgl. Liegle, Ludwig: *Familie und Kindheit in der Sowjetunion*. In: Ferenczi, Caspar; Löhr, Brigitte: *Aufbruch mit Gorbatschow? Entwicklungsprobleme der Sowjetgesellschaft*. Frankfurt am Main 1987, S. 154-177.

beide Ehepartner arbeiteten und die Großeltern etwas zuschießen würden, konnte man solche Situationen bewältigen.

Professor Walenti scheute sich nicht, ein anderes Tabu anzusprechen. Die hohe Kindersterblichkeit, die in Moskau zweimal höher lag als in westeuropäischen Ländern. Im ersten Lebensjahr starben in der sowjetischen Hauptstadt 21 von 1000 Neugeborenen. In den zentralasiatischen Republiken lag die Zahl sogar doppelt so hoch. Diese Zahlen waren lange Zeit verschwiegen worden. Schließlich nannte der Wissenschaftler folgende Gründe für die hohe Sterblichkeitsrate:

- Alkoholismus der Eltern,
- gesundheitliche Schäden bei den Frauen in der Produktion,
- schlechtes Niveau der Entbindungsanstalten,
- mangelhafte Qualität einheimischer Verhütungsmittel, als deren Folge oft Abtreibungen stattfanden.

Mit einem großangelegten Hilfsprogramm sollte die Aufklärung junger Familien in den letzten Jahren der Sowjetunion verbessert werden. Und in den Gerichten wurden psychologische Beratungsstellen eingerichtet, um vor dem übereilten Gang zum Scheidungsrichter der jungen Ehe vielleicht noch eine Chance zu geben. Die für ihre sprichwörtliche Kinderliebe bekannten Russen hatten sich von sowjetischen Demografen vorrechnen lassen müssen, dass es schlecht um den Nachwuchs bestellt war. Bei dem Stand von 1988 – so warnte ein Fachmann – würde sich die Geburtenrate der russischen Bevölkerung bis zur Jahrtausendwende halbieren. Stattdessen hatte die asiatische Bevölkerung in der Sowjetunion überproportional zugenommen. In den zentralasiatischen Republiken, die heute alle selbstständige Staaten sind, lebten zwar nur 15 Prozent aller Sowjetbürger, doch mit ihrer hohen Geburtenrate sorgten sie zu einem Drittel für den Bevölkerungszuwachs in der gesamten Sowjetunion.

In Zentralasien waren sechs oder sieben Kinder pro Familie die Regel, während in den westlichen und nördlichen

Republiken die Kleinfamilie mit einem und selten mit zwei Kindern üblich war. So gab es in der baltischen Republik Lettland, die damals noch zur Sowjetunion gehörte, nur noch 0,3 Prozent Familien mit mehr als zwei Kindern. Im Landesdurchschnitt hatten sich 80 Prozent der betroffenen Bevölkerung auf die Kleinfamilie eingestellt.

Was auf den ersten Blick wie demografische Arithmetik aussah, hatte in Wirklichkeit einen schwerwiegenden politischen Hintergrund. Noch in den 1960er Jahren waren die Russen als das größte Staatsvolk der Sowjetunion in der Mehrheit. Russisch war die landesweite Amtssprache. An der russischen Kultur orientierte sich der gesellschaftliche Aufsteiger ebenso wie an den überwiegend von Russen besetzten Führungspositionen in Staat und Partei. Das galt für die Wirtschaft, aber auch für das Militär. Oft genug waren Klagen laut geworden, dass Rekruten aus den asiatischen Republiken nicht einmal die russischen Kommandos verstanden und im Zweifelsfall nach rechts statt nach links marschierten. Höhere Offiziere, etwa im Rang eines Generals, aus den bevölkerungsstarken asiatischen Nationen waren kaum bekannt.

1990 war die Anzahl der Russen auf nur noch knapp die Hälfte der Gesamtbevölkerung geschrumpft und der Abwärtstrend drohte sich damals fortzusetzen. Erst mit dem Zerfall der Sowjetunion und der Gründung des heutigen Russlands bilden die Russen als Titularnation mit rund 76 Prozent wieder die eindeutige Mehrheit der Bevölkerung. Obwohl vierzehn Republiken den Staatenverbund 1991 verlassen haben, ist Russland immer noch ein Vielvölkerstaat mit rund 100 weiteren Nationen.

Die asiatische Bevölkerung hatte sich während der letzten zwei Jahrzehnte in der damaligen Sowjetunion sogar verdoppelt. Das schaffte nicht nur soziale, sondern auch wirtschaftliche Probleme. Denn die meisten Arbeitsplätze, die technologisch zukunftweisend sind, lagen im Norden und Westen der Sowjetunion. Der Nachwuchs an Arbeitskräften stammte jedoch zunehmend aus dem Süden und Südosten. Mit dem Ende der Sowjetunion ist es wiederum zu einer großen Arbeitsmigration aus den heute selbständigen zentralasiatischen Republiken Richtung Russland gekommen. Für diese Migranten ist das Wort *gastarbejteri* aus dem Deutschen übernommen worden.

Zurück in die Sowjetzeit: Im Eingang zum Weißrussischen Bahnhof in Moskau hockte eine etwa fünfundzwanzigjährige Frau mit einem Kind auf dem Arm. Sie bettelte für ihren Lebensunterhalt. Nach wenigen Minuten kam ein Milizionär und trieb die Frau mit barschen Worten davon.

Ein Szenenwechsel: Am Eingang zum Nowodewitschi-Kloster in Moskau saß ein halbes Dutzend alter Frauen. Zerschlissene Mäntel, abgetragene Schuhe, durchlöcherte Jacken. Sie baten den Besucher um eine milde Gabe. Was heute vor allen Kirchen und Klöstern oder an öffentlichen Plätzen üblich ist, das Bitten um eine milde Gabe, war in der Sowjetzeit unerwünscht. Denn Anzeichen von Armut sollten nicht öffentlich wahrgenommen werden.

Für die Statistik war Armut jahrzehntelang kein Gegenstand, bis die Parteiakademie für Gesellschaftswissenschaften die Ergebnisse einer Studie vorgelegt hatte mit der niederschmetternden Schlussfolgerung: „Die Armut ist in der Sowjetunion ein akutes Problem." Mindestens 40 Millionen Menschen fielen in der Sowjetunion unter die Armutsgrenze. Sie verfügten über weniger als 70 Rubel im Monat, das war ein Drittel des Durchschnittsverdienstes. Mehr als die Hälfte der Landesbevölkerung, also etwa 140 Millionen Menschen, lagen zwar ebenfalls deutlich unter dem Durchschnittslohn, konnten aber oft Kleinvieh halten, in ihren Gärten Obst und Gemüse anbauen und sich dadurch besser selbst versorgen.

Die Studie schätzte, dass bei der verschleierten Inflation und dem Defizit an Waren die Sowjetbürger pro Kopf mindestens 250 Rubel im Monat zum Leben brauchen. Zum

Vergleich: fast die Hälfte aller Rentner in der Sowjetunion erhielt weniger als 60 Rubel monatlich. Soviel kostete damals eine leere Videokassette auf dem Schwarzmarkt. Alarmierend an dieser Untersuchung war die Feststellung, dass nach einem halben Jahrzehnt Perestrojka die überwiegende Mehrheit der Betroffenen, nämlich zwei Drittel, aussagten: Ihre Lebensbedingungen hätten sich nicht verbessert. Fünfzehn Prozent der Befragten gaben sogar an, ihre Lebenshaltung habe sich in diesem Zeitraum verschlechtert. Kein Wunder, dass auch dadurch die Reformpolitik von Michail Gorbatschow diskreditiert war.

Das soziale Gewissen der Gewerkschaften und Betriebe schien sich – so die Erkenntnisse der Studie – angesichts der weitverbreiteten Armut kaum geregt zu haben. Wer wenig Geld hatte, wohnte schlecht. Solche Menschen hatten pro Kopf zwischen drei und fünf Quadratmeter Wohnraum zur Verfügung. Die Hälfte von ihnen glaubte, dass sie auch mit mehr Anstrengung am Arbeitsplatz ihre Lage nicht hätten verbessern können. Diese Leute, so die Studie noch recht euphorisch, seien nicht weniger, sondern eher mehr an Reformen interessiert gewesen. „Wir glauben", mahnt die Studie, „dass diese Leute einen bedeutenden Teil der sozialen Basis für die Perestrojka darstellen." Doch wie die weitere Entwicklung des Landes zeigte, war genau das Gegenteil der Fall.

In diesem Umfeld sozialer Not hatte das Alkoholproblem eine ganz besondere Rolle gespielt. In der Zeit vor Gorbatschow konnte man auf dem Land ebenso wie in den Städten alle vierzehn Tage bei Auszahlung des Lohnes die gleichen bedrückenden Szenen erleben: Schnapsleichen – Männer wie Frauen – lagen auf den Bürgersteigen, in Hauseingängen und in den Städten auch in den U-Bahn-Schächten. Zuweilen machte sich die Miliz die Mühe, die volltrunkenen Gestalten mit einem Kleinbus einzusammeln und unsanft zur Ausnüchterungszelle zu transportieren.

Michail Gorbatschow begann 1985 seine Amtszeit als Parteichef mit einem innenpolitischen Donnerschlag. Er wollte die Alkoholiker des Landes „trockenlegen". Eine strenge Verordnung, das so genannte „Trockenheitsgesetz", verfügte: die Produktion harter Getränke, vor allem Wodka und Cognac, sollte drastisch eingeschränkt, deren Preise erhöht und der Verkauf erschwert werden. Statt billigem Fuselwein gäbe es künftig gesunde Obstsäfte. Eine Kampagne erfasste das Land. Ganze Dörfer, Städte und Landkreise erklärten sich zu alkoholfreien Gebieten. Doch der gewünschte Erfolg blieb aus.

Keine geringere Instanz, als das Parteikontrollkomitee schlug knapp drei Jahre später Alarm. Die Bilanz der Anti-Alkoholkampagne sah düster aus. Entgegen den Entscheidungen der Partei, so lautete die beschämende Feststellung, hätten verschiedene leitende Beamte staatlicher Behörden einen Zuwachs der Cognac-Produktion um 46 Prozent ermöglicht. Die Antialkoholgesetzgebung war damit in ihr Gegenteil verkehrt worden. Insgesamt waren die Pläne für Spirituosen sogar weit übererfüllt und in einzelnen Republiken sogar vervierfacht worden. Der Fuselwein, der mehr Kopfschmerzen als Rauschzustände bewirkte und schon längst vom Markt hätte verschwinden sollen, hatte eine wundersame Auferstehung gefeiert. Siebenhundert Millionen Liter waren 1987 davon im Handel aufgetaucht; hundert Millionen Liter waren allein in privaten Kooperativen hergestellt worden.

Auch die hochgepriesenen Vorreiter der Nüchternheit hatten versagt. In viele so genannte „Zonen der Trockenheit", die mit werbewirksamer Publizität landesweit gegründet worden waren, hatte der Alkohol wieder seinen Einzug gehalten. Im ersten Halbjahr 1987 wurden insgesamt 4,2 Millionen Sowjetbürger von der Polizei wegen Trunkenheit inhaftiert, darunter ein zunehmender Anteil von Halbwüchsigen. Die Zahl der Alkoholiker hatte sich – entgegen den Anstrengungen – nicht verringert. Und die Zahl der alkoholbedingten Verkehrsunfälle war konstant geblieben.

Die größte Sorge blieb – neben den gesundheitlichen Schäden – die Arbeitsdisziplin. Die Disziplin am Fließband und auf dem Feld litt nach dieser Bestandsaufnahme weiterhin unter dem Alkoholmissbrauch. Andererseits griffen Zeitungen den Unmut der Sowjetbürger in Moskau auf, die sich über die langen Schlangen vor den wenigen Spirituosenläden beklagten. Offiziell wurde sogar gefordert, dass die damals rund 200 Läden in der sowjetischen Hauptstadt auf 800 Verkaufsstellen für Alkohol erweitert werden sollen. Denn nicht Verbote würden weiterhelfen, so die Schlussfolgerung einer sowjetischen Zeitung, sondern nur die Beseitigung der Gründe, derentwegen die Menschen zur Flasche griffen.[92]

---

[92] Zahlreiche deutsche Journalisten in Moskau haben diesen Zeitraum in ihren Reportagen eindrucksvoll geschildert. Ihre Bücher sind auch heute noch eine anschauliche Lektüre über die damaligen gesellschaftlichen Verhältnisse. Vgl. Fisher-Ruge, Lois: *Alltag in Moskau*. Düsseldorf, Wien 1984. Wieland, Leo: *Russland-Reportagen. Grenzgänge durch die Sowjetunion*. Frankfurt am Main 1986. Lorenz, Andreas: *Das andere Moskau*. Frankfurt am Main, Berlin 1987. Lehmann, Lutz: *Wie die Luft zum Atmen. Ein Journalist erlebt die Perestrojka*. Hamburg 1988. Besonders interessant ist die Sichtweise des damaligen Korrespondenten des DDR-Rundfunks und späteren Spiegel-Korrespondenten in Moskau: Neef, Christian: *Ein Land in Bewegung. Berichte zur Perestrojka 1985-1989*. Berlin 1990. Ferner gibt es eine sehr anschauliche Porträtreihe der BBC London unter dem Titel *Alltag unter dem Sowjetstern. Porträts vom Leben der Menschen zwischen Baltikum und Pazifik*. Mit Beiträgen von Alan Bookbinder, Olivia Lichtenstein, Richard Denton. Freiburg, Würzburg 1986.

# Ein Gesundheitssystem
# zum Krankwerden

Eine 85-jährige Greisin quälte sich in einem Moskauer Krankenhaus ihrem Ende entgegen. Sie hatte einen künstlichen Darmausgang. Es fehlten jedoch die erforderlichen Auffangbeutel aus Plastik. Der Gestank im Krankenzimmer raubte einem den Atem. Die Schwester zuckte mit den Schultern. Sie konnte oder wollte sich nicht um die Patientin kümmern. Erst zur Besuchszeit übernahmen die Angehörigen die Pflege. Für ein sauberes Betttuch versuchten sie, der Krankenschwester fünf Rubel anzubieten. Umsonst, es gab keine frische Wäsche.

Auf einer anderen Station: Eine schwangere Frau wurde vom Gynäkologen untersucht. Seine Instrumente waren ein altes Maßband und ein Holzrohr. Er notierte den Bauchumfang und nickte zustimmend. „Das Kind wächst gut", meinte er. Dann presste er das Hörrohr auf den Bauch, um die Herztöne des Kindes zu untersuchen. Ein Ultraschallgerät hatte er noch nie gesehen.

1988 hatte der Gesundheitsminister der Sowjetunion Jewgeni Tschasow (geb. 1929) eine scharfe Attacke gegen das sowjetische Gesundheitswesen eröffnet. Als Resultat wurde ein Programm vorgelegt, das die schlimmsten Mängel im Laufe der kommenden eineinhalb Jahrzehnte hätte beheben sollen. Mit bitterer Ironie bemerkte daraufhin die Regierungszeitung *Iswestija*, dass Zahnplomben in der Regel nicht länger als drei Monate hielten. Wer sich auf den Behandlungsstuhl wagte, konnte erleben, dass ein Untersuchungsbesteck für mehrere Patienten ausreichen musste. Statt Zahnerhalt wurde häufig aus Kostengründen Zahnvernichtung betrieben. Wenn Zähne schmerzten, dann wurden sie leichtfertig gezogen. Kostenlos war das sowjetische Gesundheitswesen nur auf diesem bedrückend schlampigen Niveau.[93]

Familienplanung fand in der Sowjetunion, wie erwähnt, zu einem großen Teil auf dem Weg der Abtreibung statt. Für die kostenlose Behandlung war keine örtliche Betäubung vorgesehen. Der schmerzfreie Eingriff konnte dagegen ein ganzes Monatsgehalt verschlingen. Auch eine sorgsame Pflege war einzig über Schmiergelder zu erreichen. Beliebt war die Bezahlung mit starken Getränken, vorzugsweise Wodka oder Cognac.

Gemessen an den städtischen Verhältnissen waren die Krankenstationen und kleinen Polikliniken auf dem Land oft die bessere Alternative. Wenn auch Ausrüstung und medizinische Versorgung dürftig gewesen waren, so entwickelten die Ärzte unter Aufsicht der Sochwchosen- oder Kolchosengemeinschaft[94] mehr Verantwortungsgefühl.

Natürlich fehlte es auch in der Sowjetunion nicht an vorbildlichen medizinischen Instituten, Kliniken und Spitzenmedizinern. Doch sie dienten entweder der Forschung, oder sie gehörten zur berühmten vierten Abteilung des Gesundheitsministeriums, einem besonderen Gesundheitsdienst der Nomenklatura, also der Partei- und Regierungselite.

Die Normalität dagegen beschrieb damals in beklemmender Offenheit das Parteiblatt *Prawda*: Bürokratie, Korruption, Hartherzigkeit, Grobheit und verantwortungsloses Verhalten seien charakteristisch für das Gesundheitswesen. Daher bedürfe das Gesundheitswesen selbst dringend der Heilung.

---

[93] Vgl. Müller-Dietz, Heinz: *Das kranke Gesundheitssystem der Sowjetunion.* In: Deutsches Ärzteblatt 84, Heft 24, 11. Juni 1987, A/1701-1703.
[94] Sowchose: staatlicher Landwirtschaftsbetrieb mit angestellten Arbeitern. Kolchose: genossenschaftlich organisierter Landwirtschaftsbetrieb in kollektiver Verantwortung.

Ein Ärztekongress der sowjetischen Mediziner in Moskau hatte 1988 die teilweise massiven Mängel im heimischen Gesundheitswesen zutage gefördert. Gesundheitsminister Tschasow, früher als Kremlarzt der Politprominenz und dann dank Glasnost als offener Kritiker geschätzt, hatte in diesem Zusammenhang erschreckende Angaben parat: 27 Prozent der sowjetischen Krankenhäuser verfügten über keinerlei Kanalisation; 35 Prozent hatten kein warmes Wasser und 17 Prozent nicht einmal eine Wasserleitung. Tschasow bemängelte, dass die Sowjetunion bei den Investitionen im Gesundheitswesen nicht nur weit hinter den westlichen Ländern, sondern auch hinter den damaligen sozialistischen Bruderländern zurückläge.

Zum Vergleich: In den USA wurden 10,9 Prozent, in Österreich 10 Prozent des Nationaleinkommens für die medizinische Versorgung ausgegeben. In den meisten sozialistischen Staaten waren es noch mehr als fünf Prozent. Die Sowjetunion hatte 1986 nur 3,9 Prozent des Nationaleinkommens für die Volksgesundheit ausgegeben, ein Betrag, der bis zum Ende der Sowjetunion auf 4,1 Prozent gesteigert wurde. Die Augenwischerei der vorangegangenen Jahre erklärte der Minister damit, dass man zwar regelmäßig relative Zuwachszahlen für die Investition im Gesundheitswesen ausgewiesen, absolut gesehen aber immer weniger Geld bereitgestellt habe. Diese Rechnung verdeutlichte Tschasow am Beispiel der Kosten pro Krankenhausbett:

In den RGW-Ländern[95], so der Minister, habe man an technischem Gerät zwischen 40.000 und 80.000 Rubel pro Krankenhausbett investiert. In der zentralasiatischen Sowjetrepublik Tadschikistan, so die Kritik, habe man es sage und schreibe geschafft, mit 5.000 Rubel auszukommen. Das sei soviel gewesen, wie man pro Zuchtplatz auf einer Viehfarm

---

[95] Rat für gegenseitige Wirtschaftshilfe, auch COMECON genannt. Ein Verbund sozialistischer Staaten.

investiert hätte. Und in der Akademie der Wissenschaften blieben die Interessenten für den wissenschaftlichen Nachwuchs aus, weil die dort lehrenden Ärzte mit einem Hungerlohn von 150 Rubel abgespeist würden.

Große Besorgnis hatte im Rahmen der neuen Transparenz die hohe Säuglings- und Kindersterblichkeit in der Sowjetunion ausgelöst. Deshalb wurde fast die Hälfte aller zusätzlichen Finanzmittel für diesen Bereich bereitgestellt. Eine der häufigsten Ursachen waren Darminfektionen, denen jährlich 60.000 Patienten – überwiegend Kinder – zum Opfer fielen. Hauptursache der Infektionen waren verschmutztes Wasser sowie schlechte Milch- und Fleischverarbeitung. In Mittelasien entsprachen sogar bis zu 24 Prozent des Trinkwassers nicht der bakteriologischen Norm.

Geradezu beängstigend waren die Angaben über die Qualifikation der Ärzte: 35.000 Ärzten hatte bei einer Stichprobe nur bedingt die weitere Berufserlaubnis erteilt werden können. Eintausend Ärzten musste wegen mangelnder Fähigkeiten die Approbation ganz entzogen werden. Da stellte sich natürlich die Frage, wie hatten diese Mediziner ihr Examen überhaupt bestehen können?

Die Immunschwächekrankheit HIV/Aids war von der Sowjetunion anfangs verschwiegen worden. Erst allmählich gestanden die Verantwortlichen ein, dass auch die sozialistische Gesellschaft gegen diese Infektionskrankheit nicht gefeit war. Ein Interview der Parteizeitung *Prawda* mit dem Vize-Gesundheitsminister Alexander Kondrusjew (1941-1997) über Aids verbreitete dosiert Schreckensmeldungen; denn der Aids-Tod eines vier Monate alten Babys in Odessa hatte die öffentliche Diskussion in der Sowjetunion belebt. Die pharmazeutische Mangelwirtschaft zwang die sowjetischen Testlabors diesem Interview zufolge zu haarsträubenden Praktiken. Blutuntersuchungen wurden im Pool-Verfahren durchgeführt. Das hieß, das Blut verschiedener Testpersonen wurde im Gemisch untersucht. Erst bei Aids positivem Ergebnis konnten Einzeluntersuchungen angesetzt werden. Der Grund: Das Testserum reichte nicht aus. Wegen schlechter Qualität musste eine der beiden pharmazeutischen Firmen, die das Serum herstellten, schließen. Zehn Millionen Ampullen fehlten folglich in den Labors. In den großen Industriestädten waren bis 1989 zwar fast 400 Untersuchungslabors eingerichtet worden. Doch damit konnte der Bedarf in einem Land mit 293 Millionen Menschen bei weitem nicht gedeckt werden.

Im Bereich der vorbeugenden Maßnahmen blieb dem Vizeminister nur Resignation. Statt 600 Millionen Kondome hatte die einzige Fachfabrik der Sowjetunion ein Drittel davon geliefert. Der durchschnittliche Jahresbedarf im Land hätte – neben dem Import aus anderen sozialistischen Ländern – bei weiteren 800 Millionen Kondomen gelegen. Doch der Staatsplan hatte die Produktion auf lächerliche 220 Millionen heruntergedrückt. Der verantwortliche Gesundheitspolitiker quittierte solche Manipulation mit der sarkastischen Bemerkung: „Dann müssen wir im Jahresplan auch einen Verzicht auf den Geschlechtsverkehr mit einplanen."[96]

Die verspätet anrollende Aids-Welle wurde durch zwei Faktoren begünstigt: erstens fehlte es an der notwendigen Aufklärung bei den Ärzten ebenso wie in der Bevölkerung. Noch immer, so lautete die Klage des Vizeministers, halte man Aids für eine Krankheit, die nur im Westen existiere. Wörtlich meinte er: „Aids ist für uns genauso eine Realität wie für die ganze Welt um uns herum, nur mit dem schlimmen Unterschied, dass wir unsere Bevölkerung noch davon überzeugen müssen." Zweitens gelang es nicht, die Risikogruppen genauer zu erfassen. Prostitution, die in allen russischen Städten blühte wie überall auf der Welt, existierte offiziell in der Sowjetunion gar nicht und war somit jeder gesetz-

---

[96] Vgl. Geiges, Adrian; Suworowa, Tatjana: *Liebe steht nicht auf dem Plan. Sexualität in der Sowjetunion heute.* Frankfurt am Main, Moskau 1989.

lichen Regelung oder jeder Aufsicht einer Gesundheitsbehörde entzogen. Außerdem stand aktive Homosexualität in der Sowjetunion unter Strafe. Auch hier konnte kaum vorbeugende Aufklärung betrieben werden. Die Forderung des zitierten Fachmannes war: „Dort, wo diese Risikogruppen bekannt sind, verfügen die betroffenen Länder über Statistiken. Ich bin nicht sicher, dass wir auch diesen Weg gehen müssen, aber wir müssen etwas unternehmen."

In manchen Fällen war es bereits zu spät. 1989 wurde aus dem Zentralkrankenhaus von Elista, der Hauptstadt der Autonomen Sowjetrepublik Kalmückien, einem Steppengebiet am Oberlauf der Wolga, eine Aids-Erkrankung nach Moskau gemeldet. Es handelte sich um ein Kleinkind, das im Krankenhaus zur Behandlung war. Unabhängig davon entdeckten die Ärzte fast gleichzeitig eine Blutspenderin, die ebenfalls Aids-infiziert war. Doch das gesamte Umfeld, der Partner der Frau ebenso wie die Eltern des Kindes, waren nicht infiziert. Mit einer Ausnahme: Das Baby der infizierten Blutspenderin war in demselben Krankenhaus gestorben, in dem man nun das Aids-infizierte Kleinkind fand. Moskau forderte weitere Blutproben an. Der Verdacht erhärtete sich. Das Krankenhaus schien ein Hort der Aids-Infektion zu sein. Fachärzte reisten sofort nach Kalmückien, überprüften im Krankenhaus 300 Babys und Kleinkinder und fanden 27 infizierte Kinder, die meisten im Alter unter zwei Jahren. Fast tausend weitere Kinder mussten dem Aids-Test unterzogen werden, um die Spur der Infektion bis in die kleineren Kreiskrankenhäuser zurückzuverfolgen.

Professor Walentin Prokrowski (geb. 1929), Moskaus Aids-Spezialist mit internationalem Ruf, stand vor einem Rätsel. Außer den Babys fand er fünf infizierte Frauen im Krankenhaus, die mit größter Wahrscheinlichkeit ihre Infektion erst dort bekommen haben. Denn bei 12.000 Bluttests in Kalmückien hatte man keinen einzigen weiteren Aids-Kranken entdecken können. Alle vier Frauen hatten ihre Babys gestillt, und diese Babys waren auch infiziert. Die mögliche Schlussfolgerung: Beim Stillen ist die Infektion durch Risse in der Brustwarze vom Kind auf die Mutter übertragen worden. Doch die wirklich erschreckende Erkenntnis lag darin, dass die Infektion im Krankenhaus durch gebrauchte Spritzen auf die Babys übertragen worden waren. Voller Entsetzen mussten Moskaus Abgesandte feststellen, dass die Schwestern lediglich die Nadel, aber nicht die Spritze wechselten, wenn sie einen neuen Patienten behandelten. Es fehlte außerdem seit Monaten der zwingend vorgeschriebene Eintrag über die tägliche Sterilisierung der Spritzen. „Verantwortungslosigkeit, Gleichgültigkeit, Zynismus" – so bewertete der Autor des Artikels in der Gewerkschaftszeitung *Trud*, welche die Nachricht verbreitete, diese Zustände. Mehr noch: Schon 1985 hatte dieselbe Zeitung aufgrund von amerikanischen Informationen über die Aids-Gefahr informieren wollen. Der stellvertretende Gesundheitsminister Pjotr Burgassow (1915-2006) übte Zensur und lehnte den Artikel mit dem Argument ab: „Die Quelle für die Verbreitung der Krankheit ist die amerikanische und westliche Lebensweise. Diese Publikation brauchen wir nicht." Der Vizeminister wurde versetzt, zeichnete aber anschließend verantwortlich für die geplante Produktion von Einwegspritzen. Doch zwei Ministerien hatten sich in einen Kompetenzstreit verstrickt, so dass die Sowjetunion auch im Jahre 1989 noch keine Einwegspritzen herstellen konnte.

In das Kreuzfeuer der Kritik war im Rahmen der neuen Offenheit auch die Psychiatrie geraten. Die sowjetische Presse veröffentlichte Beispiele: Eine Arbeiterin beklagte sich bei der Betriebsleitung darüber, dass die Kollegen nur schleppend und fehlerhaft ihre Pflicht erfüllten. Wegen Aufsässigkeit wurde diese kritische Sowjetbürgerin zu einer psychiatrischen Untersuchung geschickt.

In einem anderen Fall fand ein Milizionär heraus, dass seine Kollegen Dreck am Stecken hatten. Als er sie strafrechtlich zur Verantwortung ziehen lassen wollte, wurde der Spieß umgedreht. Der wachsame Milizionär landete in der Psychiatrie mit der Diagnose: Gerechtigkeitswahn.

Ein verurteilter Schwerverbrecher wiederum versuchte, einen Psychiater zu bestechen. Mit Hilfe eines gefälschten Gutachtens wollte er die Gefängnishaft in einen Klinikaufenthalt umwandeln lassen.

Dieser alltägliche Missbrauch der Psychiatrie wurde seit Ende der 1980er Jahre öffentlich angeprangert. Willkürliche, ungerechtfertigte, rachsüchtige Maßnahmen hatten die sowjetische Psychiatrie bereits international so in Verruf gebracht, dass die Sowjetunion freiwillig aus dem entsprechenden Weltverband ausgetreten war, um einem Ausschluss zuvorzukommen. Anzeichen für eine gesetzliche Regelung zum Schutz gegen den Missbrauch der Psychiatrie konnte man zunächst der Regierungszeitung *Iswestija* entnehmen. Eine Journalistin und ein Rechtsanwalt wiesen 1987 gemeinsam nach, dass psychiatrische Diagnosen innerhalb der Sowjetunion von Ort zu Ort unterschiedlich ausfielen. Heftig kritisiert wurde auch die Praxis, Sowjetbürger zu registrieren, die in irgendeiner Form psychiatrisch untersucht oder behandelt worden waren. Sie mussten teilweise erhebliche Benachteiligungen in Kauf nehmen, durften nicht mehr selbst Auto fahren oder gar ins Ausland reisen. Bis zu einer gesetzlichen Regelung war ihnen jedes Berufungsverfahren verwehrt, das den Beschluss der Ärzte noch einmal überprüft hätte.

Schließlich beschrieb der Gesundheitsminister der Russischen Föderation in einem ungewöhnlich offenen Interview die Mängel in der heimischen Psychiatrie. Betroffene hatten oft genug von körperlicher Misshandlung durch das Pflegepersonal berichtet, das nicht selten unter Alkoholeinfluss stand. Als der Gesundheitsminister solche Umstände bestätigte, war der Staat zum Handeln aufgefordert.

Es wurde eine neue Verordnung erarbeitet, die ein Klagerecht gegen eine ungesetzliche Einweisung von Gesunden vorsah. Eine wichtige Regelung sorgte für den Beginn der „Entpolitisierung" der Psychiatrie: Die Zwangsbehandlung psychisch kranker Straftäter wurde damit dem Gesundheitsministerium unterstellt. Zuvor waren besondere Polizeiärzte dafür zuständig, die dem Innenministerium unterstellt waren und nicht selten die Behandlung Kranker mit einer Strafmaßnahme verwechselt hatten.

Nicht nur hinter vorgehaltener Hand sprach man in der Sowjetunion immer davon, dass politisch oppositionelle Sowjetbürger zu Unrecht unter dem Deckmantel der Psychiatrie festgehalten wurden. Deshalb kam es einer Provokation gleich, als die sowjetische Wochenzeitschrift *Nowoje Wremja* („Neue Zeit") den Chefpsychiater des Moskauer Gesundheitsministeriums unter dem Titel „Psychiatrie und Politik" befragte. Die Zielrichtung der Fragen: Wie steht es um den Missbrauch der Psychiatrie bei der Unterdrückung politisch Andersdenkender in der Sowjetunion?[97]

Obwohl der Chefpsychiater keine direkten Eingeständnisse machte, sagte er zumindest klar: Bei 300 untersuchten Fällen habe man 18 Mal die Diagnose überzogen und Sowjetbürger zu Unrecht zur Zwangsbehandlung in eine Spezialklinik eingewiesen. Namentlich verwies er unter anderem auf Nisametdin Achmetow (1948-1983)[98], einen Baschkiren, der in der Bundesrepublik Deutschland einen Literaturpreis für seine Gedichte erhalten hatte, die wiederum von Moskau als antisowjetische Propaganda gewertet worden waren. 1988 wurde dann erstmals amtlich festgestellt: Die Diagnose, den Dichter als unzurechnungsfähig einer Zwangsbehandlung zu unterziehen, war falsch. In diesem Interview mit *Nowoje Wremja* wurden auch andere Fälle erwähnt, darunter ein Dis-

---

[97] Vgl. https://de.wikipedia.org/wiki/Politischer_Missbrauch_der_ Psychiatrie_in_der_Sowjetunion (Aufruf 24. August 2020).

[98] Vgl. https://www.munzinger.de/search/portrait/ Nisametdin+ Achmetow/0/18829.html (Aufruf 24. August 2020).

sident, der auf Betreiben von Margaret Thatcher freigelassen wurde und anschließend nach Großbritannien emigrieren konnte. Wie schwierig die Informationslage über manche Gefangene war, zeigte sein Schicksal: Der Mann wurde im Westen als verfolgter Priester dargestellt, hatte jedoch nicht mehr als vier Klassen einer Mittelschule absolviert.

Da der Missbrauch der Psychiatrie die Sowjetunion bei der internationalen Diskussion um die Menschenrechte stets auf die Anklagebank verwies, wurden unter Gorbatschow elf der gefürchteten psychiatrischen Spezialkliniken der Kontrolle des Ministeriums für Innere Sicherheit und damit der KGB-Aufsicht entzogen und dem Gesundheitsministerium unterstellt. In diesen Spezialkliniken saßen überwiegend Dissidenten, die nach einem Gummiparagrafen wegen antisowjetischer Tätigkeit verurteilt worden waren. Alle übrigen Spezialkrankenhäuser im Bereich der Staatssicherheit wurden laut offiziellen Angaben liquidiert. Amerikanische Wissenschaftler erhielten freien Zugang zu allen Typen der psychiatrischen Krankenhäuser und konnten Kranke ihrer Wahl selbst untersuchen. Neben der Kritik an den Missständen in der sogenannten normalen klinischen Psychiatrie wurde damit eingeräumt, dass im Bereich der Staatssicherheit ebenfalls Spezialkliniken betrieben wurden, deren Insassen – milde ausgedrückt – Opfer von Fehldiagnosen waren.[99]

---

[99] Die Sowjetunion öffnete ausländischen Fachleuten die psychiatrischen Kliniken. Vgl. Paritätisches Bildungswerk Bayern: *Psychiatrie in der Sowjetunion*. Studienreise vom 21.10 bis 04.11.1989. 1990. Siehe http://d-nb.info/948864176 (Aufruf 26. Juni 2020).

# Mehr Verbrechen
# durch die Perestrojka?

Die Soziologin Tatjana Saslawskaja (1927-2013), unter Gorbatschow zu einer führenden Beraterin für gesellschaftliche Fragen aufgestiegen, hatte bereits Mitte der 1970er Jahre über die Gründe für die mangelnde Arbeitsmotivation der Sowjetbürger geforscht. Ihre Ergebnisse waren so entlarvend, dass sie erst mit Beginn der Perestrojka einer größeren Öffentlichkeit zugänglich gemacht wurden. Die Wissenschaftlerin entdeckte eine dreifache Ungerechtigkeit, die sich demotivierend auf die Sowjetbürger ausgewirkt hatte. Ihre Untersuchungsergebnisse:

- Erstens fühlten sie sich ungerecht bezahlt. Der Unterschied zwischen Leistung und Nichtleistung hatte keinen markanten Einfluss auf den Lohn.

- Zweitens fühlten sie sich von ihren Massenmedien belogen.

- Drittens fühlten sie sich den Behörden recht- und schutzlos ausgeliefert. Die Urteilsfindung der Gerichte würde als ebenso willkürlich empfunden wie die Anklageerhebung und das Ermittlungsverfahren.

Tatjana Saslawskaja gehörte zu dem Kreis der Wissenschaftler, die konzeptionelle Vorschläge für den Weitergang der Perestrojka erarbeiten sollten. Ihre Forderung nach mehr Gerechtigkeit im Sinne eines Rechtsstaates, der die Gleichheit vor dem Gesetz garantiere, war zu einem wesentlichen

Bestandteil der Perestrojka geworden.[100] In diesem Zusammenhang wurde ein teilweise abenteuerliches Rechtsverständnis aufgedeckt, das Anlass für eine denkwürdige Mahnung des Zentralkomitees war, in der es hieß: „Unberechtigte Verhaftungen und Verurteilungen sollen in Zukunft verhindert werden." Die Liste der Klagen war lang: Die Untersuchungsbeamten verschlampten oder fälschten Berichte. Ein Verteidiger wurde zur Akteneinsicht erst dann zugelassen, wenn es für den Angeklagten im Grunde schon zu spät war, nämlich bei Eröffnung des Hauptverfahrens. Es gab keine unabhängige Instanz, die über Haft- und Untersuchungsbeschwerde befinden konnte. Überdies mischten sich örtliche Stellen – im Klartext: die Partei – immer wieder in laufende Verfahren, um das Urteil zu beeinflussen. Und nicht zuletzt verhängten die sowjetischen Richter im Sinne einer zweifelhaften Planerfüllung meistens die zulässige Höchststrafe. Das sowjetische Strafrecht hatte nicht einmal ein abgestuftes Strafmaß nach Wochen oder Monaten, sondern nur nach Halbjahren gekannt.[101]

Mit allen Mängeln einer forcierten Gesetzgebung war dann versucht worden, die Rechte der Bürger neu zu bestimmen und festzuschreiben: Demonstrations- und Meinungsfreiheit, der Schutz vor dem ungerechtfertigten Zugriff der Behörden, aber auch die Unabhängigkeit der Gerichte. Damit wurde die sogenannte Telefonrechtsprechung abgeschafft, die darin bestand, dass Gerichte von den Parteiinstanzen per Telefon Anweisungen darüber entgegennah-

---

[100] Vgl. S. 82, FN 87; ferner von derselben Autorin mit anderer Transliteration ihres Namens: Zaslavskaja, Tat'jana: *Perestrojka und öffentliche Meinung.* In: Segbers, Klaus (Hrsg.): *Perestrojka. Zwischenbilanz.* Frankfurt am Main 1990, S. 106-123.

[101] Zu den heute noch vorhandenen Defiziten im Rechtssystem vgl. von Gall, Caroline: *Das Justizsystem Russlands.* In: Dossier Russland. bpb 1.6.2018. https://www.bpb.de/internationales/europa/russland/47954/justizsystem (Aufruf 24. August 2020).

men, welcher Urteilsspruch ergehen sollte. Viele Richter hatten gleich die Anklageschrift als Urteilsbegründung übernommen, als ob es überhaupt kein Verfahren gegeben habe.

Zunächst als Zeichen des guten Willens, dann aber als Folge eines neuen Rechtsverständnisses waren allmählich die politischen Gefangenen freigelassen worden, die auch als Gewissenshäftlinge bezeichnet wurden. Der wichtigste Schritt bestand darin, dass die Sowjetunion seit 1987 versucht hatte, ihre Strafgesetze in Übereinstimmung mit internationalen Verträgen zu bringen, die sie selbst mitunterzeichnet hatte. Dies galt zum Beispiel für die Charta der Vereinten Nationen, die unter anderem Bewegungsfreiheit und die freie Wahl des Wohnortes festschreibt. Die Todesstrafe, die in der Sowjetunion noch oft angewendet worden war, wurde mit dieser Rechtsreform nur noch für sechs statt bisher für 18 Straftaten angedroht – bevor sie nach dem Zerfall der Sowjetunion in Russland 1999 endgültig vom Obersten Verfassungsgericht verboten wurde. Insbesondere Landesverrat und Spionage sowie Tötung in schweren Fällen und die Vergewaltigung Minderjähriger konnten in der Sowjetunion noch mit dem Tod durch Erschießen bestraft werden. Die Verbannung, seit Zarenzeiten eine typisch russische Strafandrohung, war mit dieser Reform in der Perestrojka weggefallen.

Der Schutz einer unabhängigen Rechtsprechung[102] der Gerichte wurde in der Perestrojka dahingehend erweitert, dass nun die Nichtbeachtung des Gerichts mit einem Freiheitsentzug bis zu drei Jahren geahndet werden kann. Das war ein klarer Schritt gegen den bisherigen Einfluss der Kommunistischen Partei auf die Gerichte, der damit unter Strafe gestellt wurde. Darüber hinaus konnten Angeklagte

---

[102] Vgl. Luchterhand, Otto: *Verrechtlichungsprozesse und Rechtssicherheit.* In: Mommsen, Margareta; Schröder, Hans-Henning (Hrsg.): *Gorbatschows Revolution von oben. Dynamik und Widerstände im Reformprozeß der UdSSR.* Frankfurt am Main, Berlin 1987, S. 278-295.

fortan ihre Geständnisse aus der Voruntersuchung widerrufen, wenn dies mit brutalen Methoden beim Verhör begründet wurde. Die Folge davon war eine Umdrehung der bisherigen sowjetischen Praxis: Der Angeklagte musste, wenn kein anderes Belastungsmaterial als ein erzwungenes Geständnis vorlag, freigesprochen werden.

Von der umfangreichen Reform unter Gorbatschow war auch das Komitee für die Staatssicherheit (KGB) nicht ausgenommen. Sonderrechte dieser Behörde wurden beschnitten, teilweise sogar ganz aufgehoben. Einzelne Abteilungen des KGB wie etwa die Fünfte Verwaltung zur Bekämpfung der ideologischen Diversion wurden aufgelöst. Der damalige KGB-Vorsitzende Wladimir Krjutschkow (1924-2007), der sich später im August 1991 am Putschversuch gegen Gorbatschow beteiligen sollte, überraschte sogar mit dem Vorschlag, auf die Sperrgebiete der sowjetischen Grenzzonen weitgehend zu verzichten. Von 22 Millionen Quadratkilometer Staatsterritorium unterstanden den Grenztruppen des KGB mehr als dreieinhalb Millionen Quadratkilometer. Doch mit der Öffnung des Landes für nahezu uneingeschränkte Aus- und Einreise und dem Anspruch auf Rechtsstaatlichkeit war diese Regelung nicht mehr aufrecht zu erhalten. Trotz dieser Reformen mussten sich Politiker und Rechtsgelehrte in der Sowjetunion mit der Frage auseinandersetzen, ob die Perestrojka gar das Verbrechen fördere. Denn gewalttätige Szenen hatten sich seither in aller Öffentlichkeit abgespielt, die von farbigen Schilderungen in den Massenmedien begleitet wurden: „Schüsse peitschten, Brandsätze flogen durch die Luft. Und im Nu war ein zartes Pflänzchen der Perestrojka in Flammen aufgegangen." Der Überfall galt einem kooperativen, also privat geführten Café in Moskau mit dem hübschen Namen *Sajdi-Poprobuj* – „Komm vorbei und probiere".

Seit die Perestrojka vermehrt private Kleinunternehmen zugelassen hatte, rekrutierte sich aus der Unterwelt ein weiterer Erwerbszweig: die sogenannten Beschützertrupps, die horrende Summen dafür kassierten, dass sie Cafés, Restaurants und kooperative Handelsketten vor Überfällen schützten oder besser gesagt verschonten. Stattdessen hatte aber eine Moskauer Stadtzeitung im Frühjahr 1989 feststellen müssen, dass es immer häufiger zu Schießereien gekommen war. Bei Festnahmen hatte sich nämlich herausgestellt, dass drei rivalisierende Erpresser 50.000 Rubel bei dem Leiter einer Kooperative hatten abkassieren wollen. Daraufhin hatte ein Informant in der Zeitschrift *Ogonjok* („Das Flämmchen") ausgepackt. Aus Angst vor seinen selbsternannten „Beschützern" wollte er allerdings anonym bleiben. Die Erpresser — so war in der Zeitschrift nachzulesen — säßen in den Staatsbetrieben ebenso wie in der Unterwelt. „Wenn ich als Leiter einer nicht staatlichen Kooperative Material oder Nahrungsmittel für mein Restaurant kaufen will, muss ich jedem ein Schmiergeld zahlen", sagte der Informant.

Schwarzhändler hatten zum Beispiel einer kooperativen Schneiderei Stoffe angeboten, die sie zuvor in einem staatlichen Betrieb „abzweigen" konnten. Der verzweifelte Schneider kaufte, machte sich damit straffällig und wurde von denselben Schwarzhändlern anschließend erpresst, weil er gegen das Gesetz verstoßen habe. Über 80 Prozent der privaten Genossenschaftsbetriebe wurden in der Endphase der Perestrojka angeblich auf diese Weise unter Druck gesetzt. Hier deutete sich an, was nach dem Zerfall der Sowjetunion unter Boris Jelzin zu einem wildwuchernden, räuberischen Frühkapitalismus führen sollte, dem dann viele Menschen, deren Ersparnisse und die öffentliche Sicherheit zum Opfer gefallen sind. Aus anderem Holz waren die Moskauer Taxifahrer geschnitzt, die nunmehr auf private Kosten einen Wagen betreiben durften. Sie hatten ein Unterwelttreffen organisiert. Die Szene war gespenstisch. Am Flughafen Wnukowo, etwa dreißig Kilometer vom Moskauer Stadtzentrum entfernt, verabredeten sich eintausend private Taxifahrer mit den Erpresserbanden. Doch statt Schutzgeld zu bezahlen, drohten die Taxifahrer massive Rache an: „Ihr kennt unsere Autonummern, wir kennen eure“, so warnten sie. „Für jedes unserer Autos, das in Flammen aufgeht, werden wir eines von euch verbrennen. Und jeder eingeschlagene Schädel auf unserer Seite wird Folgen für euch haben.“ Der anonyme Informant dieser Vorgänge sah für sich nur einen Ausweg: „Man muss sich bewaffnen“, erklärte er. „Bis jetzt habe ich es zwar nicht über mich gebracht, aber wenn ich eine Möglichkeit finde, werde ich mir eine Pistole kaufen.“

In der Tat war seitdem eine fast panische Angstwelle ausgebrochen, und zahlreiche Sowjetbürger, vor allem in den großen Städten, besorgten sich Schusswaffen zur Selbstverteidigung. Ein Trend, der sich nach dem Ende der Sowjetunion unter Jelzin noch dramatischer fortsetzen und mit einer wachsenden Kriminalisierung der Gesellschaft einhergehen sollte. Klartext schrieb die Gewerkschaftszeitung *Trud* im Juli 1988: in der Sowjetunion würden professionelle Killer ihre Dienste zu einem Preis von mindestens 30.000 Rubel anbieten. Die ermittelte Höchstsumme für einen gedungenen Mörder belief sich damals nach Angaben der Zeitung sogar auf 100.000 Rubel.

Der 14. Februar 1989 ging dann als denkwürdiges Datum in die Geschichte des sowjetischen Strafrechts ein. An diesem Tag wurde erstmals seit 1933 wieder eine landesweite Verbrechensstatistik veröffentlicht. Für die Jahre 1985 bis 1989 wies die Statistik einen deutlichen Anstieg der Verbrechensrate in nahezu allen Bereichen auf. Gleichzeitig erfuhren die Sowjetbürger, dass ein Drittel aller verurteilten Häftlinge Wiederholungstäter waren, die mindestens dreimal vor Gericht standen. Im Vergleich mit westlichen Ländern stand die Sowjetunion damit relativ gut dar. Auf 100.000 Einwohner entfielen 650 Rechtsvergehen, deutlich weniger als im Westen. Allerdings wurden zahlreiche kleine Delikte in der Sowjetunion von örtlichen Parteiorganisationen geahndet und nicht von einem Gericht. Als alarmierende Merkmale der Kriminalitätsentwicklung in der Endphase der Sowjetunion wurden allerdings in der öffentlichen Diskussion – unter anderem in verschiedenen Fernsehsendungen – drei Besonderheiten angeführt:

- Erstens nahmen Gewaltverbrechen wie Mord, schwere Körperverletzung – auch in Tateinheit mit schwerem Raub – deutlich zu.

- Zweitens bildeten sich erstmals landesweite Verbrechersyndikate, die nicht selten mit ausländischen Organisationen zusammenarbeiteten.

- Drittens lag die Aufklärungsquote der Verbrechen in der Sowjetunion bei lediglich 75 Prozent. Anders ausgedrückt: Jedes vierte Verbrechen, das waren über eine halbe Million pro Jahr, blieben ungesühnt.

Zweifellos hatte die Perestrojka dem organisierten Verbrechen im Bereich der privat organisierten kooperativen Unternehmen, Restaurants und Handwerksbetriebe neuen Nährboden geliefert. Die Kooperativen waren in der Regel die gewinnbringendsten Einrichtungen, von denen Schutzgelder erpresst werden konnten. In dieser Zeit entstand in der russischen Sprache der Ausdruck *reket* (engl. *racket*): Erpressung, normalerweise in Form von organisiertem Verbrechen unter Einsatz von Drohungen brutaler Gewalt oder Geiselnahme. Ein Begriff, der dann vor allem in Russland unter Boris Jelzin „Kariere" machte.

Seit dieser Entwicklung, die in den letzten Jahren der Sowjetunion entstanden war, gingen immer mehr Geschäfte und Unternehmen in den großen Städten zum Selbstschutz über und organisierten auf eigene Faust Wachmannschaften. Dafür warben sie Polzisten (Milizionäre) aus dem Staatsdienst ab. Der sowjetische Innenminister und später letzte KGB-Chef de Sowjetunion, Wadim Bakatin (geb. 1939), meinte dazu leicht resignierend: „Was sollen wir machen. Die Kooperativen zahlen monatlich 600 Rubel. Und beim Staat kann ein Milizionär nur 280 Rubel verdienen."[103] Das war ein wesentlicher Grund, weshalb bei der Polizei in der Endphase der Sowjetunion eine besonders hohe Personalfluktuation herrschte. Bei der Kriminalpolizei schieden damals praktisch die Hälfte aller Milizionäre nach drei Jahren Dienstzeit wieder aus. Die Arbeitsmoral ließ daher zu wünschen übrig. Auch hier belastete die Vorgabe einer unvernünftigen Planerfüllung die Routinearbeit. Je höher die Aufklärungsrate, desto höher die Prämie. Die negative Folge davon war, dass auf dem Polizeirevier zahlreiche Anzeigen gar nicht erst aufgenommen wurden, um damit die Statistik der Aufklärungsquote zu beschönigen. 1988 hatte die Staatsanwaltschaft der Sowjetunion allein 40.000 konkrete Fälle ermittelt, bei denen die Polizei gemeldete Straftaten schlicht verschwiegen hatte.

Auch die neuen Gemeinschaftsbetriebe mit Beteiligung westlicher Länder konnten zu einem Tummelplatz krimineller Aktivitäten werden. Gerade der Handel mit harter Währung und westlichen Gütern wurde als Anreiz für neue Vergehen ausgemacht. Eine Entwicklung, die nach dem Ende der Sowjetunion unter Jelzin ein geradezu dramatisches Ausmaß annahm. Sensationell war es, dass man Anfang 1990 probeweise bei der Polizei Kooperativen eingerichtet hatte, also selbständige Einheiten, die auf Anfrage Objekt- und Personenschutz gegen Bezahlung übernahmen. Damit suchte man der drohenden Ausweitung von Selbstschutz, Selbstjustiz und *reket* vorzubeugen, die als Ergebnis steigender Kriminalität zu beobachten waren.[104]

<hr>

[103] Vgl. Bakatin Wadim: *Im Inneren des KGB*. Frankfurt am Main 1993.
[104] Vgl. Phieler-Morbach, Ulrike: *Das System der Verbrechensvorbeugung in der Sowjetunion*. Bonn 1990. Vitaliev, Vitali: *Die rote Mafia*. Düsseldorf 1990. Illeš, Andrej: *Die roten Paten*. Berlin 1991. Vaksberg. Arkadij: *Die sowjetische Mafia*. München 1992.

# Rock und Pop statt Agitprop

In der Dynamo-Sporthalle, einem pompösen Bau am nordwestlichen Stadtrand von Moskau, brandete Jubel auf. Eine Rockgruppe namens DDT begeisterte das Publikum. Die Musiker spielten zehn Jahre lang im Untergrund, bevor sie im Frühjahr 1988 erstmals öffentlich in Moskau auftreten durften. Bis zuletzt versuchten konservative Parteigenossen die Premiere zu verhindern. Anrufer aus dem Zentralkomitee meldeten sich beim Direktor der Sporthalle und wollten ein sofortiges Verbot des Konzerts erreichen. Ihre Drohungen waren vergeblich.

Die kritischen Lieder von DDT wurden gespielt, Lieder, von denen die Autoren sagten, sie seien eigens für die Perestrojka komponiert worden. Die Abkürzung DDT suggerierte auch im Russischen den Hinweis auf das gleichnamige Insektenvertilgungsmittel. Die Rockband wollte damit provozieren, meldete jedoch ihren vollen Namen bei ihrer Registrierung im Kulturministerium als *Dom Djestkogo Twortschestwa* an, was zu deutsch soviel bedeutet wie ein Haus, in dem Kinder schöpferisch tätig sind.

Für jeden, der die jahrelange Gängelei der jugendlichen Musikfans in der Sowjetunion durch den strengen Zugriff des Staates miterlebt hatte, war dieses Konzert ein symbolischer Höhepunkt. Achttausend begeisterte junge Menschen stimmten in die Lieder mit ein, die seit langem im Untergrund auf Kassettenkopien kursierten. In diesen Texten wurde die Nomenklatura verhöhnt, die gelähmte Staatsmacht angegriffen und der soziale Protest gegen Ungerechtigkeiten vorgebracht, die im Namen des Sozialismus verübt wurden.

Die Miliz, die anfangs noch vergeblich versuchte, die tanzende Masse mit schrillen Pfiffen auf ihren Plätzen zu halten, gab bald auf. Was früher als Abschreckungstaktik klappte, nämlich einen einzelnen Jugendlichen herauszugreifen und abzuführen, das wurde nun belacht. Man entwand sich unter dem Schutz der tobenden Jugendlichen dem Griff der Milizionäre.

Die Rocknächte in Moskau wurden immer wilder.[105] In einem Kellerlokal war die Stimmung besonders aufgeheizt. Das jugendliche Publikum kreischte laut auf, als die Rockband „Jupo-Jogo", einen Text sang, der die sexuelle Befreiung forderte. Ein Musiker schritt zur Tat, zog ein Kondom aus der Tasche, blies es auf und zerstach das schützende Gummi mit einer Nadel. Dann warf er mehrere Kondome von der Bühne ins Publikum mit der Aufforderung: „Macht es nach". Diese Auftritte waren meist kombiniert mit den äußerlichen Attributen der weltweiten Rockszene. Die Anhänger von Heavy Metal, auf russisch *metalisti*, gewannen zunehmend Einfluss. Die Aufmachung, schwarzes Leder, Metallnieten, Patronengurte und grelle Bemalung im Gesicht, war für Band und Fans das gegenseitige Erkennungszeichen.

Sowjetpatrioten wetterten gegen die *metalisti*, riefen nach deren Verbot. Denn bei diesen Konzerten ging regelmäßig das Mobiliar zu Bruch. Doch schließlich erlaubten sogar einige sowjetische Städte in der ausgehungerten Provinz den Auftritt der *metalisti* unter einer Bedingung: In den Räumen, wo das Konzert stattfand, durfte kein Mobiliar sein.

Glasnost machte es zudem möglich, dass für die sowjetische Jugend endlich die vielgeliebten Hitparaden eingeführt wurden, die man bis dahin aus dem Äther über die Stimme Amerikas sehnsuchtsvoll verfolgt und wöchentlich neu aus-

---

105 Vgl. Troitsky, Artemy: *Rock in Russland. Rock und Subkultur in der UdSSR.* Wien 1989. Bergmann, Martin: *Eine diskursanalytische Betrachtung des rok-samizdat in der Sowjetunion und ihren Nachfolgestaaten in der Periode zwischen 1967 und 1994.* München 1999.

wendig gelernt hatte. Noch populärer waren die Musiksendungen des britisch-russischen Moderators Sewa Nowgorodzew[106] im russischen Programm der BBC. Offiziell hatte die KP Anstoß daran genommen, dass in der internationalen Rockszene überwiegend englische Begriffe verwendet wurden. Laut Anweisung an sowjetische Jugendzeitschriften durften die englischen Ausdrücke nicht benutzt werden. In dieser Zeit stand die Polizei noch bei Konzerten bereit und pfiff jeden zurück, der sich vom eher gemächlichen Rhythmus heimischer Rockmusik hatte mitreißen lassen. Selbst der Heimweg vom Konzertsaal bis zur nächsten U-Bahnstation wurde von Hunderten berittener Polizisten überwacht. Sie bildeten ein enges Spalier, das man nur paarweise passieren konnte, damit die „aufgeheizten" Fans sich nicht zu grölenden Gruppen zusammenrotteten. „Rockmusik", so meinte ein 17-jähriger Moskauer nach einem Konzert ohne polizeiliche Gängelei, „ist meine Freiheitsdroge." Die Enkel der Russischen Revolution wollten nichts mehr vom sozialistischen Staatsverständnis wissen. Zu lange hatte die Partei der sowjetischen Jugend Zügel angelegt. Dann sprach Generalsekretär Gorbatschow offen aus, was andere längst dachten: „Der sowjetische Jugendverband Komsomol" – so der Parteichef bereits zu Anfang seiner Amtszeit – „marschiert auf der einen Straßenseite, die sowjetische Jugend auf der anderen, und beide laufen in verschiedene Richtungen."

In einem vergeblichen Ringen versuchte der Staat, die Jugend wiederzugewinnen. Doch ein Teil dieser Jugend hatte sich seine eigene Szene geschaffen. In trotziger Anlehnung an die englische Sprache gab es neben den *metalisi* nun die *rockeri*, die *hajlajfisti*, die nach den Gesetzen von Konsum und Wohlstand dem Highlife frönten, oder die *wejfisti*, die New Wave Anhänger.

---

[106] Vgl. https://de.wikipedia.org/wiki/Sewa_Nowgorodzew (Aufruf 24. August 2020).

Natürlich war in der Zeit der Perestrojka die Sucht nach westlichen Vorbildern nach wie vor lebendig. Schallplatten mit den neuesten Hits aus dem Westen kosteten ein halbes Monatsgehalt. Und für Originaljeans opferten zuweilen, wie es eine sowjetische Zeitung einmal kritisch nannte, manche attraktiven Mädchen die „Ehre der sowjetischen Frau". Verschwiegene Beobachter wurden gelegentlich auch zu Videoabenden in Moskau geladen, wo Rocky und Rambo über den Bildschirm flimmerten. In unerlaubten Privatstudios wurde dazu eine russischsprachige Synchronfassung angefertigt. Je aggressiver der Antisowjetismus in solchen Filmen war, desto heftiger wurde der Streifen oft von großen Teilen der jugendlichen Szene beklatscht. Doch im Gegensatz zur Zeit des Kalten Krieges wollte der Sowjetstaat in der Zeit der Perestrojka solche Erscheinungen nicht mehr mit Verboten einschränken, sondern begann als Konkurrenz zum westlichen Einfluss neue Freiheiten im eigenen Land anzubieten.

Dazu gehörte der Versuch, Schönheitswettbewerbe zu organisieren. Die erste Veranstaltung dieser Art wurde 1988 zu einem aufregenden gesellschaftlichen Ereignis der sowjetischen Hauptstadt. Denn die rotierenden Körperteile in den knapp geschnittenen, glitzernden Badekostümen schienen jene Befürchtungen zu bestätigen, die konservative Mahner seit Wochen schon in Leserbriefen zahlreicher Zeitungen geäußert hatten: Mit dem ersten Schönheitswettbewerb in Moskau werde die Ehre der sowjetischen Frau zu Markte getragen. Mit Aerobic-Übungen sollten die Konkurrentinnen in der Schlussrunde ihre Sportlichkeit unter Beweis stellen. Die meisten von ihnen hätten sich mit ihrem Auftritt mühelos ein Engagement in einem gehobenen Nachtclub verdient. Kein Wunder also, dass der Conférencier die „Genossen Fotokorrespondenten" um etwas mehr Zurückhaltung bitten musste. Dann folgte der letzte Test, Blitzinterviews auf dem Laufsteg. Dabei konnten die Schönen der langen Nacht mit intellektueller Überzeugungskraft nicht gerade glänzen. Den

Sprung in die Finalrunde hatten sechs von 2.657 Bewerberinnen geschafft. Wer wollte, hatte sich selbst anmelden können und musste einer Jury vortanzen. Wie aber reagierte die Familie bei dem Gedanken, die Tochter will zum Schönheitsideal der Massen avancieren? „Die waren alle dafür. Mein Bruder hat mir sogar zugeraten. So was musst du tun", rechtfertigte sich eine der aufgefönten Schönheiten, die in der Vorrunde ausgeschieden war und zur optischen Zierde des Wettbewerbs im Minirock und auf hochhackigen Schuhen weiter in der Pausenhalle wandelte. Doch trotz Niederlage kokettierte sie mit verlockenden Aussichten: „Reklameangebote, Videoclips, Zeitschriften, du weißt nicht, was du davon alles annehmen sollst."

Bei der Premiere des ersten sowjetischen Schönheitswettbewerbs siegte die 16-jährige Marija Kalinina, die gerade die zehnklassige Mittelschule beendet hatte. Sie erhielt als Hauptpreise eine goldene Uhr mit Brillanten sowie eine Mittelmeer-Kreuzfahrt. Die Attraktion aber war der Werbevertrag mit der Zeitschrift Burda Moden, die erst kurz zuvor eine Lücke auf ihrem weltweiten Markt schließen konnte und seit 1987 auch auf Russisch erschien.

Wo westliche Firmen mit Kosmetikgeschenken und Schmuck die hübschen Sozialistinnen verwöhnten, da wollten die einheimischen Unternehmen nicht zurückstehen. Sowjetische Zeitschriften spendeten viele Sonderpreise, darunter – freilich unter Berücksichtigung ihres Weichwährungs-Budgets – Traumreisen nach Polen, Bulgarien und Kuba. Nach der *Moskowskaja Krassawiza* („Moskauer Schönheit") hatten auch andere Städte und Republiken die Schönste ihrer Auswahl bestimmt und die hübschen Genossinnen zum werbewirksamen Einsatz in Sachen Perestrojka auf internationalen Wettbewerben auftreten lassen. Solcher Aufbruch zu neuen Ufern wurde beileibe nicht von allen begeistert geteilt. In Leserbriefen wetterten Kritiker, man dürfe der

Jugend nicht alles erlauben. Die Moral und überhaupt die Werte der Revolution gingen bei soviel Großmut verloren.

Wieviel bei der Jugend schon verlorengegangen war, zeigten Dokumentarfilme, die seit Mitte der 1980er Jahre entstanden waren. Unter dem Titel „Die Nadel" wurde aus Entziehungsanstalten für Drogensüchtige berichtet, die mehr Strafgefangene als Patienten waren. Ein anderer Streifen zeigte Neofaschisten in der Ukraine, junge Burschen mit Hakenkreuz, schwarzen Hemden, schwarzen Stiefeln. Ihnen war Hitler noch zu lasch, wie sie selbst vor der Kamera aussagten. Und ein weiterer Film dokumentierte den Tageslauf einer Moskauer Straßendirne, einer *Interdjewuschka*[107], die sich gegen harte Währung mit Ausländern einließ.

Das bedrückendste Problem für die sowjetische Gesellschaft war jedoch der Drogenmissbrauch geworden. „In meinem Moskauer Bekanntenkreis gibt es praktisch niemanden, der nicht schon einmal mit leichten Drogen zu tun hatte." Dieses Eingeständnis stammte von einer Studentin der Lomonossow-Universität in Moskau. Gelegentlich boten sogar Taxifahrer einem Gast, den sie als besonders zahlungskräftig und vergnügungssüchtig einstuften, ihre Vermittlerdienste für Rauschgift an. Schließlich wurde vom Moskauer Stadtkomitee eine Registrierpflicht für Drogenabhängige eingeführt. Dann überraschte die Zeitung des Jugendverbandes, die *Komsomolskaja Prawda*, mit einer Reportage aus dem südlichen Wolgagebiet, die Schlimmes ahnen ließ: In dieser Gegend wurde Mohn angebaut. Und die süchtige Sowjetjugend wallfahrtete förmlich an diese Stätte der Lust, die ihr reichlich Rohstoff für den Rausch bescherte. Hundert Rubel kostete ein Sack Mohnkapseln, die von den Kolchosfeldern erst einmal gestohlen werden mussten. Dabei kam es nach Aussage der Jugendzeitung zu einem regelrechten Katze-und-

---

[107] *Inter* steht für „international", *djewuschka* bedeutet „Mädchen, Fräulein".

Maus-Spiel mit der Miliz. Sogar aus dem mehr als tausend Kilometer entfernten Baltikum kämen die jungen Leute auf der Jagd nach dem Mohn, berichtete die Zeitung. Die Polizeioberen aus Kuibyschew (seit 1991 wieder Samara), der nächstgrößeren Stadt, brachten gegenüber dem Reporter das Problem auf die einfache Formel: Wenn aus Wasserhähnen selbstgebrannter Wodka für Alkoholiker flösse, dann entspräche das der Situation der Drogensüchtigen in der Sowjetunion.[108]

Die *Komsomolskaja Prawda* warnte ihre Leser aber auch vor anderen Rauschrezepten wie Fußbodenlack, Klebstoffen oder Medikamenten. Ganz überraschend war also die Sucht wohl doch nicht aufgekommen. Denn im Gebiet der ukrainischen Stadt Charkow wurden die Mohnfelder schon seit mehreren Jahren streng bewacht. Und das Fernsehen in der Kaukasusrepublik Georgien hatte bereits vor Glasnost und Perestrojka einen erschreckenden Dokumentarfilm über Süchtige und deren körperlichen Verfall gezeigt. Dennoch waren wichtige Instanzen im Land auf dieses Problem nicht vorbereitet. Ärzte gaben offen zu, dass sie nicht wussten, wie sie auf einen Rauschgiftsüchtigen reagieren sollten. Die Jugendverbände, so die Kritik der *Komsomolskaja Prawda*, hätten ihre Aufgabe bei der Vorbeugung nicht erkannt. Sprich: Es hatte an ablenkendem Freizeitersatz gemangelt. Einen Versuch, der drohenden Gefahr Herr zu werden, praktizierte die sowjetische Hauptstadt Moskau: Süchtige, die sich freiwillig

---

[108] Erstmals in der Sowjetunion hatte der kirgisische Schriftsteller Tschingis Aitmatow (1928-2008) schon 1986 die Drogensucht der Jugend in seinem allegorischen Roman *Placha* (Die Richtstätte) thematisiert. Aitmatow war der letzte sowjetische Botschafter in Luxemburg und nach dem Zerfall der Sowjetunion bis 2008 kirgisischer Botschafter in Frankreich und den Benelux-Staaten. Vgl. Falica, Anica: *Die provinziellen Apokalypsen des Čingiz Ajtmatov*. In: Reißner, Eberhard (Hrsg.): *Perestrojka und Literatur*. Berlin 1990, S. 62-87.

bei einem Arzt meldeten und in Behandlung begaben, wurden nicht mehr strafrechtlich verfolgt.

Konkrete Angaben über den Drogenmissbrauch in der Sowjetunion erschienen relativ spät. Demnach war die Zahl der Drogenkonsumenten pro 100.000 Einwohner zwischen 1986 und 1987 von 5,8 auf durchschnittlich 8,6 gestiegen. Diese Zahlen gewannen jedoch erst an Schrecken, wenn man die regionalen Unterschiede beachtete. Denn in der Ukraine lag der Drogenkonsum mit fast 14 Personen und in Turkmenien mit 21 Personen auf 100.000 Einwohner noch deutlich höher. In der Armee klagten Offiziere darüber, dass bereits Rekruten bei Antritt ihres Militärdienstes rauschgiftsüchtig seien. Und nicht zuletzt hatte der fast zehnjährige Krieg in Afghanistan zahlreiche Sowjetsoldaten mit dem Rauschgiftkonsum vertraut gemacht.

„Ist es leicht, jung zu sein?" war der Titel eines Filmes, der praktisch alle diese Problembereiche der sowjetischen Jugendlichen aufgriff. Der lettische Regisseur Juris Podnieks (1950-1992) hatte damit einen Kultfilm geschaffen, den vermutlich Hunderttausende sowjetischer Jugendlicher gesehen haben. Vom reinen Aussteigertum über die Rockkultur und die Drogenszene bis hin zum Afghanistan-Syndrom berührte der Film alle Tabubereiche, die sich in Jahren der Stagnation – wie die Zeit vor der Perestrojka genannt wurde – angesammelt hatten. In dem Dokumentarstreifen kamen ausschließlich Jugendliche zu Wort, die sich in oft zynischer Verachtung von Staat und Gesellschaft abgewandt hatten.

Auch die Soziologen widmeten sich der Jugend. In Umfragen wurden Lebensgewohnheiten, Liebesverhalten, Drogen- und Alkoholkonsum erforscht. Eine dieser Umfragen ergab für die sowjetische Hauptstadt, dass die Hälfte aller Mädchen und sogar 59 Prozent aller Jungen bereits vor dem 15. Lebensjahr regelmäßig zu trinken angefangen haben. Mit der Registrierpflicht von Rauschgiftsüchtigen wurde parallel dazu ein gravierender Anstieg des Drogenkonsums der

Hauptstadtjugend seit 1985 verzeichnet. Die Zahl der amtlich erfassten Drogenabhängigen stieg von 155 (1985) auf 1429 (1987), ohne dass damit die gesamte Zahl der Rauschgiftsüchtigen erfasst gewesen wäre.

Jugendkriminalität, in der Sowjetunion eher heruntergespielt, war in der Endphase des Kommunismus zu einem beliebten Thema der Massenmedien geworden.[109] Seither wussten die Sowjetbürger, dass nur ein Viertel aller Jugendlichen eine Strafe auf Bewährung erhielt. Über 70 Prozent wurden dagegen sofort zu einer Gefängnisstrafe verurteilt. Ihnen trauten die Gerichte bislang nicht zu, dass sie mit Hilfe des gesellschaftlichen Kollektivs, also Elternhaus, Schule und Berufswelt, mit einer Bewährungsstrafe die Entwicklung zu einem anständigen Menschen schaffen würden.

Noch gravierender war für die ältere Generation, dass zahlreiche junge Männer dem Dienst zur Verteidigung des Vaterlandes nicht mehr freudig folgen wollten. Wie ein Schock wirkte auf die Professoren der ehrwürdigen Lomonossow-Universität in Moskau ein Streik der Studenten, der sich gegen die verordnete Ausbildung zum Reserveoffizier richtete. Traum eines jeden angehenden Akademikers war und ist auch heute noch ein Studienplatz an dieser Hochschule. Nicht nur Glanzleistungen in der Schule und bei der Aufnahmeprüfung zur Universität, sondern auch gesellschaftliches Bewusstsein und regelmäßiges Engagement bei den Komsomolzen waren zur Sowjetzeit wesentliche Voraussetzungen für den akademischen Nachwuchs an der Nobel-Universität.

Wandtafeln in den Eingangshallen der Universität, in der die meisten Studenten auch wohnten, dienten gewöhnlich der ideologischen Aufbauarbeit. Die Studenten konnten Fotos ihrer Kommilitonen bewundern, die als aktive Komso-

---

[109] Vgl. Deutsch-Sowjetisches Kolloquium über Strafrecht und Kriminologie. Teil 3: *Rechtfertigung und Entschuldigung, Umweltstrafrecht, Jugendkriminalität.* Baden-Baden 1987.

molzen belobigt wurden und mit strahlendem Lächeln der Zukunft ihres Landes entgegenblickten. Dieser Glorienschein wurde im Herbst 1988 getrübt. Am Nordeingang der Universität zum Studentenkomplex Buchstabe W forderten auf einer großformatigen Wandzeitung die Studenten des J-Kurses im Fach Geologie, die militärische Pflichtausbildung zum Reserveoffizier solle abgeschafft werden. Ein erstes Protestschreiben dieser Art ging an den Rektor der Universität mit Kopien an den Bildungs- und an den Verteidigungsminister.

Kein Gesetz, nicht einmal die Verfassung der Sowjetunion, so argumentierten die Studenten, schreibe die Ausbildung junger Akademiker zu Reserveoffizieren vor. Sie klagten, der bestehende Militärlehrstuhl an der Universität behindere das eigentliche Studium. Denn pro Woche gingen für den militärischen Zusatzunterricht acht Lehrstunden verloren, die beim Studium der Grundfächer oder bei der Forschungsarbeit dringend benötigt würden. Unter Punkt sechs des Protestschreibens hieß es wörtlich: „Man darf auch den psychologischen Faktor nicht übersehen; es ist unmöglich, einen Menschen zu etwas zu erziehen, zu dem er nicht erzogen werden will. Wir sind an die Universität gekommen, um Geologen zu werden, aber nicht Reserveoffiziere." Die Studenten boykottierten entschlossen den weiteren Militärunterricht.[110]

---

[110] Als weiterführende Literatur vgl. Bachkatov, Nina; Wilson, Adrew: *Die Kinder Gorbatschows – eine andere Generation. Jugend zwischen Tradition und Perestrojka.* München 1989. Grotzky, Johannes: *Lenins Enkel. Reportagen aus einer vergangenen Welt.* Norderstedt 2009.

# Unheile Umwelt

Wenn die fünfjährige Mascha in Astrachan, einer Großstadt im Mündungsgebiet der Wolga, morgens zum Kinder-
garten ging, dann steckte die Mutter ihrer kleinen Tochter
eine Gasmaske mit in die Tasche. Eine Vorbeugungsmaß-
nahme wegen des hohen Schadstoffausstoßes der örtlichen
Chemieindustrie und der von dort ausgehenden Bedrohung
für die Umwelt. Mascha war keine Ausnahme. Alle Kinder
im Kindergartenalter mussten in Astrachan eine Gasmaske
bei sich tragen. Zuschauer des sowjetischen Fernsehens wurden mit diesem Beispiel geschockt. Die kritische Sendung
über Umweltprobleme war trotz jahrelang erprobter Glasnost mehrere Wochen verschoben worden, bis im Februar
1989 die endgültige Genehmigung zur Ausstrahlung vorlag.

Fast gleichzeitig alarmierten sowjetische Schriftsteller die
Öffentlichkeit. Die seit Jahren engagierten Kämpfer für den
Umweltschutz läuteten Sturm und luden zu Pressekonferenzen mit erschreckenden Beispielen und radikalen Forderungen:

- Beim Bau von Wasserkraftwerken in der Sowjetunion waren 2600 Dörfer und 165 Städte überflutet worden.

- Durch landwirtschaftliche Nutzung wurden dem Boden
  in Sibirien 35 Millionen Tonnen Nährstoffe entzogen und
  nur neun Millionen davon ersetzt.

- In Kalmückien, einer autonomen Republik an der Wolga,
  entstand durch falsche Bodennutzung die erste Sandwüste
  Europas. Es handelte sich um ein Gebiet von 500.000

Hektar. Die Wüste vergrößert sich jährlich um 50.000 Hektar.

- Die Nutzung des Aralsees, dem massenhaft Wasser für den Baumwollanbau entzogen wurde, hatte wirtschaftlich etwa 11,5 Milliarden Rubel eingebracht. Dem standen Schäden und Verluste aufgrund dieses Projekts in Höhe von 92,6 Milliarden Rubel gegenüber. Der See versalzte und trocknete aus.[111]
- Über hundert sowjetische Städte wiesen eine Luftverschmutzung auf, die weit über den offiziell zulässigen Werten liegt.

Am schärfsten formulierte der Publizist Juri Tschernitschenko (1929-2010) in einer öffentlichen Diskussion, was seine Gesinnungsgenossen bewegte: „Die vierziger Jahre haben den Terminus *Kriegsverbrecher* hervorgebracht. Die achtziger Jahre werden die juristische Kategorie der *ökologischen Verbrechen* einführen müssen."

Für die engagierten Umweltschützer[112] lag der Grund solcher Vergehen nicht einfach in der Schlamperei einzelner Behörden. Vielmehr meinte Tschernitschenko wörtlich: „Die Produktionsverhältnisse sind krank." Aus diesem Grund hatte der sowjetische Schriftstellerverband 1989 unter der aufrüttelnden Überschrift: „Das Vaterland ist in ökologischer Gefahr" eine Proklamation verabschiedet. Darin wurde unter anderem gefordert, ein landesweites Referendum über Nutzung und Ausbau der Kernenergie durchzuführen.

---

111 Der Aralsee, ehemals der viertgrößte Binnensee der Erde, der mit 68.000 Quadratkilometer fast die Ausdehnung Bayerns hatte, existiert heute praktisch nicht mehr. Dies ist eine der größten, von Menschen verursachten Umweltkatastrophe, für die ursächlich die Monokultur der sowjetischen Landwirtschaft verantwortlich war.

112 Vgl. Weissenburger, Ulrich: *Umweltprobleme und Umweltschutz*. In: Ferenczi, Caspar; Löhr, Brigitte: *Aufbruch mit Gorbatschow? Entwicklungsprobleme der Sowjetgesellschaft*. Frankfurt am Main 1987, S. 104-117.

Die Schriftsteller klagten insbesondere die Ministerien an, das ehemals reichste Land der Erde zugrunde gerichtet zu haben. Vor der ökologischen Katastrophe warnten sie mit dem Hinweis: „Wenn so etwas geschieht, werden alle Dinge beiseitegelegt, sogar die allerwichtigsten, und der Schriftsteller macht sich, wie das in den Kriegsjahren war, an die Verteidigung des Vaterlandes." Nachdem die Schriftsteller ihre Proklamation vorgelegt hatten, prophezeite ein Umweltschützer in einer der populärsten Fernsehsendungen, dass dem Land bestenfalls noch dreißig Jahre zur Verfügung stünden, um sich vor dem ökologischen Tod zu retten.

Das Versagen der Umweltpolitik in der Sowjetunion[113] ist eine der dramatischsten Fehlentwicklungen der Planwirtschaft, obwohl es nicht an Parteibeschlüssen und Anweisungen der Regierung gefehlt hatte. Die Diskrepanz zwischen Wort und Tat war besonders bedrückend, wenn man sich vor Augen hält, dass bereits auf dem XXIV. Parteitag der KPdSU der inzwischen heftig kritisierte Parteichef Leonid Breschnjew 1971 gefordert hatte: „Der wissenschaftlich-technische Fortschritt darf nicht zum Ausgangspunkt einer gefährlichen Verschmutzung der Luft, des Wassers und des Bodens werden."

Einen zunächst wirksamen Anstoß für den sowjetischen Umweltschutz hatte die Gefährdung des Baikalsees[114] gegeben, der sich als das älteste Süßwasserreservoire der Erde über 600 Kilometer Länge in Ostsibirien erstreckt. Zwei große Zellstoff- und Papierkombinate an seinen Ufern verschlangen Unmengen des kristallklaren Wassers und spuckten ungereinigte Abwässer wieder aus. Insbesondere der sibirische Schriftsteller Walentin Rasputin (1937-2015), der in der Nähe des Baikalsees in Irkutsk lebte, hatte die Öffent-

---

[113] Vgl. Jablokov, Aleksej: *Die ökologische Situation in der UdSSR*. In: Segbers, Klaus (Hrsg.): *Perestrojka. Zwischenbilanz*. Frankfurt am Main 1990, S. 266-297.
[114] Seit 1996 gilt der Baikalsee als Weltnaturerbe.

lichkeit informiert und eine regelrechte Bürgerbewegung zur Rettung des Sees ins Leben gerufen. Der ökologische Kreislauf des Sees war bereits erheblich gestört. Zahlreiche Fischarten, die nur dort vorkamen, waren vernichtet worden. Die sowjetische Staatsführung reagierte in den siebziger Jahren auf diese Katastrophe mit einer wahren Gesetzesflut zur Rettung des Gewässers. Millionen von Rubel wurden in eine Kläranlage investiert, Forschungslabors überwachten ununterbrochen die Qualität des Wassers. In den Protokollen des XXV. Parteitags 1976 lässt sich die erste Erfolgsmeldung eines Delegierten nachlesen: „Um das Schicksal des Baikal, Genossen, brauchen wir uns keine Sorgen zu machen. Darüber wachen ständig das Zentralkomitee der Partei und die sowjetische Regierung, die Werktätigen des Transbaikal-Raumes und des Baikal-Küstengebietes."

Knapp eineinhalb Jahrzehnte später schlug der Schriftsteller Walentin Rasputin Alarm. Allen Erfolgsmeldungen zum Trotz konnte die Zerstörung des Baikalsees nicht aufgehalten werden.

Auch der Aralsee, ein Binnenmeer zwischen den zentralasiatischen Republiken Usbekistan und Kasachstan, war seit Jahrzehnten in den Schlagzeilen. Aus zwei großen Flüssen, die den Aralsee speisen, wurde für die Versorgung der neugewonnenen Anbauflächen von Baumwolle in Zentralasien Wasser abgeleitet. Die Folgen waren verheerend: Der Wasserentzug hatte zunächst einen fast sechzig Kilometer breiten versalzten Uferstreifen zurückgelassen. Das Salz wurde vom Wind über Hunderte Kilometer weit verstreut und verdarb die Böden. Eine brauchbare Abhilfe war nie ernsthaft entwickelt worden. Als sinnlosen Ausweg hatten die Behörden einen abenteuerlichen Eingriff in die Natur geplant. Die sibirischen Flüsse Ob und Irtysch sollten in den trockenen Süden des Landes umgeleitet werden. Der dafür notwendige Kanal hätte mehr als 2200 Kilometer lang sein müssen. Gewaltige Vorarbeiten wurden geleistet, die Natur regelrecht umgewälzt, Hunderte von Millionen Rubel investiert. Doch in dem Maß, wie Befürworter dieses Projekt verteidigten, warnten Experten vor den möglichen Folgeschäden. Langfristig befürchteten die Gegner der Flussumleitung eine Klimaveränderung, die den gesamten Naturkreislauf auf den Kopf stellen könnte. Unter Gorbatschow bekamen die Kritiker recht. Mit einer Entschließung der Regierung wurde das Projekt am 14. August 1986 eingestellt. Ungeachtet dessen gab die Bürokratie des zuständigen Wasserbauministeriums weitere Planungen für die Flussumleitung in Auftrag. Nach dem Zerfall der Sowjetunion wurde die Katastrophe am Aralsee zu einer Erblast der beiden Anrainer-Republiken Kasachstan und Usbekistan.

Eine der Symbolfiguren für die Verbindung von Literatur und Umweltschutz in der Sowjetunion war Sergej Salygin (1913-2000), Chefredakteur der wohl bedeutendsten russischen literarischen Zeitschrift *Nowyj Mir*, die monatlich in einer Millionenauflage erschien.[115] Salygin gehörte zu den leidenschaftlichsten Kämpfern gegen die absurde Flussumleitung, zumal er selbst Wasserbauingenieur war und in Sibirien im Gebiet des Oberen Jenissej gearbeitet hatte. Der Wissenschaftler hatte überdies zehn Jahre lang einen Lehrstuhl für Hydrologie inne. „Als Hydrologe habe ich im äußersten Norden, im Karasee-Becken, gearbeitet. Daher kenne ich die unterschiedlichen Naturregionen und weiß, was mit ihrer mutwilligen Zerstörung geschieht. Ich habe es im Laufe vieler Jahre mit eigenen Augen gesehen." So begründete Salygin auch sein schriftstellerisches Engagement für die Umwelt.

---

[115] Von 1987 mit einer Auflage von 490.000 Ex. steigerte die Zeitschrift – als Wortführer der Perestrojka – ihre Auflage bis 1990 auf 2,7 Mio. Exemplare. Nach dem Zerfall der Sowjetunion schrumpfte die Auflage der heute noch existierenden Zeitschrift 2018 auf 2.200 Exemplare. Vgl. https://ru.wikipedia.org/wiki/%D0%9D%D0%BE%D0%B2%D1%8B%D0%B9_%D0%BC%D0%B8%D1%80 (Aufruf 25. April 2020).

Salygin empfing seinen Gesprächspartner in einem bescheidenen und lauten Redaktionsbüro hinter dem Puschkin-Platz in Moskau. Seinem persönlichen Einsatz ist es mit zu verdanken, dass die Sowjetunion ihr „Jahrhundertprojekt" der Flussumleitung eingestellt hatte. Trotz dieser Entscheidung sprach Salygin auch fünf Jahre nach Anbruch der Perestrojka noch von Niederlagen, die für das Schicksal der angestrebten Reformen in der Sowjetunion ausschlaggebend sein könnten. Seine Hauptklagen galten der Bürokratie: „Die Behörden sind sehr mächtig. Sie verfügen über das Geld. Wenn ein bestimmtes Projekt wegen seiner Umweltschädlichkeit abgelehnt wird, kann es passieren, dass sie mit diesem Geld ein anderes, noch viel schlimmeres Projekt finanzieren. Seit langem trete ich für ein verändertes Programm des Ministeriums für Wasserwirtschaft und Melioration ein. Es sollten nicht nur Kanäle gegraben werden. Auch der Straßenbau gehört dazu. In einer ganzen Reihe von Fällen sind Straßen bei uns wichtiger als Kanäle. Jeder Hydrotechniker ist imstande, eine asphaltierte Straße zu bauen. Es ist einfacher, als einen Kanal zu bauen. Eine Veränderung ist natürlich sehr schwer durchzusetzen. Am Anfang, als eine Fülle von Publikationen die Behörden überschwemmte, sind sie in Verwirrung geraten. Aber bald sammelten sie wieder ihre Kräfte. Sie haben gemerkt, dass die Kritik sie nicht zerschmetterte. In der Presse ist zwar viel geschrieben worden; die Behörden selbst aber konnten weitermachen wie vorher. Es ist wirklich schwierig, diese Tendenz zu verändern."[116]

Dabei hatte es seit den siebziger Jahren nicht an Plänen gemangelt, die Umweltbelastung drastisch zu reduzieren. Die Sowjetunion verfolgte landesweit ein Projekt, das „abwasserfreie Wassernutzungssysteme" vorsah. Dessen Grundgedan-

---

[116] Hörfunkinterview für den WDR, 3. März 1988. Vgl. auch Salygin, Sergej: *Wie die Umleitung sibirischer Flüsse gestoppt wurde.* In: Huffschmid, Jörg (Hrsg.): *Glasnost, Perestroika. Streiten für die Umgestaltung. Die sowjetische Diskussion.* Köln 1987, S. 26-60.

ke war, industriell genutztes Wasser vom normalen Wasserkreislauf zu trennen und die Abwässer innerhalb der Fabrikanlagen nach einer Klärung wieder weiterzuverwenden. Das ehrgeizige Planziel dieses Projektes beschrieb ein hochrangiger Beamter in der Hauptverwaltung für Gewässerschutz Ende der siebziger Jahre noch sehr euphemistisch: „Bis 1985 wird in der Sowjetunion grundsätzlich keine Umweltverschmutzung durch industrielle Abwässer erfolgen."

Das Gegenteil war der Fall. Die Tendenz wies sogar auf deutliche Verschlimmerungen. Das Projekt war an bürokratischen Widerständen gescheitert. Die großen Flüsse, allen voran die Wolga als industriell genutzter Strom, sowie die Seen, darunter besonders der Aral-, Baikal-, Peipus-, Onega- und Ladogasee, waren im höchsten Maße gefährdet. Ebenso gefährdet war der Waldbestand der Sowjetunion. Noch unter Parteichef Leonid Breschnjew war die Parole ausgegeben worden: "Ist ein Baum gefällt, dann werden zwei gepflanzt." Im krassen Gegensatz dazu stand die Tatsache, dass für einhundert Hektar abgeholzten Waldes nur ein Hektar wieder aufgeforstet wurde.

Im Oktober 1983 hatten die sowjetischen Behörden versucht, einen der hanebüchensten Zwischenfälle zu verschleiern.[117] Viereinhalb Millionen Kubikmeter Salzlauge waren in den Fluss Dnjestr (ukr. Dnistr, rumän. Nistru) eingelaufen. Von der moldawischen Hauptstadt Kischinjow (rumän. Chişinău) bis zur ukrainischen Hafenstadt Odessa am Schwarzen Meer, also über eine Distanz von mehr als 150 Kilometer, war die Trinkwasserversorgung in Mitleidenschaft gezogen. Als meterdicke Ablagerungen hatte sich die Salzlauge schließlich in einem Stausee nördlich des Schwarzen Meeres festgesetzt. Informationen über den Vorfall gab es erst nach sechs Wochen vom Vorsitzenden einer Untersu-

---

[117] Vgl. Grotzky, Johannes: *Umweltschutz und Umweltschäden in der jüngsten sowjetischen Diskussion.* In: *Osteuropa* 7, 1984, S. 511-514.

chungskommission, der die aufgebrachte Bevölkerung beruhigen wollte. Wie eine Springflut hatte die Salzlauge 200 Hektar landwirtschaftliche Anbaufläche regelrecht ausgebrannt, ehe sie in den Dnjestr eindrang. Mehr als 2.000 Tonnen Fisch waren in den umliegenden Gewässern sofort vernichtet. Die Langzeitfolgen warne gar nicht abzuschätzen.

Viele Details dieses Unglücks wurden erst Jahre später geklärt, als nach der Kernkraftkatastrophe im Reaktorblock vier von Tschernobyl die sowjetische Öffentlichkeit endlich darauf drängte, die Wahrheit über die unheile Umwelt im Land zur Sprache zu bringen.

Auf die am 26. April 1986 hereinbrechende Katastrophe, die bis dahin größte, die sich in einem Kernkraftwerk ereignet hatte, war die Sowjetunion in keiner Weise vorbereitet.[118] Nachdem in Schweden, Dänemark und Finnland stark erhöhte radioaktive Messungen registriert worden waren, hatte die sowjetische Führung eine nur vierzeilige Meldung durch die amtliche Nachrichtenagentur TASS verbreiten lassen, in der das Unglück lapidar bestätigt wurde.

Gorbatschow ließ fast drei Wochen verstreichen, bevor er selbst im Fernsehen zu dem Unglück Stellung nahm. Doch die Sowjetunion und später die Ukraine als Standort von Tschernobyl würden noch Jahrzehnte an der Bewältigung dieser Katastrophe arbeiten müssen. Was früher nie in Frage stand, war nach Tschernobyl endlich in der Sowjetunion eingetreten. In der Öffentlichkeit hatte eine kritische Auseinandersetzung mit der Kernenergie begonnen, deren forcierter Ausbau von der sowjetischen Wirtschaftsplanung weiterbetrieben wurde. Darüber hinaus aber mussten Fachleute be-

---

[118] Vgl. Knabe, Bernd: *Die Reaktorkatastrophe von Tschernobyl. Krisenmanagement und Informationspolitik auf dem Prüfstand.* In: Mommsen, Margareta; Schröder, Hans-Henning (Hrsg.): *Gorbatschows Revolution von oben. Dynamik und Widerstände im Reformprozeß der UdSSR.* Frankfurt am Main, Berlin 1987, S. 239-262. Grotzky, Johannes: *Tschernobyl. Die Katastrophe. Zeitgenössische Berichte, Kommentare, Rückblicke.* Norderstedt 2018.

stehende und erkennbare Risiken beseitigen, die sich in der bisherigen Praxis der sowjetischen Kernkraftwerke gezeigt hatten. Dies galt vor allem für den Reaktortyp von Tschernobyl, der seit dem Unglück nicht mehr gebaut wurde. Konkrete Folge davon war der Beschluss, dass die beiden geplanten Reaktorblöcke fünf und sechs in Tschernobyl nicht mehr fertiggestellt wurden und der Betrieb des Kernkraftwerks schließlich ganz aufgegeben wurde.

In Smolensk und in Kursk wurden zwei weitere Kernkraftblöcke abgeschaltet, die nach derselben Technik arbeiteten wie das Kernkraftwerk in Tschernobyl. Alle 14 Einheiten desselben Typs, die aus den siebziger Jahren stammten, mussten modernisiert und mit zusätzlichen Sicherheitsvorkehrungen ausgerüstet werden. Weitere Reaktorblöcke in den Kernkraftwerken Bjelojarsk und Nowoworonesch wurden für die Stilllegung vorbereitet. Das einzige in Armenien in unmittelbarer Nähe der Hauptstadt Eriwan betriebene Kernkraftwerk war nach dem schweren Erdbeben 1988 ebenfalls abgeschaltet worden.

Eine für die Sowjetunion bis dahin undenkbare Informationspolitik hatte eingesetzt. Kernkraftwerke wurden für regelmäßige Besuche geöffnet, Firmenvertreter, Schulungseinrichtungen, öffentliche Organisationen – sie alle sollten nun vor Ort Anschauungsunterricht in Sachen Kernenergie erhalten. In Moskau war ein Informationszentrum für Kernenergie gegründet worden und in einem Fachinstitut wurden regelmäßig öffentliche Diskussionen über Kernenergie durchgeführt.

Dennoch reichten diese Maßnahmen nicht aus, um dem Schrecken von Tschernobyl zu begegnen und gleichzeitig die Bevölkerung für den weiteren Ausbau der Kernenergie zu gewinnen. Zum dritten Jahrestag der Katastrophe widmete die Parteizeitung *Prawda* 1989 eine ganze Seite den Problemen der immer noch wirksamen radioaktiven Verstrahlung. Zur Illustration druckte das Blatt drei Karten aus dem näheren Einzugsbereich von Tschernobyl ab, in der Detailmessungen über die Verseuchung eingetragen waren. In einem Fazit äußerte Akademiemitglied Juri Israel (1930-2014), der die Fachaufsicht über die Eindämmung der Radioaktivität ausübte, „dass die radioaktive Verseuchung der Umwelt auf einem beträchtlichen Territorium noch ein ernstes technisches und soziales Problem darstellt".

Erstmals wagte sich nach drei Jahren auch Parteichef Gorbatschow nach Tschernobyl, wo er sich in weißer Schutzmontur im ersten Reaktorblock des Kernkraftwerkes vom Schichtleiter den Arbeitsablauf erklären ließ. Der Parteichef unterbrach stets, wenn es um Fragen der Sicherheit ging. Ob die neue Automatik auch wirklich funktioniere? Ob jetzt Fehler ausgeschlossen seien? Anschließend wandte sich Gorbatschow vor laufenden Fernsehkameras im Gespräch an die Arbeiter des Kernkraftwerkes. Ihre Sorgen: Mängel in der medizinischen Betreuung. „Und die sowjetische Presse", so klagten sie, „polemisiert unsachlich gegen die Kernenergie." In der Rolle des Anwalts der Öffentlichkeit erwiderte Gorbatschow: „In gewisser Weise müssen Sie die Presse verstehen. Die öffentlichen Sorgen, das Misstrauen sind gerechtfertigt."

In der neuerbauten Stadt Slawutitsch, in der die Mitarbeiter von Tschernobyl nach der Katastrophe untergebracht worden waren, exerzierte der Parteichef vor der Kamera mit den Methoden eines Oberlehrers eine Lehrstunde in Sachen Kernenergie. Er rief Fachleute auf, in wenigen Sätzen vorzubringen, wo sie der Schuh drückt und was man von der Kernenergie zu halten habe.

Der Betriebsdirektor von Tschernobyl bat um eine qualifiziertere Aufmerksamkeit der Massenmedien und lobte den Atomstrom als „das Sauberste, was wir ökologisch haben". Der Physiker aus der sowjetischen Akademie der Wissenschaften, Jewgeni Welichow (geb. 1939), sah ohne Atomstrom keine Chance, den sowjetischen Energiebedarf zu decken und forderte, dass sich die Gesellschaft darauf einstellen müsse. Der Politiker Boris Schtscherbina (1919-1990), Leiter der damaligen Katastrophenkommission, meinte schlicht: Die Jugend müsse besser lernen, Vorschriften zu beachten, damit ein Unglück wie Tschernobyl sich nicht wiederhole. Umweltaufseher Juri Israel bestätigte, man könne bereits wieder in Teilen der Sperrzonen wohnen, dürfe dort nur bestimmte Pilzsorten nicht essen.

Über die wirklichen katastrophalen Spätfolgen, die sich gleichzeitig anzudeuten begannen, hatte die Wochenzeitung *Moskowskije Nowosti* berichtet, und zwar wenig später nach diesem Besuch von Gorbatschow in Tschernobyl. Ein Reporter hatte im Einzugsgebiet der radioaktiven Verseuchung eine Kolchose besucht. Bei der dortigen Viehzucht wurde eine erschreckende Zunahme an Missbildungen festgestellt. Die Bilanz bei knapp 440 Stück Vieh lautete wörtlich: „In den fünf Jahren vor Tschernobyl wurden hier insgesamt drei Missbildungen unter den Ferkeln registriert. Bei den Kälbern gab es überhaupt keine. Aber schon innerhalb des ersten Jahres nach dem Unglück wurden 64 missgebildete Tiere geboren. 37 Ferkel und 27 Kälber kamen entweder ohne Kopf und ohne Extremitäten, ohne Augen oder ohne Rippen auf die Welt." Die Zahl dieser Missgeburten steigerte sich. So wurden nach den Angaben der Zeitung im Jahr 1988 bereits 76 Missbildungen registriert. Und diese Zahlen stammten von einer einzigen Kolchose im weiteren Umkreis des Katastrophengebietes.

Solche Veröffentlichungen verunsicherten vor allem Frauen, die schwanger waren oder schwanger werden wollten. Im zuständigen Gesundheitsministerium von Kiew hatte man sich längst die Sprachregelung zu eigen gemacht, dass außerhalb der unmittelbaren 30-Km-Strahlenzone von Tschernobyl keine Gefahr mehr bestehe. „Wenn keine Gefahr mehr besteht, wie man uns immer wieder sagt", so zitierte die erwähnte Wochenzeitung eine Betroffene, „weshalb wird uns dann von einer Schwangerschaft abgeraten."

Schließlich berief sich das Blatt auf einen Vertreter der örtlichen Verwaltung im Gebiet Schitomir, das weit außerhalb der so genannten Gefahrenzone lag. Nach seinen Angaben stellten die Mediziner eine erhebliche Zunahme an chronischen Erkrankungen fest. Nach chirurgischen Eingriffen, so hieß es, würden die Genesungszeiten immer länger. Und wörtlich: „Auch die Zahl der Krebserkrankungen hat sich im Jahresdurchschnitt verdoppelt. Vor allem stellen wir das bei Lippen- und Mundkrebs fest."

Zum vierten Jahrestag der Katastrophe 1990 berichtete das sowjetische Fernsehen 24 Stunden lang von den schrecklichen Folgen für die Menschen im Einzugsbereich von Tschernobyl. Verzweifelte Mütter hielten ihre geschädigten und behinderten Kinder in die Kamera und klagten den Staat an, der die Menschen in ihrer Not allein gelassen habe.[119]

---

[119] Vgl. die erschütternden Berichte von Betroffenen in dem Buch der Literaturnobelpreisträgerin Alexijewitsch, Swetlana: *Tschernobyl. Eine Chronik der Zukunft* [Neuausgabe] Berlin 2019.

# Glasnost - Speerspitze der Reformen

Wer in der Zeit vor der Perestrojka gegen neun Uhr abends seine Freunde besuchte, konnte sich stets zu einem ungestörten Schwätzchen niederlassen. Die Tatsache, dass auf zwei Kanälen gleichzeitig die routinierte und oft nichtssagende aktuelle Nachrichtensendung *Wremja* („Die Zeit") lief, konnte niemanden beeindrucken. Nach dem verzerrten Weltbild des damaligen sowjetischen Journalismus schienen sich Flugzeugabstürze, Hotelbrände, sogar Überschwemmungen und Erdbeben vornehmlich in westlichen Ländern zu ereignen. Für die Sowjetunion aber galt das Bild eines aufstrebenden Landes, in dem vorfristig alle Pläne erfüllt, die Ernte eingebracht und die Menschen zufriedengestellt waren. Die verantwortlichen Redakteure hatten in der aktuellen Redaktion des staatlichen Fernsehens alle ausländischen Nachrichtenagenturen laufen. Deshalb wussten sie selbstverständlich, dass es in der Welt anders aussah, als sie berichteten. Aber sie wussten auch, dass sie – vorsichtig ausgedrückt – ein Idealbild ihres eigenen Landes zu zeichnen hatten, das im ideologischen Wettkampf stets die besseren Argumente und Resultate aufweisen musste.

Die Sowjetbürger wussten ebenfalls mehr, als ihnen die offiziellen Medien zugestehen wollten. Obwohl der Empfang ausländischer Rundfunksender in russischer Sprache wie der *Stimme Amerikas*, der *BBC,* der *Deutschen Welle, Radio Freies Europa* gestört war, erfreuten sich diese Rundfunkstationen großer Popularität und genossen ein entsprechend hohes Maß an Vertrauen. Wenn ein Sowjetbürger in der Zeit vor Glasnost im Gespräch erwähnte, diese oder jene Nachricht habe er „im Radio“ gehört, dann war in den meisten Fällen damit nicht der sowjetische Rundfunk gemeint.

Natürlich griff die sowjetische Presse immer wieder zu dem Stilmittel der Selbstkritik, vor allem wenn es um den Missbrauch wirtschaftlicher Güter oder das Fehlverhalten eines Betriebsdirektors ging. Doch diese Kritik bezog sich nie auf die Inhalte der Politik, nie auf den verlogenen Umgang mit der eigenen Geschichte und stellte nie in Frage, was von oben her angeordnet wurde.

Gerade diese Anordnungen waren es, die manch engagierte Journalisten immer wieder lähmten. Wenn der Zeitungsredakteur abends seinen Artikel in den Satz gab, dann hatte er stets einen Zensor zur Seite, der nach einer langen Stichwortliste den Artikel auf Verbotenes zu durchsuchen hatte. Auch Fernsehbilder wurden bereits im Rohmaterial der Zensur unterworfen. Korrespondenten, die es wagten, gefüllte Schaufenster eines westlichen Landes unbegründet lange im Bild zu zeigen, drohte die Schere der Zensur.

Das absurde Spiel zwischen Wahrheit und Unwahrheit konnte man solange als die innere Angelegenheit der Sowjetunion betrachten, wie die Interessen anderer Länder nicht davon betroffen waren. Doch im September 1983 steuerte die damalige Verlogenheit sowjetischer Medienpolitik auf einen negativen Höhepunkt zu, der im Rückblick als die Geburtsstunde der späteren Offenheit *(Glasnost)* angesehen werden kann. In der Nacht zum 1. September 1983 drang ein südkoreanischer Jumbo-Jet mit 269 Menschen an Bord auf der Höhe von Kamtschatka in den sowjetischen Luftraum ein. Das Flugzeug befand sich auf dem Weg von Anchorage in Alaska nach Seoul in Südkorea. Die Maschine erreichte ihr Ziel nicht. Sechs Tage lang verschanzte sich die Sowjetunion hinter der Behauptung, ein nicht identifiziertes Flugzeug sei in den sowjetischen Luftraum eingedrungen und sei dann über Südsachalin in Richtung Japanisches Meer verschwunden.

Gleichzeitig tobte eine große Propagandaschlacht zwischen Ost und West, in der von sowjetischer Seite vor allem die amerikanische Regierung beschuldigt wurde, den südkoreanischen Jumbo als Spionagemaschine missbraucht zu haben. Als Reste der abgestürzten Maschine geortet wurden, steigerte Moskau seine Attacken. Das sowjetische Fernsehen griff zu dem schlimmsten Vergleich, den die eigene Vergangenheit zuließ: Der angebliche Spionageangriff des Jumbo-Jets auf die friedliebende Sowjetunion, nach Moskaus Ansicht vom damaligen amerikanischen Präsidenten Reagan inszeniert, wurde mit Hitlers Überfall im Zweiten Weltkrieg verglichen. Unter internationalem Druck musste die Sowjetunion schließlich die Wahrheit bekanntgeben. In den Abendnachrichten des sowjetischen Fernsehens am 6. September 1983 verlas der Sprecher eine Regierungserklärung, in der eingestanden wurde, dass die zivile Passagiermaschine von einem sowjetischen Jagdflugzeug abgeschossen worden war. Angeblich hatte die Luftabwehr den Jumbo-Jet nicht identifizieren können und das Flugzeug für eine Militärmaschine gehalten.[120]

Die absurde Krönung der sowjetischen Informationspolitik lieferte tags darauf der damalige Außenamtssprecher Leonid Samjatin (1922-2019) während einer internationalen Pressekonferenz. Die für jene Zeit couragierte Nachfrage des westdeutschen Fernsehjournalisten Lutz Lehmann, warum denn die sowjetische Führung sechs Tage lang habe Lügen verbreiten lassen, bevor sie die Wahrheit eingestand, löste einen regelrechten Wutanfall des Regierungssprechers aus. „Wir haben in dieser Sache nie gelogen", schrie er plötzlich Zorn entbrannt los. „Wenn Sie das behaupten, dann verstehen Sie unsere Sprache nicht, vor allem nicht unsere politi-

---

[120] Vgl. Illesch, Andrej und Jelena: *Todesflug KAL 007. So wurde der koreanische Jumbo abgeschossen. Eine Enthüllung aus der Sowjetunion.* Reinbeck bei Hamburg 1991.

sche Sprache. Was wollen Sie dann überhaupt in unserem Land?“

In der Tat hatte die sowjetische Regierung ja stets behauptet, der Jumbo sei entschwunden, was keine ausgesprochene Lüge, aber ebenso wenig die Wahrheit war. Genau in diesem Zwischenbereich war die sowjetische Informationspolitik angesiedelt.

Der ganze Vorfall – bis hin zu dem Zornesausbruch des Regierungssprechers, der später ebenso wie der verantwortliche Generalstabschef abgelöst wurde –, hatte dem Image der Sowjetunion ungeheuer geschadet und auf allen Ebenen im Land Journalisten wie Politiker regelrecht aufgerüttelt. Michail Gorbatschow saß damals bereits im Politbüro. Sein Förderer, Generalsekretär Andropow, war so schwer krank, dass er schon vor dem Abschuss des Jumbos bis zu seinem Tod im Februar 1984 nicht mehr öffentlich auftreten konnte. Gorbatschow unterlag nach dem Tod von Andropow im Kampf um die Macht an der Spitze der Partei zunächst gegen Konstantin Tschernenko, der ebenfalls als schwerkranker Mann das Amt des Generalsekretärs übernahm. Dennoch begann bereits kurz nach dem Luftzwischenfall der Countdown für die „Aktion Glasnost“, die im wahrsten Sinne des Wortes zu einem weltbewegenden Ereignis werden sollte. In den Redaktionsstuben rührte sich Widerstand. Immer mehr offizielle und halboffizielle Gesprächspartner begannen, mit Ausländern offen zu reden. Die Zeitung *Moskowskije Nowosti* eröffnete zunächst zaghaft, aber konsequent ihren Feldzug für einen kritischen Journalismus. Doch erst im Rückblick wurde klar, welchen politischen Weg die Sowjetunion damit eingeschlagen hatte und welche Schleusen in der Gesellschaft dadurch geöffnet worden waren.

Die neue Offenheit bestimmte die internationale Politik, öffnete den Weg zu Abrüstung und Entspannung. Glasnost bedeutete, Rehabilitierung von Millionen Opfern der Stalin-Zeit ebenso wie die bedrückende Bestandsaufnahme der eigenen Unzulänglichkeiten. Glasnost bewirkte die Einstellung von Störsendern gegenüber westlichen Rundfunkstationen und sogar die Zusammenarbeit zwischen solchen Erzfeinden wie *Radio Moskau* und *Radio Liberty/Radio Freies Europa,* dem amerikanischen Sender, der nach Osteuropa strahlte. Der britische Sender BBC erhielt sogar eigene UKW-Frequenzen in Moskau und später in St. Petersburg.[121]

Doch die wichtigsten Funktionsträger von Glasnost wurden die sowjetischen Massenmedien. Seither war der Hauptzweck der Zeitungen nicht mehr, als Einwickelpapier auf dem Markt herumzuliegen. Die Blätter wurden von den Lesern verschlungen und waren stets ausverkauft.[122] Die kritische Wochenzeitschrift *Ogonjok* konnte ihre Auflage auf mehr als drei Millionen Exemplare[123] verdoppeln. Die *Literaturnaja Gaseta*, die Literaturzeitung, früher schon politischer Vorreiter bei brisanten Themen, steigerte ihre Auflage von 3,8 auf 6,3 Millionen[124]. Absoluter Renner wurden die *Komsomolskaja Prawda*, die Zeitung des staatlichen Jugendverbandes, mit täglich 23 Millionen Exemplaren[125] und das Wochenblatt *Argumenty i Fakty*, früher ein mehr betuliches Agitationsblatt für die Parteimitglieder, das in einer Auflage von

---

[121] Diese Frequenzen sind der BBC als Strafmaßnahme gegenüber der britischen Regierung 2007 unter Präsident Putin wieder entzogen worden.

[122] Nach dem Zerfall der Sowjetunion brach dieser Zeitungsmarkt zusammen, der – ebenso wie der Zeitungsmarkt in anderen Ländern – auch in Russland durch den wachsenden Einfluss des Internets unter Druck geraten ist. Allerdings gibt es alle großen russischen Zeitungen auch als Online-Ausgaben mit steigender Nutzung. Die nachfolgenden Auflagenzahlen und Angaben entstammen ru.wikipedia.org/ [Zeitungsname russisch] (Aufruf über die russische Suchmaschine *yandex.ru*, 13. April 2020).

[123] Auflage 2017: 82.750 Exemplare. Vgl. Kretschmar, Dirk; Leetz, Antje: *Ogonjok. Ein Querschnitt aus dem Perestrojka-Magazin. Reinbeck bei Hamburg 1991.*

[124] Auflage 2013: 148.000 Exemplare, heute vermutlich deutlich weniger.

[125] Auflage 2019: Moskauer Ausgabe 160.000 Exemplare, regionale Ausgaben 650.000 Exemplare.

33 Millionen[126] gedruckt wurde. Der Grund: Das Blatt fing an, die Wahrheit über die Parteigeschichte ebenso wie über Armut und Korruption im Land zu veröffentlichen. Allein innerhalb eines Jahres, von 1988 bis 1989, hatte *Argumenty i Fakty* seine Auflage von 13 auf 26 Millionen verdoppeln und 1990 die Auflage noch einmal auf 33,5 Millionen Exemplare steigern können.

Selbst die „geringfügigen" Auflagesteigerungen um eine halbe Million bei der Regierungszeitung *Iswestija*, von der in der Perestrojka mehr als zehn Millionen Exemplare[127] gedruckt wurden, und bei der Gewerkschaftszeitung *Trud*, die mit knapp 20 Millionen Ausgaben 800.000 Exemplare[128] mehr druckte als vorher, nahmen sich immer noch gigantisch aus.

Zeitungen, die sich dagegen dem konservativen Kurs verschrieben hatten, um am Sozialismus zu retten, was nicht mehr zu retten war, hatten schon während der Perestrojka deutliche Auflagenverluste erlitten. Das Parteiorgan, die Tageszeitung *Prawda*, verzichtete sogar auf sein traditionelles Kopfsignet mit zwei Lenin-Orden und dem Orden der Oktoberrevolution und musste ihre Auflage noch während der Sowjetzeit von ehemals 14 Millionen Exemplaren auf 9,7 Millionen Exemplare senken.[129]

Als besonders engagierter Vorreiter bei brisanten Themen galt stets die Wochenzeitung *Moskowskije Nowosti* („Moskauer Nachrichten"), die während der Perestrojka auch unter dem Titel *Moscow News* vertrieben wurde. Diese Zeitung war mit ihren Ausgaben in mehreren Sprachen in erster Linie für das Ausland gedacht und verfügte über eine nur geringe Auflage

---

[126] Auflage 2019: 1,56 Mio. Exemplare.
[127] Auflage 2019: 150.000 Exemplare.
[128] Auflage 2019: 85.00 Exemplare.
[129] 1996 wurde die Prawda zunächst eingestellt und dann unter demselben Namen von der heutigen KP Russlands wiederbelebt und finanziert. 2013 hatte sie eine Auflage von nur noch 100.000 Exemplare.

in russischer Sprache. Diese russische Ausgabe wurde innerhalb der Sowjetunion zu fantastischen Liebhaberpreisen gehandelt.[130]

Eine besonders wichtige Rolle spielten die Leserbriefe in den Zeitungen. Sie griffen die angestoßene Diskussion um die Reformpolitik auf – teilweise mit radikalen Argumenten. Und sie belegten nicht selten die Ungeduld in der Gesellschaft über den schleppenden Verlauf der Veränderungen.[131]

Gleichzeitig bereicherte Glasnost den sowjetischen Zeitungsmarkt um westliche Zeitungen, die es bis dahin im freien Verkauf in der Sowjetunion überhaupt nicht gegeben hatte: englische, amerikanische, französische, deutsche, österreichische und Schweizer Zeitungen gehörten plötzlich zum Standardangebot auch an den Kiosken und in Hotelhallen. In der Zeit vor Glasnost schmückte sich die Propaganda gerne damit, dass selbstverständlich die internationale Presse inklusive westlicher Länder in der Sowjetunion zu kaufen sei. Tatsächlich lagen bei einem Besuch im Bahnhofskiosk von Barnaul, Hauptstadt der westsibirischen Altai-Region, Tageszeitungen aus Italien, Frankreich und der Bundesrepublik Deutschland. Doch handelte es sich ausschließlich um die Blätter der kommunistischen Parteien.

Eine tragende Rolle für den Prozess von Glasnost hatte das sowjetische Fernsehen gespielt, das in wenigen Jahren spannende und mutige Formate entwickelt hatte. Sowjetbürger schalteten den Fernseher nicht mehr in der Erwartung an, dass sie hören und sehen werden, was sie bereits zu wissen glauben, sondern Fernsehen hatte plötzlich einen Überraschungseffekt, der gleichzeitig eine politisierende Wirkung zeigte. Zunächst wurde das alte Ritual abgeschafft, in den

---

[130] Auflage 2019 der russischen Ausgabe 45.000 Exemplare. Englische Online-Ausgabe unter https://www.themoscowtimes.com/ (Aufruf 13. April 2020).
[131] Vgl. Engelbrecht, Uwe (Hg.): *Glasnost – Neue Offenheit. Artikel und Leserbriefe aus der sowjetischen Presse.* Köln 1987.

Nachrichtensendungen regelmäßig die gesamten Redetexte des Generalsekretärs der Kommunistischen Partei im Wortlaut verlesen zu lassen. Der neue Stil beschränkte sich darauf, nachrichtlich zu erfassen, dass Gorbatschow ein Schreiben an diese oder jene Organisation gerichtet hatte oder mit einer Rede aufgetreten war. Dann folgte der Hinweis: „Der gesamte Wortlaut wird in der Presse veröffentlicht."

Zwar blieb das Fernsehen nicht ganz frei von dem Verlautbarungsjournalismus, der von Abflug, Ankunft und Begrüßung politischer Besucher ausführliches Filmmaterial verbreitete. Doch gleichzeitig bot *Wremja* Bilder von politischen Demonstrationen, Unglücken und Katastrophen im eigenen Land. Und gerade wegen der Schreckensmeldungen in eigener Sache, die früher verschwiegen worden waren, hatte das Fernsehen an Glaubwürdigkeit gewonnen.

Selbst der Parteichef war keine Tabufigur mehr. Bei einem heftigen Wortwechsel mit der Bevölkerung von Krasnojarsk in Sibirien hatte sich ein hilfloser Gorbatschow vor laufender Kamera heftige Vorwürfe über die schlechte Versorgungslage anhören müssen mit der Nachfrage: „Werden sie das auch im Fernsehen zeigen oder herausschneiden." Die Kritik der Bevölkerung wurde gesendet, samt dieser provokanten Nachfrage.

In der Redaktion von *Wremja* bemühte man sich um kritische Distanz gegenüber den oft betulichen Korrespondentenberichten aus der Provinz. Überlange Sequenzen von Mähdreschern und schwebenden Fertigbauteilen sowie vorgestanzte Antworten lokaler Parteigrößen zeigten allerdings, dass der Wandel in der Berichterstattung landesweit nicht mit einem einheitlichen Tempo zu verwirklichen war. Im Inland arbeiteten für die Nachrichtenredaktion 150 Korrespondenten. Dazu kamen 52 Auslandsbüros. Gerade die Berichterstattung aus kapitalistischen Ländern hatte sich am deutlichsten verändert. Nach einer heftigen Kritik in der Parteizeitung *Prawda* an der klischeehaften Sichtweise mancher Korrespondenten begann das sowjetische Fernsehen, verstärkt über vermeintlich positive Seiten im Kapitalismus zu berichten. Meist handelte es sich dabei um Filme, die den höheren Konsumstandard oder den Dienstleistungsbereich in westlichen Ländern als vorbildlich darstellten.

Aufregender jedoch waren für Sowjetbürger solche Sendungen, die in der Zeit der Perestrojka als absolutes Novum auftauchten. Einmal monatlich wurde *Do i posle polunotschi* („Vor und nach Mitternacht") ausgestrahlt, ein Fernsehmagazin, das aus gebauten Beiträgen, Live-Schaltungen und Interviews bestand. Die Sendung begann kurz vor Mitternacht und dauerte etwa zwei Stunden. Das war bereits die erste Ungewöhnlichkeit, denn früher endete das sowjetische Fernsehprogramm nach den Spätnachrichten meist gegen 23 Uhr. Die zweite Ungewöhnlichkeit war die Brisanz der Themen, die in dieser Sendung behandelt wurden. Der Moderator Wladimir Moltschanow (geb. 1950) ließ als unbestechlicher Interviewer seinen Gesprächspartnern keine Ausflüchte durchgehen. Einen hochrangigen Vertreter der sowjetischen Zensurbehörde ließ er erläutern, warum jetzt verbotene Bücher freigegeben würden. Doch gleichzeitig zwang er denselben Mann zu einer Stellungnahme, wie er seine jahrelange Arbeit, nämlich das Verbot von Büchern zu prüfen und zu befürworten, mit seinem Gewissen habe vereinbaren können. In dieser Sendung kamen Historiker zu Wort, die sich im Gegensatz zu vielen Kollegen für eine radikale Vergangenheitsbewältigung aussprachen und sich nicht scheuten, die Millionen Todesopfer der Stalin-Zeit zu benennen, über die gerade in den Anfangsjahren von Glasnost immer noch schamhaft geschwiegen worden war.

„Auch das Verschweigen von Tatsachen", so lautete die Schlussfolgerung einer solchen Diskussion, „ist eine Form der Lüge." Dann fuhr der Moderator fort, seit fast siebzig Jahren habe man in der Sowjetunion die kirchenmusikalische *Liturgie des hl. Johannes Chrysostomus*, op. 31 von Sergej Rachmaninow nicht mehr öffentlich aufgeführt. Es folgte ein Szenenwechsel, und das Fernsehen zeigte Aufnahmen von aktuellen sowjetischen Schallplatteneinspielung dieser Liturgie in einer Moskauer Kirche. Mit Tränen in den Augen verfolgten Studiogäste wie sowjetische Zuschauer diese Einspielung. Diesem Fernsehmagazin kam ferner das Verdienst zu, die Krankheit HIV/Aids sachlich thematisiert zu haben. Ein Arzt konnte über die erste Initiative für Reihenuntersuchungen in Moskau berichten zu einem Zeitpunkt, als man in der Sowjetunion die Krankheit noch tabuisierte und eine mögliche Gefährdung durch Aids leugnete.

Die parallele Nachtsendung *Wsgljad* („Der Blick") hatte viele ähnliche Elemente, richtete sich aber vornehmlich an die junge Generation. Per Telefon konnten sich Zuschauer an die Moderatoren oder Studiogäste wenden. Brisante Themen, von sozialer Ungerechtigkeit bis zum Umweltschutz, waren die Regel. Als unterhaltende Einlage dienten Videoclips, häufig von westlichen Rockgruppen. Reportagen aus der Alltagskriminalität wurden durch eigene Recherchen im Bereich der landesweiten Korruption ergänzt. Obwohl die Sendung alle zwei Wochen zwischen 23 Uhr und ein Uhr nachts ausgestrahlt wurde, musste die Zuschauerbeteiligung enorm hoch gewesen sein. Denn *Wsgljad* war regelmäßig Gesprächsthema des nächsten Tages.

Als Experiment wurde eine weitere Nachtsendung unter dem Titel *Montasch* („Montage") gestartet, ebenfalls ein Fernsehmagazin eher für die junge Generation, das mit Satire[132] und Rock die eigene Gesellschaft glossierte. Die neuen

---

[132] Bedeutenden Einfluss gewann die Satire auch in Zeitungen und Zeitschriften. Vgl. Pohl, Elisabeth (Hrsg.): *Müssen wir jetzt immer machen, was wir wollen? Satirische Geschichten aus dem Rußland der Perestroika.* Bern-München-Wien 1989. Schlott, Wolfgang: *Das gebremste Gelächter des ‚Krokodil'. Publizistische Satire unter Gorbatschow.* In: Mommsen, Margarete; Schröder, Hans-Henning (Hrsg.): *Gorbatschows Revolution von oben. Dynamik und Widerstände in der UdSSR.* Frankfurt am Main, Berlin 1987, S. 52-73.

Nachtprogramme wurden durch ein flottes Frühstücksfernsehen unter dem Titel *120 Minuten* ergänzt, das ab 6.30 Uhr morgens als Fernsehmagazin aktuelle Reportagen, Nachrichten und eine Aerobic-Show anbot. Damit blieb – vornehmlich am Wochenende – nur eine Programmpause von knapp fünf Stunden übrig gegenüber etwa zehn Stunden nächtliche Sendepause vor der Perestrojka.

Eine vertiefte Auseinandersetzung mit Unzulänglichkeiten innerhalb der Sowjetunion wurden mit der Sendung *Problemy, Poiski, Reschenija* („Probleme, Analysen, Lösungen") eingeleitet, die stets einem Einzelthema gewidmet war, das in der Perestrojka eine besondere Rolle gespielt hat. Das war zum Beispiel die Reform des politischen Systems oder die neue Rolle der Soziologie, die mit dem bislang ungewohnten Konzept von wissenschaftlich betreuten Meinungsumfragen arbeiten sollte. Fachleute aus der Regierung, Wissenschaftler und Betroffene diskutierten live am Runden Tisch, während die Zuschauer über mehrere Telefonleitungen ebenfalls live ihre Fragen stellen konnten. Mit dieser bewusst gewählten Zuschauerbeteiligung wurde ein Prozess in Gang gesetzt, der den Sowjetbürgern, auch wenn sie selbst nicht zum Telefon griffen, das Gefühl vermittelt, man könne den Verlauf in den Medien mitgestalten. Der früheren Ohnmacht, jeden Schwachsinn ohne Einspruchsmöglichkeit über sich ergehen lassen zu müssen, stand nun dieses Modell der Zuschauerbeteiligung gegenüber.

Neben der Auswertung der zahlreichen Zuschriften hatte das sowjetische Fernsehen über die wöchentliche Programmzeitung *Goworit i Pokasywajet Moskwa* („Moskau spricht und zeigt") versuchsweise Meinungsforschung betrieben. Es ging dabei um die Bewertung eines ungewöhnlichen Experiments. In der Silvesternacht 1986 hatte das staatliche Fernsehen auf zwei Kanälen musikalische Unterhaltung angeboten, wahlweise Klassik oder Rock und Pop. Dabei wurde erstmals der Versuch unternommen, etwa die Hälfte der

Sendungen mit westlichen Interpreten zu gestalten. Im Bereich der klassischen Musik wurde das von den Zuschauern noch akzeptiert. Im Bereich der Unterhaltungsmusik dagegen lehnte die Mehrheit der sowjetischen Zuschauer diesen Proporz ab. Man fühlte sich plötzlich von einer „Westwelle" überrollt und forderte mehr einheimische Folklore. Im Jahr danach wurde auf diesen Proporz verzichtet und wieder überwiegend einheimische Musik in das Silvesterprogramm aufgenommen.

Gerade zu Beginn der TV-Perestrojka bekamen die Programmchefs den Unmut nicht nur vonseiten des Publikums, sondern zugleich vonseiten der Behörden und Ministerien zu spüren. Eine kritische Jugendsendung *Dwenadzatyj etasch* („Die zwölfte Etage") war mehrfach Anlass für direkte Interventionen aus dem Zentralkomitee, die engagierte Fernsehverantwortliche abwehren mussten. In dieser Sendung führten Jugendliche in der 12. Etage des Fernsehstudios Ostankino in Moskau einen freimütigen Dialog über Drogen und Aussteigertum, über den sinnlosen Tod gleichaltriger Freunde beim Militäreinsatz in Afghanistan oder über das ungeliebte Engagement beim kommunistischen Jugendverband der Komsomolzen. Auch hier spielte das Live-Element eine große Rolle, so dass Regisseur und Aufnahmeleiter oft Mühe hatten, den ungestümen Verlauf der Diskussion einigermaßen sicher im Bild festzuhalten. Diese Sendung konnte sich stets des Protestes der älteren Generation sicher sein.

Schon wenige Monate nach Gorbatschows Amtsantritt war ein Viertel des Programms völlig umgekrempelt worden. Zwei Drittel der Sendungen wurden zusätzlich mit neuen Elementen belebt. Die Technik der Computergrafik, eingekauft bei den Japanern, gab dem eher betulichen Bildschirmlayout einen modernen Anstrich. Die inhaltliche Problematik neuer Sendungen wurde gezielt auf Zuschauerbedürfnisse abgestimmt, die dem alltäglichen Leben in der Sowjetunion entsprangen, aber bislang mehrheitlich von den Massenmedien unterschlagen worden waren. Das Ziel dieser Reform hieß, die sowjetische Gesellschaft so darzustellen, wie sie wirklich damals war und nicht das Wunschbild der Kommunistischen Partei vorzugaukeln. In einer Zwischenbilanz benannte der damalige stellvertretende Rundfunk- und Fernsehchef und spätere Generaldirektor der Nachrichtenagentur TASS, Leonid Krawtschenko (1938-2018), was nach Ansicht der Fernsehmacher die sowjetischen Zuschauer am meisten bewegte: „Wir haben jetzt eine Skala von Prioritäten. Auf dem ersten Platz steht das Wohnungsproblem. An zweiter Stelle folgen Fragen der Arbeitsorganisation mit dem Lohn- und Prämiensystem. Dann kommt – was einem Außenstehenden etwas merkwürdig erscheinen mag – die Rentenfrage und schließlich die medizinische Versorgung und die Lage des Gesundheitswesens sowie die Fragen des öffentlichen Verkehrs in den Städten." Damit waren gleichzeitig die sozial brisantesten Probleme beschrieben, die für eine wirksame Zuschauerbindung an die einschlägigen Programme sorgten. Nachdem die Sowjetbürger einen Reflex ihrer eigenen Probleme im Fernsehen und auch im Radio wiedererkannten, schwoll die Flut der Hörer- und Zuschauerpost auf fast eine halbe Million Briefe monatlich an.

Neu eingeführt wurde die Teilnahme von ausländischen Politikern, Wissenschaftlern, Korrespondenten oder Managern – meist aus westlichen Ländern – an Fernsehdiskussionen. Mit so genannten Telebrücken beteiligte das Fernsehen die Sowjetbürger auch direkt am Geschehen im Ausland. Diese sehr populären Sendungen bauten auf dem einfachen Prinzip auf, dass Menschen verschiedener Länder in ihrer gewohnten Umgebung und in ihrer jeweiligen Muttersprache mit Sowjetbürgern diskutieren konnten. Japaner in Tokio mit einem japanischen Moderator sahen auf einem großen Bildschirm ihre sowjetischen Gesprächspartner und kommunizierten mit Hilfe von Simultandolmetschern. Amerikaner, Westdeutsche und Briten hatten an solchen Telebrücken ebenfalls teilgenommen. Ergänzt wurden diese Sendungen durch Filmeinspielungen, in denen das jeweilige Gastland aus der Sicht eines sowjetischen und eines einheimischen Journalisten vorgestellt wurde. Tabuthemen gab es nicht mehr. Die Konfrontation mit Vorurteilen war erwünscht, um innerhalb der Sendung dagegen argumentieren zu können. Auf diese Weise erlebten Millionen von Sowjetbürgern, dass Perestrojka auf dem Bildschirm auch eine Öffnung gegenüber dem Ausland bedeutete.

Glasnost in der Sowjetunion war umstritten. Manche Politiker wurden von der Welle der Enthüllungen überrannt und glaubten, die Presse habe ihre Rechte missbraucht. Politiker, die trotz ihres Votums für die Perestrojka eine eher konservative Gangart vertraten, setzten Glasnost nicht mit Pressefreiheit im westlichen Sinn gleich, sondern sahen die Massenmedien weiterhin im Dienst der Partei. Genau so war die Kritik Jegor Ligatschow (geb. 1920)[133] auf der 19. Parteikonferenz im Sommer 1988 zu verstehen, als er klagte: „Unsere Presse hat eine enorme Arbeit im Dienst der Perestrojka geleistet. Gleichzeitig aber, und ich sage dies mit großer Bitterkeit, haben einzelne – ich wiederhole: einzelne – Zeitungsredaktionen Achtung und Vertrauen, die ihnen vom Zentralkomitee und vom Generalsekretär entgegengebracht wurden, als Möglichkeit verstanden, selbstherrlich zu agieren, sich der Parteikontrolle zu entziehen und die Zeitungen für ihre persönlichen Angelegenheiten und Abrechnungen zu missbrauchen." Und Ligatschow drohte neue Kontrollen an: „Es ist anzunehmen, dass das Zentralkomitee ebenso wie die Redaktionen der Zeitungen und Zeitschriften ... die notwendigen Schlüsse ziehen werden."

Der Initiator und Verteidiger von Glasnost, auch um den Preis scharfer Kontroversen, war Michail Gorbatschow. In

---

[133] Vgl. Ligatschow, Jegor: *Wer verriet die Sowjetunion.* Berlin 2012.

regelmäßigen Treffen mit den wichtigsten Medienvertretern bemühte er sich um einen „Uhrenvergleich" zwischen dem aufgeregt tickenden Mechanismus der Redaktionsstuben und dem gemächlichen Rhythmus in den Ämtern, Behörden und Fabriken. Jedes Mal entpuppte sich Gorbatschow als der Motor, der Glasnost weiter antreiben, der dem Pluralismus immer größere Freiräume zugestehen wollte. Glasnost blieb weiterhin die Speerspitze für die Perestrojka, sollte sich aber um den vernachlässigten Arbeiter genauso kümmern wie um die verfälschte Geschichtsschreibung der letzten Jahrzehnte. Und diese Aussage von Gorbatschow schloss mit ein, dass „Glasnost nicht an Grenzen stoßen darf".

Die Wochenbeilage *Sobesjednik* („Der Gesprächspartner"), die zur *Komsomolskaja Prawda*, der Zeitung des staatlichen Jugendverbandes, gehörte, veröffentlichte im Dezember 1988 aus einer Umfrage die trotzige Antwort: „Nur Idioten glauben an Glasnost, ich glaube an das KGB." Und der Bürger ergänzte den Fragebogen mit der Bemerkung: „Wenn die da oben viel wissen, dann fügen sie den einfachen Leuten nur noch schneller Gemeinheiten zu." Die Antworten zum täglichen Leben in der Sowjetunion fielen überwiegend negativ aus. Das Erstaunlichste jedoch war die Tatsache, dass fast 72 Prozent der Befragten trotz ihrer scharfen Kritik an der Regierungspolitik bereit waren, ihre volle Adresse auf dem Fragebogen anzugeben, obwohl sie hätten anonym antworten können. Die Angst vor der öffentlichen Meinungsäußerung war überwunden.[134]

---

[134] Wie weit Russland unter Präsident Putin hinter diese Errungenschaften einer unabhängigen und kritischen Presse zurückgefallen ist, zeigte 2020 die Auseinandersetzung um eines der wenigen unabhängigen Blätter. Vorher waren schon die elektronischen Medien weitgehend unter staatliche Kontrolle gebracht worden. Vgl. Schmidt, Friedrich: *Auf Linie gebracht. Nicht nur das Führungspersonal wurde ausgetauscht: Wie die russische Zeitung ,Wedomosti', eine der letzten unabhängigen Stimmen des Landes, mit der Einflussnahme der Mächtigen zu kämpfen hat. In:* Frankfurter Allgemeine Zeitung, 15. April 2020.

# Eine Zukunft für die Vergangenheit

Mehr als dreißig Jahre hatte die Sowjetunion gebraucht, um die „Geheimrede" Nikita Chruschtschows von 1956 zu veröffentlichen, mit der er die Verbrechen seines Vorgängers beim Namen nannte und die Entstalinisierung einleitete. Doch diese Vergangenheitsbewältigung war nach der Chruschtschow-Zeit wieder ins Stocken geraten. Denn sie störte das jahrzehntelange Selbstbildnis der „fehlerfreien" Kommunistischen Partei.

Die Verbrechen Stalins, für deren Offenlegung der sowjetische Historiker Roy Medwedjew (auch Roi Medvedev) (geb. 1925) unter schwersten Behinderungen vonseiten der Behörden jahrelang hatte kämpfen müssen, wurden bis in die 1980er Jahre tabuisiert. Ein Signal für die Wiederaufnahme der Vergangenheitsbewältigung gab Michail Gorbatschow, als er die sowjetische Intelligenz wiederholt aufforderte: „Weder in der Literatur noch in der Geschichte darf es vergessene Namen und weiße Flecken geben." Damit sollte die historische Identität zwischen Staat und Gesellschaft in der Sowjetunion wiederhergestellt werden.

Zunächst wurden Schriftsteller rehabilitiert, die entweder teilweise oder gar nicht mehr in der Sowjetunion gedruckt wurden. Dazu zählte Boris Pasternak (1890-1960), dessen bislang verbotener Roman *Doktor Schiwago* 31 Jahre nach seinem Erscheinen im Westen nun auch in der Sowjetunion veröffentlicht werden durfte. Auch Nikolaj Gumiljow (1886-1921), ein Lyriker, welcher der Konterrevolution beschuldigt und erschossen wurde, konnte nach Jahrzehnten der Missachtung als großer Sohn der russischen Literatur gefeiert werden. Danach griff die Vergangenheitsbewältigung auf historische Personen der revolutionären Geschichte über, deren Namen sich kaum noch in sowjetischen Geschichtsbüchern wiederfanden. Der entscheidende Schritt auf dem Weg zu einem neuen Geschichtsbild[135] war die Rehabilitierung von Angeklagten der stalinistischen Schauprozesse. Das prominenteste Opfer, das rehabilitiert wurde, war Nikolaj Bucharin (1888-1938), der von Lenin als „Liebling der Partei" bezeichnet worden war und im Kampf um die Macht gegen Stalin unterlegen war. Die drei Moskauer Schauprozesse zwischen 1936 und 1938 hatten die Weltöffentlichkeit damals geblendet. Das Spektakel war juristisch perfekt inszeniert. Anders als bei den Prozessen der Nazizeit wurden während der öffentlichen Verhandlungen formal keine Rechte der Angeklagten verletzt. Ihr Wille war bei den Voruntersuchungen gebrochen worden. Die Verhandlungen wurden erst begonnen, nachdem man von den Gefangenen bereits Geständnisse erpresst hatte, die sie – bis auf wenige Ausnahmen – vor Gericht wiederholten.

Die Überzeugungskraft der stalinistischen Propaganda war so stark, dass die englische Zeitung *Spectator* zum ersten Prozess 1936 schrieb: „Das Verhör der sechzehn Angeklagten durch den Staatsanwalt ist eine geschlossene Leistung leidenschaftsloser Vernunft, in der trotz einigem Leugnen und Ausweichen die Schuld der Angeklagten vollkommen bewiesen wird." Auch zwei Jahre später war für viele das makabre Schauspiel noch nicht zu durchschauen. Während des dritten Prozesses 1938, dessen Opfer mit einer Ausnahme unter Gorbatschow rehabilitiert wurden, schrieb der damalige amerikanische Botschafter in Moskau, Joseph E. Davies (1876-1958), in einem Privatbrief: „Alle elementaren

---

[135] Vgl. Davies, Robert W.: *Perestroika und Geschichte. Die Wende in der sowjetischen Historiographie.* München 1991. Rožanskij, Michail: *Geschichte: Antworten auf nicht gestellte Fragen.* In: Segbers, Klaus (Hrsg.): *Perestrojka. Zwischenbilanz.* Frankfurt am Main 1990, S. 345-366.

Schwächen und Laster der menschlichen Natur – persönlicher Ehrgeiz schlimmster Art wurden durch den Prozess zutage gefördert. Die Fäden eines Komplotts werden sichtbar, das beinahe zum Sturz der bestehenden Regierung geführt hatte." So urteilte – wohlgemerkt – der amerikanische Botschafter über Leute wie Nikolaj Bucharin, der sich den stalinistischen Methoden der Zwangskollektivierung widersetzt hatte. Ein erschütterndes Dokument war und bleibt das Schlusswort dieses Angeklagten, der sich zwar schuldig bekannte und die Verantwortung übernahm für die – wie er sagte – ruchlosen Verbrechen eines sogenannten Blocks der Rechten und Trotzkisten. Gleichzeitig aber widerlegte Bucharin die Beschuldigungen, weil er viele Angeklagte zuvor persönlich überhaupt nicht gekannt, geschweige denn mit ihnen geredet hatte. Bis heute sind die Foltermethoden nicht klar, mit denen diese Geständnisse erpresst wurden. Nur Bucharins eigener Hinweis auf ein Jahr Isolierhaft ließ erahnen, dass man psychischen und physischen Terror benutzte, wie er auch von Überlebenden der Stalin-Zeit geschildert wurde.

Die Dokumente der drei Schauprozesse wurden jeweils im Anschluss an die Verurteilungen vom damaligen Volkskommissariat für das Justizwesen der UdSSR zu Propagandazwecken herausgegeben, darunter auch in deutscher Sprache. Allein das veröffentlichte Protokoll dieses dritten Prozesses umfasst 872 Seiten.[136]

---

[136] Die Protokolle der Moskauer Prozesse: Teil 1. Prozessbericht über die Strafsache des Trotzkistisch-Sinowjewistischen Terroristischen Zentrums. Verhandelt vor d. Militärkollegium d. Obersten Gerichtshofes d. UdSSR 19.-24. August 1936 gegen G. J. Sinowjew ..., angeklagt gemäss Art. 588, 19 u. 588, 5811 d. Strafgesetzbuches d. RSFSR. Moskau 1936. Teil: 2. Prozessbericht über die Strafsache des sowjetfeindlichen Trotzkistischen Zentrums. Verhandelt vor d. Militärkollegium d. Obersten Gerichtshofes d. UdSSR vom 23.-30. Januar 1937 gegen J. L. Pjatakow ..., angeklagt d. Vaterlandsverrats, d. Spionage, Diversionstätigkeit, Schädlingsarbeit u. d. Vorbereitung terrorist. Akte, d.h. d. Verbrechen gemäss Art. 581a, 588, 589, 5811 d. Strafgesetzbuches d. RSFSR ; vollst. steno-

Eine Sonderkommission und das Oberste Gericht der Sowjetunion, die ab 1987 die juristische Rehabilitierung betrieben hatten, mussten sich vor allem mit den Materialien der Untersuchungshaft und der Verhöre beschäftigen, die jahrelang in den Archiven verschlossen blieben. 1977 erhielten Bucharins Frau und sein Sohn vom Obersten Gericht der UdSSR die Mitteilung, eine Rehabilitierung der Prozessopfer sei endgültig abgelehnt. Diese Endgültigkeit dauerte zehn Jahre.

Im Rahmen dieser Geschichtsdiskussion interessierte man sich für die Rolle des Stalin-Gegners Leo Trotzki (1879-1940), den Stalin im mexikanischen Exil hatte ermorden lassen. Kaum ein sowjetischer Jugendlicher wusste, dass Trotzki die Rote Armee aufgebaut hatte. Sowjetische Historiker mussten nach aufmerksamer Lektüre einer Ausgabe der *Prawda* im Herbst 1988 umlernen. Dort erfuhren sie auf einer Zeitungsseite mehr über den Stalin-Rivalen Leo Trotzki, als alle Enzyklopädien und Geschichtsbücher der Sowjetunion bis dahin vermittelt hatten. Die Sensation bestand schlicht in der Tatsache, dass man erstmals bemüht war, einigermaßen objektiv die Rolle des zweiten Mannes in der Partei Lenins darzustellen, der wie viele andere im Kampf um die Macht gegen Stalin unterlegen war. Dieser Beitrag, ein Buchauszug aus einer später erschienenen Stalin-Biografie des Militärhistorikers Dmitri Wolkogonow (1928-1995), war jedoch keine Rehabilitierung Trotzkis. Seine nicht minder diktatorischen Ansprüche schätzte der Autor genauso negativ ein wie die

---

graph. Bericht. Moskau 1937. Teil: 3., Prozessbericht über die Strafsache des antisowjetischen "Blocks der Rechten und Trotzkisten". Verhandelt vor d. Militärkollegium d. Obersten Gerichtshofes d. UdSSR vom 2.-13. März 1938 gegen N. I. Bucharin ..., angeklagt d. Verbrechen, vorgesehen in d. Art. 581a, 582, 587 u. 5811 d. Strafgesetzbuches d. RSFSR, u. gegen Iwanow, Selenski u. Subarew ausserdem d. Verbrechen gemäss Art. 5813 d. Strafgesetzbuches d. RSFSR ; vollst. stenograph. Bericht. Moskau 1938. Nachdruck (Protokoll 1-3) London 1973.

Rolle von Stalin. „Zum großen Unglück für die Geschichte und das Volk“, so schlussfolgerte der Autor, „beseitigte die alte Lenin-Garde den einen – nämlich Trotzki – nach dem Tode Lenins, aber den anderen – nämlich Stalin – ließ man auf der Kommandobrücke der Partei stehen. Man hätte aber beide entfernen sollen.“[137]

Allein die vielen Fakten über Trotzkis Leben, im Westen längst bekannt, waren für einen Sowjetbürger überraschend. Man erfuhr, dass Trotzkis Name meistens unmittelbar hinter dem Lenins genannt wurde und dass er dem sowjetischen Staatsgründer wesentlich nähergestanden hatte als Stalin. Lenin, so hieß es in der *Prawda*, habe das organisatorische und propagandistische Talent Trotzkis hochgeschätzt – doch die Empfehlung Lenins an die Partei, Trotzki als seinen Nachfolger zu ernennen, wurde weiterhin verschwiegen. Der Biograf Wolkogonow ging sogar in seiner Wertung noch weiter, indem er schrieb: „In den Jahren 1917 bis 1924 – also bis zu Lenins Tod – war Trotzki kein Feind der Revolution und des Sozialismus. Er war ein Feind Stalins.“

Das schwierigste Kapitel ist der Tod Trotzkis im mexikanischen Exil geblieben. Wohl erstmals wurde von sowjetischer Seite offiziell Stalin in unmittelbaren Zusammenhang mit der Ermordung seines Gegners gebracht. „Ja, Stalin wünschte den Tod Trotzkis“, hieß es wörtlich in der Parteizeitung, und Trotzkis Familie habe gewusst, dass sie verfolgt werde. Bereits vor diesem Artikel hatte die *Prawda* – allerdings von vielen Lesern unbemerkt – sich dagegen gewehrt, die Gewaltmaßnahmen Stalins als Reaktion auf Trotzki zu entschuldigen. Im Gegensatz zu Stalin hätten Trotzki und die Linken wenigstens versucht, die industrielle Entwicklung in geordnete Bahnen zu lenken.

---

[137] Vgl. Wolkogonow, Dmitri: *Stalin. Triumph und Tragödie.* Berlin 2016. Es gibt mehrere Ausgaben teilweise auch mit der Schreibweise des Autorennamens Volkogonov, Dmitrij.

Doch ehe in der Sowjetunion diese neue Geschichtsbetrachtung möglich wurde, entfesselte der Rektor des Moskauer Historisch-Archivarischen Instituts Juri Afanassjew (1934-2015) mit heftigen Attacken gegen seine Fachkollegen einen denkwürdigen Historikerstreit im Land.[138] Afanassjew wechselte später in die Politik, wurde Abgeordneter im sowjetischen Volkskongress und engagierte sich als einer der schärfsten Kritiker gegen das Machtmonopol und gegen den Führungsanspruch der Kommunistischen Partei. In einer Polemik warf Juri Afanassjew den meisten seiner Kollegen ein gestörtes Verhältnis zur historischen Wahrheit vor. Ihm ging es um die Legitimation der Macht innerhalb der Partei. Deshalb begann er, den Machtkampf um die Nachfolge Lenins wie auch die Bewältigung des Stalinismus neu zu thematisieren. Dabei berief sich Afanassjew vor allem auf jenen Brief Lenins an den Parteitag, in dem der kränkelnde Staatsgründer vor den diktatorischen Zügen Stalins warnte, eine Warnung, die vom Zentralkomitee missachtet wurde. Daran anknüpfend verband der streitbare Historiker bei einer Rede im Volkskongress, die live im Fernsehen gezeigt wurde, seine grundsätzliche Kritik an der festgefahrenen marxistischen Geschichtswissenschaft mit dem Fall Stalin:

„Die Logik der wissenschaftlichen Entwicklung besagt, dass es kein Problem gibt, das als endgültig erforscht gelten könnte und in Zukunft keiner Berichtigung mehr bedarf... Meines Erachtens müsste man die Erforschung der mit dem Personenkult Stalins zusammenhängenden Probleme in ihrem Komplex endlich auf eine sachliche Grundlage stellen. Bei uns ist keine einzige wissenschaftliche Abhandlung über diese bedeutende Frage erschienen. Die nichtmarxistische Historiografie zu diesem Thema zählt dagegen Hunderte, ja Tausende von Veröffentlichungen. Wir aber missachten die-

---

[138] Vgl. dazu den Sammelband, herausgegeben von Afanassjew, Juri: *Es gibt keine Alternative zur Perestrojka. Glasnost, Demokratie, Sozialismus. Dreißig aktuelle Beiträge aus der Sowjetunion.* Nördlingen 1988.

ses Problem weiterhin.“ [139] Konkret wandte sich Afanassjew
gegen die immer noch gültige Lesart, mit der die stalinistischen Verbrechen erklärt, wenn nicht gar entschuldigt wurden: „Mir will es beispielsweise nicht in den Kopf, dass die
Massenrepressalien gegen rechtschaffene Sowjetbürger in
den dreißiger Jahren entweder auf sogenannte ‚Fehler‘ oder
‚Unzulänglichkeiten bei der Befolgung der sozialistischen
Gesetzlichkeit‘ oder gar auf – wie es heißt – ‚unvermeidliche
Kosten des Klassenkampfes und der revolutionären Umgestaltung der Gesellschaft‘ zurückzuführen sein sollen.“

Die bis 1985 vergangenen 15 bis 20 Jahre bezeichnete der
Historiker schlicht als Stagnation, in der ganze Forschungs-
richtungen ausgemerzt worden seien. Angesichts dieser für
die damaligen sowjetischen Verhältnisse scharfen Polemik
ließ die Antwort nicht lange auf sich warten. In Briefen und
Artikeln wehrten sich die etablierten Professoren der Parteigeschichte. Ihre Hilflosigkeit offenbarte sich darin, dass sie
gegen inhaltliche Angriffe mit quantitativen Argumenten in
der Parteizeitung *Prawda* zu Felde zogen. Stagnation, so be-
haupteten sie, habe es schon deshalb nicht gegeben, weil eine
Vielzahl mehrbändiger Geschichtswerke und Hunderte von
Büchern und Artikeln zur Sowjetgeschichte erschienen seien.
Schließlich widersprachen sie der Interpretation, es gebe ein
immer noch wirksames stalinistisches Schema von der Revolution. Ihr schlimmster Vorwurf gegen den kämpferischen
Afanassjew lautete jedoch: „Er ruft die Historiker zu einer
Revision des geschichtlichen Weges unseres Sowjetvolkes in
den letzten siebzig Jahren auf“, um an anderer Stelle fortzusetzen: „Afanassjew hat bis heute nicht den Unterschied zwischen marxistischer und bürgerlicher Geschichtswissenschaft
verstanden.“

---

[139] Sein Auftritt im Original unter  https://ok.ru/video/3574545191168
(Aufruf 24. August 2020).

Die „Revision des geschichtlichen Weges", genauer gesagt, die Revision der verlogenen sowjetischen Geschichtsschreibung, wurde dann zur Hauptaufgabe einer Sonderkommission und des Obersten Gerichts, welche die Dokumente, Beschuldigungen und Urteile der Stalin-Zeit aufarbeiteten und revidierten.[140] Deshalb wäre es verfehlt zu glauben,
der Historikerstreit hätte sich auf persönliche Zwistigkeiten
zwischen einem aufsässigen Gelehrten einerseits und den
Parteigängern andererseits beschränkt. Der Disput hatte Anhänger innerhalb der Partei mobilisiert, die nun auch die eigene Geschichtsschreibung im Sinne der Perestrojka geändert sehen wollten. Denn der Streit um die Bewertung der
Vergangenheit führte inzwischen zu ideologischen Grundsatzdebatten darüber, was eigentlich mit Sozialismus gemeint
sein kann. Die heftigsten Attacken folgten ausgerechnet in
der angesehenen Literaturzeitschrift *Nowyj Mir*, in welcher
der Wirtschaftswissenschaftler und Literat Nikolaj Schmeljow (1936-2014), empört über die Zustände im eigenen Land
forderte: „Man muss die Dinge beim Namen nennen:
Dummheit bleibt Dummheit, Inkompetenz bleibt Inkompetenz und ein wirksamer Stalinismus bleibt ein wirksamer Stalinismus."

Damit hatte der Autor ein Tabu berührt. Bislang war der
Begriff des Stalinismus in der Debatte nicht aufgetaucht. Jahrelang hatten Historiker wie Politiker gleichermaßen behauptet, der Begriff des Stalinismus sei von der westlichen Geschichtsschreibung gleichsam als Makel der sowjetischen Geschichte aufgedrückt worden. Selbst Gorbatschow nahm
einmal die Gelegenheit wahr zu sagen: „Es hat bei uns keinen Stalinismus gegeben. Was es gab, war ein Personenkult
um Stalin." Doch auch Gorbatschow hatte sich die Lesart zu

---

<sup>140</sup> Vgl. Ferenczi, Caspar: *Der Stalinismus und die Folgen.* In: Ferenczi,
Caspar; Löhr, Brigitte: *Aufbruch mit Gorbatschow? Entwicklungsprobleme der
Sowjetgesellschaft.* Frankfurt am Main 1987, S. 32-57. Grotzky, Johannes:
*Streit um den Stalinismus.* In: *Neue Zürcher Zeitung* Nr. 174, 29. Juli 1988.

eigen gemacht, dass ohne eine rigorose Vergangenheitsbewältigung die Perestrojka im eigenen Land nicht durchgeführt werden könnte. So verurteilte er persönlich die Schrecken der stalinistischen Schauprozesse vor Chefredakteuren der sowjetischen Presse: „Ich denke, dass wir weder vergeben noch vergessen können und dürfen, was in den Jahren 1937 bis 1938 geschehen ist. Niemals.“

Obwohl Gorbatschow aus Überzeugung wie aus Taktik zunächst ein differenziertes Bild der Stalin-Zeit vertrat und die Kollektivierung unter Stalin sogar verteidigte, äußerte er sich jedoch in der Bewertung der Person Stalins aus Anlass des siebzigsten Jahrestages der Sowjetunion ganz entschieden: „Manchmal wird behauptet, Stalin hätte um viele Fakten der Willkür nicht gewusst. Aus Dokumenten, die uns zur Verfügung stehen, geht hervor, dass dem nicht so war. Die Schuld Stalins und seiner engsten Vertrauten, die gegenüber Partei und Volk für die Massenrepressalien und Willkür verantwortlich sind, ist groß und untilgbar. Das ist eine Lehre für alle Generationen.“[141]

Die Vergangenheitsbewältigung wurde immer weiter an die Gegenwart herangerückt. Als im Herbst 1988 das sowjetische Fernsehen den neunzigminütigen Dokumentarfilm *Risk* („Das Risiko“) ausstrahlte, wurde der Titel in besonderem Maße dem Inhalt gerecht. Denn dieser Film brach zwei Tabus gleichzeitig: erstens konnten die Sowjetbürger nach mehr als zwei Jahrzehnten wieder Nikita Chruschtschow (1894-1971) ausführlich auf dem Bildschirm erleben. Zweitens stellte der Film eine inhaltliche Parallele der Chruschtschow-Zeit zu den Absichten der Perestrojka unter Gorbatschow her. Der Film befasste sich mit dem Rüstungswettlauf zwischen den Vereinigten Staaten und der Sowjetunion. In dieser Phase, so die Darstellung, kam dem damaligen Parteichef Chruschtschow eine bedeutende Rolle

---

[141] Gorbatschow, Michail: *Die Rede zum 70. Jahrestag....* a.a.O., S. 53 f.

zu. Vor der UNO verkündete er – erstmals in diesem Jahrhundert, wie der Kommentator sagte – den Begriff der Abrüstung. Der Zuschauer erlebte einen Nikita Chruschtschow, der 1959 mit angespannter Stimme dem internationalen Publikum in New York einen Vorschlag unterbreitete, der in seiner Absolutheit seine Fortsetzung in einem Vorschlag von Michail Gorbatschow fand, mit dem er 1986 die Vernichtung aller Atomwaffen bis zum Jahr 2000 anstrebte. Nicht zufällig hatte der Dokumentarfilmer Dmitri Barschewski (geb. 1945) die entsprechende Passage vor der UNO in seinem Film original belassen, in der Chruschtschow 1959 sagte:

„Das Wesen unseres Vorschlags besteht darin, dass im Laufe von vier Jahren alle Staaten eine vollständige Abrüstung durchführen sollten, damit sie über keine Mittel zur Kriegsführung mehr verfügen ... Lasst uns vollständig abrüsten, lasst uns lieber darin wetteifern, wer für sein Volk mehr Wohnungen, Schulen und Krankenhäuser baut, wer mehr Brot, Milch, Fleisch, Kleidung und andere Konsumgüter herstellt.“

Dieser Film bedeutete in der öffentlichen Auseinandersetzung um Chruschtschow zwar nicht dessen Rehabilitierung, leitete aber zu einer engagierten Diskussion über, die anschließend auf den Seiten von sowjetischen Zeitschriften und Zeitungen fortgesetzt wurde. Die Enttabuisierung der weißen Flecken in der sowjetischen Geschichte führte über die Stalin-Zeit zwangsläufig zu dem Mann, der als erster den Personenkult um Stalin angeprangert und dessen Opfer namentlich genannt hatte.

Die Entscheidung über die Wende in der historischen Diskussion war auf dem Januar-Plenum des Zentralkomitees 1987 getroffen worden. Entgegen früherer Praxis wurde den Historikern diesmal keine Leitlinie mitgegeben, wie sie nun die tabuisierten Zeitabschnitte und Personen behandeln sollten. Das engagierte Pro und Contra zur Person Stalins zeigte die Widersprüchlichkeit der Diskussion. Chruschtschow, der nie so tief verdammt, aber auch nie so hoch gelobt worden war wie Stalin, blieb zunächst als Person bei dieser Debatte ausgeklammert. Wieder war es der streitbare Historiker Juri Afanassjew, der als einer der ersten in der Zeitung *Sowjetskaja Kultura* darauf aufmerksam machte, als er im März 1988 in einem Interview auf einen Film zu sprechen kam, in dem 1961 der junge Juri Gagarin (1934-1968) nach seinem ersten Weltraumflug über einen langen, roten Teppich auf ein Podium zuschritt, um Meldung über seine erfolgreiche Mission zu erstatten. „Man möchte gerne wissen", so polemisierte Afanassjew damals, „wem er da Meldung erstatten und wer ihn mit Handschlag begrüßen wird. Die jungen Leute wissen es nicht, die älteren wechseln vielsagende Blicke. War es notwendig, Chruschtschow herauszuschneiden... Wie lange wollen wir so tun, als habe es ihn überhaupt nicht gegeben? Wie lange wollen wir Gagarin noch zwingen, irgendwohin in die Ferne, aus der Leere in die Leere zu schreiten?"[142]

Spätestens in dem erwähnten Dokumentarstreifen *Risk* war diesem historischen Ereignis Gerechtigkeit widerfahren. Gagarin wird von Chruschtschow begrüßt, anschließend mit einer begeisterten Umarmung rechts und links wiederholt heftig geküsst. Dann durften die Zuschauer der Gegenwart einen Chruschtschow erleben, der über den Weltraumerfolg vor Rührung weinte und sich die Tränen mit einem Taschentuch trocknen musste.

Auch wenn der Name und die Person Chruschtschows bei dem vorsichtigen Herantasten an die historische Wahrheit nicht immer im Vordergrund standen, so wusste dennoch jeder, wen Gorbatschow im Auge hatte, als er in seiner Rede zum siebzigsten Jahrestag der Revolution 1987 über die Zeit nach Stalin urteilte: „Man begann, der Entwicklung der Landwirtschaft, dem Wohnungsbau, der Leichtindustrie, der

---

[142] Vgl. Grotzky; Johannes: *Die Samen treiben Keime. In der Sowjetunion lebt die Chruschtschow-Ära wieder auf.* In: DIE ZEIT, Nr. 47, 18. November 1988.

Konsumsphäre und all dem, was mit der Befriedigung der Bedürfnisse des Menschen zusammenhängt, mehr Aufmerksamkeit zu schenken. Mit einem Wort, es vollzogen sich Wandlungen zum Besseren sowohl in der sowjetischen Gesellschaft als auch in den internationalen Beziehungen."

Der Erklärungsbedarf gegenüber der Geschichte bestand aber immer noch darin zu bekennen, woran Chruschtschow letztlich gescheitert war. Und hier verblüffte Gorbatschow mit einer Interpretation, die mögliche Konsequenzen für seine Politik signalisieren sollte. Denn die Hauptursachen für den Misserfolg der Reformen unter Chruschtschow sah Gorbatschow in der Tatsache, „dass sie sich nicht auf eine breite Entfaltung von Demokratisierungsprozessen" stützten. Das war letztlich von Gorbatschow ein prophetischer Vorgriff auf sein eigenes späteres Scheitern.

Nur einen Monat später publizierte die Wochenzeitung *Moskowskije Nowosti* ein Gespräch mit dem 88-jährigen Drehbuchautor Jewgeni Gabrilowitsch (1899-1993), der Chruschtschow als einen außerordentlich interessanten Menschen für die künstlerische Aufarbeitung bezeichnet hatte. In diesem Zusammenhang erwähnte Gabrilowitsch auch, dass Chruschtschow „Millionen Gefangener befreit hat, während das Volk ihm seine Mais-Ideen nicht vergeben kann". In der Tat blieben nach wie vor viele Sowjetbürger der Ära Chruschtschow gegenüber reserviert, weil sie sich nicht mit dem von autoritären Zügen begleiteten Reformeifer Chruschtschows abfinden konnten.

Fjodor Burlatzki (1927-2014), ein Mitarbeiter aus dem Stab unter Chruschtschow, hat seine Memoiren über jene Jahre anfangs in der Literaturzeitschrift *Nowyj Mir* veröffentlicht und sie später seine Erinnerungen an Chuschtschow als Buch[143] herausgebracht. Die Erinnerungen Burlatzkis zeigen

---

[143] Vgl. *Бурлацкий Ф. М.* Хрущев и Первая русская весна. — Лондон, 1991.

beispielhaft, dass die Auseinandersetzung mit Chruschtschow nicht auf einen eindimensionalen Weg der Rehabilitierung begrenzt sein konnte. Dafür war Chruschtschow viel zu umstritten. So schilderte Burlatzki auch kindliche Züge des früheren Parteichefs bis hin zu Beobachtungen, wie Chruschtschow verträumt mit umgehängtem amerikanischen Transistorradio spazieren ging oder bei einem Gespräch mit Tito heimlich unter dem Tisch mit einer Armbanduhr in der Form eines Fotoapparates spielte. Burlatzki schilderte seinen Helden nicht ohne Sympathie, zuweilen gemischt mit Entschuldigungen für sein Fehlverhalten, weil „der Erste leider von Ratgebern umgeben war, die ihm viel Unsinniges erzählt haben".

Allerdings tauchte auch hier der Vorwurf auf, Chruschtschow sei ein Vertreter des autoritär-patriarchalischen Kultes gewesen, der sich in alles mit einem Unfehlbarkeitsanspruch einmischen wollte. Ein weiterer Vorwurf traf im Grunde alle nachfolgenden Parteichefs, nämlich die Feststellung, unter Chruschtschow sei die Tradition entstanden „zu glauben, dass die Autorität eines Führers durch die Menge der von ihm ausgesprochenen Worte bestimmt wird". Solche Erinnerungen hatten in der Sowjetunion ein bereitwilliges Millionenpublikum gefunden, ebenso wie die teilweise sehr subjektiven Darstellungen „Jener zehn Jahre" von Chruschtschow-Schwiegersohn Aleksej Adschubej (1924-1994), die im Sommer 1989 in Fortsetzung von der Zeitschrift *Snamja* abgedruckt worden war.[144]

Erstaunliche Bekenntnisse enthielt ein großangelegter, zweiseitiger bebilderter Bericht, den im Mai 1988 die Wochenzeitung *Moskowskije Nowosti* veröffentlicht hatte. In der Einleitung wurde deutlich, wo man in der Perestrojka wieder Anknüpfungspunkte zur Chruschtschow-Zeit suchte. Denn

---

[144] Vgl. die deutsche Ausgabe unter einem anderen Titel. Adschubej, Alexej: *Gestürzte Hoffnung. Meine Erinnerung an Chruschtschow*. Berlin 1990.

mit der Absetzung des damaligen Parteichefs und mit dem Vorwurf des *Voluntarismus* und *Subjektivismus*, so argumentierten die Autoren, „wurde der Versuch verurteilt, die sowjetische Gesellschaft zu dezentralisieren". Auch hier fand sich eine Parallele zu Gorbatschow. Gleichwohl wurde auch in der Perestrojka die Person Chruschtschows und sein Unvermögen, den notwendigen zweiten Schritt zu tun, kritisch beschrieben: „Die Verurteilung von Stalins Vergehen wurde konterkariert mit der Absage, das politische Regime und die Ideologie des Stalinismus eingehend zu analysieren." Der Apparat habe es wegen seiner Eigeninteressen zwar geschafft, Chruschtschow zu Fall zu bringen, die wichtigste Lehre aus jener Zeit war für die Autoren aber die Tatsache, „dass das Volk, das gerade dabei war, aus seinem Dämmerzustand aufzuwachen, noch nicht für Veränderungen bereit war". Die maßgebliche Begründung, warum man sich in der Zeit von Glasnost und Perestrojka mit der Ära Chruschtschow auseinandersetzen musste, lag demnach in der Verzahnung von den damaligen Absichten Chruschtschows mit den späteren politischen Zielsetzungen von Gorbatschow, wenn die Autoren schrieben: „Schon in jener Zeit wurde das Saatgut für das neue soziale und politische Denken in die Erde gelegt ... Nach zwei Jahrzehnten treiben diese Samen Keime."

Für die innerparteiliche Diskussion um Chruschtschow hatte die Zeitung *Argumenty i Fakty* den Historiker Roy Medwedjew als Zeitzeugen bemüht, der lange Zeit in Ungnade gelebt hatte. Das Blatt hatte zudem wichtige Kapitel aus dessen zuerst in Amerika erschienenen Chruschtschow-Biografie[145] abgedruckt, die in der Sowjetunion bis dahin nicht veröffentlicht werden durfte. Schon zuvor hatte im Sommer eine Zeitung in Belarus die Chruschtschow-Biografie von Roy Medwedjew zwei Monate lang als Fortset-

---

[145] Medwedjew, Roy: *Chruschtschow. Eine politische Biographie.* Stuttgart 1984.

zungen in weißrussischer Sprache nachgedruckt. Der Nebeneffekt war verblüffend: Die Zeitung konnte ihre Auflage in dieser Zeit spürbar steigern.

Angesichts dieser neuen Publizität erhielt Medwedjew eine Flut von Leserbriefen, die sich nach seinem eigenen Bekunden entweder absolut positiv oder entschieden negativ zu Chruschtschow äußerten. Die gesamte Diskussion über Chruschtschow wurde nach Medwedjews Eindruck „ohne bestimmten Plan und ziemlich durcheinander" geführt. Dennoch war diese Diskussion unumgänglich, weil – so Medwedjew – die gesamte Literatur, die jetzt über Stalin publiziert werde, ihren Ausgangspunkt in der von Chruschtschow eingeleiteten Entstalinisierung habe.

Die Umsetzung dieser Diskussion in der Geschichtsschreibung sollte noch große Schwierigkeiten bereiten. Für die Neufassung der Parteigeschichte konnte man sich lange Zeit auf keine Richtlinien einigen. Die praktischen Schwierigkeiten bekamen die Schüler zu spüren. So wurde 1987 ein Geschichtsbuch mit einer Auflage von drei Millionen Exemplaren ausgeliefert, in dem Nikolaj Bucharin noch als Volksfeind bezeichnet wurde, obwohl er bereits rehabilitiert war. Als Folge der verwirrenden Zustände wurden die Geschichtsprüfungen an den sowjetischen Schulen ausgesetzt, bis neue Geschichtsbücher geschrieben worden sind.[146]

Einen sensationellen Schritt zu den Anfängen der Sowjetgeschichte unternahm der Filmdramatiker Geli Rjabow (1932-2015). Mit historischen und kriminalistischen Mitteln hatte er eine Sensation aufgespürt, die von der Sowjetgesellschaft gierig verschlungen wurde. Er fand die Gebeine der ermordeten Zarenfamilie, die nach ihrer Deportation in der

---

[146] Weniger Beachtung hat im Westen die Diskussion um den schwindenden Stellenwert der marxistischen Philosophie eingenommen. Vgl. dazu den Sammelband mit russischen Autoren von Litschew, Alexander; Kegler, Dietrich: *Abschied vom Marxismus. Sowjetische Philosophie im Umbruch.* Reinbeck bei Hamburg 1992.

Nacht vom 16. auf den 17. Juli 1918 nahe von Jekatarinenburg erschossen worden war. Mehrere Zeitungen berichteten über den Fund, veröffentlichten Bilder der Schädel mit den Einschussstellen, ohne den Fundort nennen zu können. Denn der Entdecker verlangte als Gegenleistung für seine Informationen, dass die Zarenfamilie nachträglich ein kirchliches Begräbnis erhalten müsse. Die historische Wende in der öffentlichen Diskussion bestand in der Feststellung, dass die Ermordung des Zaren Nikolaus II. und seiner Familie sinnlos war. Anhand von Indizien belegte der Autor des Fundes, dass die Zarenfamilie nicht, wie in der Schule gelehrt, den Kugeln lokaler Revolutionäre gegen die Empfehlung Lenins zum Opfer fiel, sondern dass der Erschießungsbefehl direkt aus Moskau kam.

Erst 2008 wurde der Zar vom Obersten Gerichtshof Russlands als politisches Opfer des Kommunismus anerkannt. 80 Jahre nach seiner Ermordung wurden die sterblichen Überreste des Zaren und seiner Familie in der Peter- und-Paul-Kathedrale von St. Petersburg beigesetzt.[147] Die russisch-orthodoxe Auslandskirche hatte Nikolaus II. und seine ermordeten Familienmitglieder bereits 1981 heiliggesprochen. Dem schloss sich die russisch-orthodoxe Kirche des Moskauer Patriarchats – nach der durch Präsident Putin betriebenen Vereinigung mit der Auslandskirche – im Jahr 2000 an.

---

[147] Bei der DNA-Analyse konnten nicht alle Überreste eindeutig den einzelnen Familienmitgliedern zugeordnet werden. Lediglich der Zarensohn und Thronerbe Alexei scheint identifiziert zu sein. Die übrigen DNA-Ergebnisse konnten auf alle vier Zarentöchter gleichermaßen zutreffen. Um möglichst unabhängige Ergebnisse zu erhalten, waren Labors in Russland, den USA und Österreich mit den Analysen betraut worden. Vgl. https://de.wikipedia.org/wiki/Ermordung_der_Zarenfamilie (Aufruf 18. Juni 2020).

# Neue Identität durch alte Namen

Eine Unsitte der sowjetischen Politik hatte seit den Tagen der Revolution darin bestanden, zum „ewigen Andenken" an verstorbene Spitzenfunktionäre nicht nur Schiffe, Armeekasernen oder Pionierpaläste mit dem Namen der Toten zu schmücken; auch Städte, Berge und Flüsse blieben von solchen Umbenennungen nicht verschont. Auf diese Weise entstand in der Sowjetunion ein geografisches Lexikon, das sich zugleich wie ein Gotha kommunistischer Revolutionäre las und in dem neben Marx, Engels und Lenin zahlreiche Kampfgefährten der Revolution und des Bürgerkrieges vertreten waren. Schließlich ehrte die Kommunistische Partei, mit Ausnahme von Chruschtschow, alle ihre Generalsekretäre, indem sie eine Stadt nach ihnen benannte.

Nachdem Stalingrad im Zuge der Entstalinisierung unter Chruschtschow in Wolgograd umbenannt worden war[148], wollten sich bis zur Gegenwart viele Einwohner mit dieser Entscheidung nicht zufriedengeben. Ihr Argument: Ihre Stadt sei unter dem Namen Stalingrad in die Geschichte des Zweiten Weltkrieges eingegangen. Im Zuge von Glasnost bildeten sich Komitees, die sich sogar für eine Rückbenennung von Wolgograd in Stalingrad einsetzten. Diese Bestrebungen hatten keinen Erfolg. Im Gegenteil, die Politik der Perestrojka verkürzte auch das ewige Andenken an den verstorbenen Parteichef Breschnjew rigoros auf nur wenige Jahre. Denn fünf Jahre nach seinem Tod im November 1982

---

[148] Ursprünglich hieß die Stadt bis 1925 Zaryzin, dann bis 1961 Stalingrad.

musste Leonid Breschnjew, als früherer Parteichef mitschuldig am wirtschaftlichen und moralischen Niedergang der sowjetischen Gesellschaft, sein Schicksal mit dem noch ungeliebteren Stalin teilen. Eine Industriestadt im Ural, nach Breschnjew benannt, hatte im Januar 1988 nach einem gemeinsamen Beschluss von Regierung und Parteiführung ihren malerischen altrussischen Namen zurückerhalten: Nabereschnye Tschelny, was soviel heißt wie „Nachen (Schiffe) am Ufer". Die Bewohner im früheren Breschnjew hatten sich nie an die Umbenennung ihrer Stadt gewöhnen können und benutzten im Alltag den alten Namen weiter.

Auch in Moskau und Leningrad (ab 1991 wieder Sankt Petersburg) ist der Name Breschnjew getilgt worden. Die Bevölkerung wollte sich dem Diktat einer politischen Unsitte nicht länger fügen und verlangte für Stadtteile und Plätze die alten Namen zurück. So wurde aus dem Moskauer Breschnjew-Rayon wieder der Tscherejomuschki Rayon.

Die Rückbenennung der Stadt Breschnjew kostete viel Geld. Allein die Namensänderung der Ortsschilder und Hinweistafeln im Einzugsgebiet der Stadt, so rechnete die Bürgermeisterin Wera Osijetrina in der *Literaturnaja Gaseta* vor, hätten 200.000 Rubel verschlungen. Die gesamte Aktion der Namensänderung in allen Dienststellen, vom Briefpapier bis zu den Pässen der Einwohner, wurde mit umgerechnet fast einer Million Rubel angegeben. Wenig später reichten zahlreiche Seeleute und Veteranen der Marine bei der Armeezeitung *Krasnaja Swesda* („Roter Stern") ihre Beschwerde ein. Sie wollten nicht länger auf einem sowjetischen Kriegsschiff namens Breschnjew Dienst tun. Das Schiff erhielt daraufhin den unverfänglichen Namen der georgischen Hauptstadt Tiflis (georg. Tbilissi). Auch das größte Wasserkraftwerk der Sowjetunion, Nurek in Tadschikistan, durfte den Namen Breschnjew wieder ablegen.

Für die Hauptstadt Moskau war eine Sonderregelung erlassen worden. In einer Liste wurden Hunderte von Straßen und Plätze erfasst, deren Namen nicht mehr verändert werden dürfen. Vor allem in der Stalin-Zeit waren die meisten altrussischen Bezeichnungen durch fortschrittsverheißende Begriffe ersetzt worden. Man wohnte seither in der »Straße der Elektrizität« oder fuhr mit der U-Bahn bis zur »Station der Kolchosbäuerin«. Die berühmte Moskauer Pracht- und Einkaufsmeile Gorki-Straße (1932 nach dem russischen Schriftsteller Maxim Gorki benannt) erhielt 1990 ihren historischen Namen Twerskaja-Straße zurück.

Noch vor den spektakulären Namenswandel hatten die Hauptstadtbewohner der kleinen Udmurtischen Autonomen Republik Erfolg. Mit Protesten und Demonstrationen erreichten sie, dass die Umbenennung ihrer Stadt Ischewsk wieder rückgängig gemacht wurde. Sie hatte nach dem Tod von Verteidigungsminister Dmitri Ustinow (1908-1984) dessen Namen erhalten.

Etwa zwanzig Städte wurden von den Fachleuten für Ortsnamenskunde auf dem ersten sowjetischen Kongress für Toponomastik (Namenskunde) 1989 für eine Rückbenennung vorgeschlagen. Aus Kalinin, benannt nach dem nominellen Staatsoberhaupt der Sowjetunion 1919 bis 1946, wurde wieder Twer; aus Kuibyschew, benannt nach einem Spitzenpolitiker der Stalin-Zeit, wurde wieder Samara.

Die neue Identität durch alte Namen konnte teilweise erst nach langem Ringen erreicht werden. Nach einer Umfrage hatten sich zwar 90 Prozent aller Einwohner von Gorki dafür ausgesprochen, ihrer Stadt den alten Namen Nischni Nowgorod wiederzugeben. Der Stadtname nach dem Schriftstellerpseudonym Maxim Gorki (eigentlich: Alexej Maximowitsch Peschkow) war in den Jahren 1980 bis 1986 besonders als Verbannungsort für den angesehenen Bürgerrechtler und Friedensnobelpreisträger Andrej Sacharow bekanntgeworden. Nachdem der Stadtrat aber vorgerechnet hatte, dass eine Umbenennung angeblich fast 60 Millionen Rubel kosten würde, stellte man den örtlichen Vertretern in einer werbewirksamen Öffentlichkeitskampagne zur Wahl, entweder den Namen der Stadt zu ändern oder mit dem Geld lieber den Neubau eines dringend benötigten Wohnviertels zu finanzieren. Neubau statt Rückbenennung war das Resultat, über das sich im nachhinein viele Bürger der Stadt Gorki geärgert haben. Denn in der kritischen Wochenzeitung *Moskowskije Nowosti* mussten sie lesen, dass die Umbenennung von Gorki in Nischni Nowgorod höchstens 500.000 Rubel gekostet hätte. Im Frühjahr 1990 einigte man sich schließlich doch auf eine Rückbenennung der Stadt.

Im Eifer der revolutionären Namensgebung wurden die Helden nicht nur einmal, sondern gleich mehrfach geehrt: 140-mal war nach den Angaben des sowjetischen Kulturfonds der Name von Walerian Kuibyschew, Politbüromitglied zur Stalinzeit, in verschiedenen Varianten als Ortsname vergeben worden. Noch vielfältiger war die Auswahl bei den Benennungen nach dem Staatsgründer Lenin, der zahllosen Straßen, Plätzen, Hochschulen, Fabriken, Kolchosen, Theatern, Kindergärten ebenso seinen Namen lieh wie Städten, Gemeinden und Siedlungen in allen Sowjetrepubliken, die ihn mit den landesüblichen Suffixen versehen haben und von denen nicht alle wieder umbenannt worden sind:[149]

- Leningrad (bis 1914 St. Petersburg, 1914-1924 Petrograd, ab 1924 Leningrad, ab 1991 wieder St. Petersburg)

- Leninkent (Dagestan, Russland)

- Leninabad (bis 1936 und ab 1992 wieder Chudschand, Tadschikistan)

- Leninakan (bis 1924 Alexandropol, ab 1992 Gjumri, Armenien)

- Leninaul (bis 1944 Aktasch-Auch, bis 1962 Stalinaul, Dagestan, Russland)

---

[149] Die Angaben entstammen einer Recherche mit Hilfe der russischen Suchmaschine yandex.ru [Stadtname russisch].

- Leninawan (Gebiet Rostov, Russland)
- Lenin-Dschol (Kirgisistan)
- Leningori (bis 1934 Achlgor, Südossetien, Georgien),
- Leninpol (ab 1882 Nikolajpol/Nikoljtal, ab 2001 Bakaj-Ata, Kirgisistan)
- Leninsk-Kusnezki (bis 1922 Koltschugino, bis 1925 Lenino, Gebiet Kemerowo, Russland)

Auch die zweifache Verwendung desselben Ortsnamens war nicht selten wie Leninogorsk (bis 1955 Nowaja Pismjanka) in der Tatarischen Autonomen Republik (Russland) und Leninogorsk (bis 1941 und ab 2002 Ridder) in Kasachstan.

Doch mit Umbenennungen allein hatten die politischen Spuren in der sowjetischen Toponomastik nicht beseitigt werden können. Dies erlebte jeder, der mit einem sowjetischen Stadtplan unterwegs war. Wenn Ausländer ihren Moskauer Bekannten eine besondere Freude machen wollten, dann schenkten sie ihnen einen Stadtplan der sowjetischen Hauptstadt, und zwar einen, der in Washington, Paris oder München gedruckt worden war. Denn diese Stadtpläne waren um etliches genauer als jene schematischen Darstellungen, die man an einem Straßenkiosk in Moskau hatte erwerben können. Böse Zungen in Moskau empfahlen jedem, der vergeblich eine Straße suchte, er solle am besten in der amerikanischen Botschaft anrufen. Denn die CIA hatte angeblich den genauesten Plan der sowjetischen Hauptstadt.

Eine Ortsbezeichnung tauchte in Moskau in vielen, wiederholenden Varianten auf. Damit sollte an den „Großen Oktober", also an die Oktoberrevolution erinnert werden. So gab es:[150]

- Oktjabrskaja ploschtschad (Oktoberplatz)
- Oktjabrskaja uliza (Oktoberstraße)

---

[150] Siehe *Moscow. Citymap*. Falk Plan. Hamburg ¹¹1987, Straßenverzeichnis S. 35 sowie Numerierte Straßen S. 43.

- Oktjabrskij pereulok (Oktobergasse)
- Uliza 10-letija Oktjabrja (Straße des 10. Oktoberjahrestages)
- Uliza 25-ogo Oktjabrja (Straße des 25. Oktober)
- Prospekt 40-let Oktjabrja (Prospekt 40 Jahre Oktober)
- Ploschtschad 50-letija Oktjabrja (Platz des 50. Oktoberjahrestages)
- Uliza 60-letija Oktjabrja (Straße des 60. Oktoberjahrestages)

Auf der verzweifelten Suche nach Nebenstraßen und Gebäuden war der Reisende jedenfalls immer schlecht beraten, wenn er sich an der sowjetischen Kartografie hatte orientieren wollen. [151] Berühmte Kirchen und Gebäude fehlten schlicht, viele kleine Gassen und Nebenstraßen blieben unberücksichtigt. Die Maßstäbe waren schwankend. Am schlimmsten war es in der Provinz. Laut Stadtplan schien mancher Ort nur aus einem Lenin-Platz, einem Lenin-Prospekt, einer Lenin-Straße, einer Lenin-Gasse, dem Parteigebäude und dem Palast der Pioniere bestanden zu haben. Und Autoatlanten wiesen nur den Weg über Hauptstraßen weiter, ohne Detailkenntnisse von Nebenstraßen oder gar von der Landesstruktur preiszugeben.

„Eine Atmosphäre des Misstrauens und der Spionagemanie" nannte 1988 der Chef der Hauptverwaltung für Geodäsie und Kartografie, Wiktor Jaschenko (geb. 1935), als Grund dafür, dass man in der Sowjetunion auf präzise Angaben jahrzehntelang bewusst verzichtet hatte. Die Wurzeln reichten in die Stalin-Zeit zurück, als man Landkarten und Stadtpläne bewusst zu verfälschen begann, damit der allseits bekämpfte Volksfeind nicht mit dem Zentimetermaß genau

---

[151] Vgl. die sowjetischen Publikationen für deutsche Touristen: Sadworny, Leonid: *Im Auto durch die Sowjetunion. Reiseführer.* [Verlag Progress] Moskau 1980. Dubinskaja, Lydia: *Die Sowjetunion. Ein Handbuch für Touristen.* [Raduga-Verlag] Moskau 1985.

nachmessen konnte, wie lang die Ausfallstraßen der Städte waren oder welche Lage die Ministerien und Ämter der Hauptstadt hatten.

Das Amt für die Erstellung der Karten war Ende der dreißiger Jahre an den Staatssicherheitsdienst NKWD, den Vorläufer des KGB, angegliedert worden. „Fachleute hörten auf die Befehle und waren genötigt, Objekte zu entfernen und Standorte zu verändern", beschrieb der Chefkartograf in einem Gespräch mit der Regierungszeitung *Iswestija* die damalige Situation. Der Tod Stalins hatte an diesen Praktiken bis in die achtziger Jahre nichts geändert. „Wir bekamen zahlreiche Beschwerden. Die Leute erkannten ihre Heimat nicht mehr wieder, Touristen mühten sich vergeblich um die richtige Orientierung", hieß es in diesem Gespräch. Selbst Karten mit einem Maßstab von 1:2,5 Millionen wurden dermaßen stark verändert, dass nicht nur Häuser falsch eingezeichnet, sondern ganze Stadtbezirke versetzt, Straßen und Flüsse verlegt waren.

Glasnost ermöglichte, dass Geheimhaltung (mit wenigen Ausnahmen von militärischer Bedeutung) und absichtliche Verzerrungen für die Landkarten aufgehoben wurden. Das Großprojekt der neuen Kartografie umfasste zwar die Herausgabe von 240.000 Einzelblättern, auf denen alle politisch-administrativen und geografischen Details im Maßstab 1:25.000 der damaligen Sowjetunion festgehalten wurden, allerdings wieder nur für den Dienstgebrauch. Dagegen konnten seit 1989 bereits vorhandene, korrekte Karten erscheinen, die bis dahin unter Verschluss gehalten worden waren.

# Klassiker als Wertanlage

Büchernarren in der Sowjetunion hatten sich von nichts abschrecken lassen, schon gar nicht von horrenden Preisen, die auf dem Schwarzmarkt für ihre Lieblingswerke verlangt wurden. Obwohl die Sowjetunion das Land mit der größten Buchproduktion war, stimmten Angebot und Nachfrage auf diesem Sektor nicht überein. Wer im Buchladen russische Klassiker suchte, fand stattdessen meterweise Politbroschüren, die kein Mensch kaufen wollte.

Vom jüngsten mittelasiatischen Baby bis zum neunzigjährigen Dorfbewohner im Kaukasus hatte jeder Sowjetbürger fast 150 Bücher zu Hause im Regal stehen. Das jedenfalls sagte die Statistik, welche die gigantische Summe von über vierzig Milliarden Büchern im Privatbesitz der Sowjetbürger auswies. Bücher wurden in Millionenauflagen gedruckt, waren vergleichsweise spottbillig, und dennoch ließ sich der Markt nicht sättigen. Einer alten Gepflogenheit zufolge begann eine Konversation zwischen zwei Russen früher häufig mit der neugierigen Frage: Was liest du gerade? Oder: Was gibt es Neues auf dem Buchmarkt? Auch das Fernsehen führte mit einer Fülle literarischer Verfilmungen, mit Diskussionen über Literatur und regelmäßigen Gedächtnissendungen zu den Geburtstagen bedeutender Autoren seine Zuschauer zum Buch zurück. Weit über die russische Nation hinaus gehörte es zur Allgemeinbildung, dass man mit den Klassikern der russischen Sprache vertraut war.

Die wohl berühmteste Subskription wurde in der Sowjetunion dem Gesamtwerk von Alexander Puschkin (1799-1837) gewidmet. Für eine Neuausgabe des stets vergriffenen

Klassikers waren von der lesewütigen Bevölkerung 10,7 Millionen Vorbestellungen eingegangen. Um dem Ansturm gerecht zu werden, musste das Staatliche Komitee für Verlagswesen sogar ausländische Druckereien bemühen. In der Regel ließen sowjetische Verlage nur anspruchsvolle Kunstdrucke im Ausland anfertigen, die meist gegen harte Devisen an zahlungskräftige Touristen in besonderen Geschäften verkauft wurden. Auf diesem Gebiet wurde der Mangel an guten Büchern unter Sowjetbürgern am deutlichsten spürbar. Für Bildbände in der Qualität italienischer, französischer oder deutscher Farbtiefdrucke hatte man auf dem Schwarzmarkt Liebhaberpreise bezahlt, von denen westliche Verleger nicht einmal zu träumen wagten.[152]

Kein Wunder also, dass sich in einer Seitenstraße des Moskauer Stadtzentrums ein „freier Markt" gebildet hatte. Pralle Aktentaschen, dickleibige Plastiktüten und Gespräche im Flüsterton zwischen Zufallsbekanntschaften waren die Erkennungszeichen am *Kusnetzki Most*, dem Ort des Schwarzhandels. Die Bücher, die dort den Besitzer wechselten, hatten alle einen staatlichen Preisaufdruck. Romane und Enzyklopädien, Bildbände und technische Literatur – alles kostete offiziell nur wenige Rubel. Doch hier am *Kusnetzki Most* musste man bis zu einem halben Monatsgehalt berappen, zahlte also das Zwanzig- bis Dreißigfache für Fjodor Dostojewski (1821-1881) oder Lew Tolstoi (1828-1910), früher sogar noch mehr für Exilautoren wie Alexander Solschenizyn (1918-2008) oder Wladimir Nabokov (1899-1977). Zu Zeiten vor Glasnost hatte der Roman *Lolita* von Wladimir Nabokov auf dem Schwarzmarkt 150 Rubel erbracht; und *Doktor Schiwago* von Boris Pasternak (1890-1960) kostete an die 200 Rubel, also jeweils ein mittleres bis gutes Monats-

---

[152] Die Entwicklung der bildenden Kunst und Malerei in der Reformperiode werden in diesem Buch nicht mit behandelt. Vgl. dazu Riese, Hans-Peter: *Von der Avantgarde in den Untergrund. Texte zur russischen Kunst 1968-2006.* Köln 2009.

174

gehalt. Seit diese Autoren in der Sowjetunion rehabilitiert und ihre Werke wieder gedruckt wurden, waren die Preise für deren Bücher deutlich gefallen.

Dem Reporter des *Moskowski Komsomolez*, einer Moskauer Stadtzeitung, war es gelungen, einem Schwarzhändler sein Geheimnis zu entlocken. Der 25-jährige Boris erzählte, dass er praktisch in allen Republiken des Landes Kontaktleute sitzen habe, die für ihn – gegen Bezahlung natürlich – die wichtigsten defizitären Neuerscheinungen aufkauften und nach Moskau schickten. Dort wurden die Bücher zu überhöhten Preisen umgesetzt. Andere Titel stammten aus Bibliotheken. Wer ein Buch auslieh und es als verloren meldete, musste das Fünffache des Originalpreises als Strafe bezahlen – ein Spottgeld gemessen an dem Gewinn, den man auf dem Schwarzmarkt beim Weiterverkauf erzielen konnte. Die sowjetische Presse hatte immer wieder originelle Schiebereien auf dem Buchmarkt aufgedeckt. Denn Bücher wurden wie eine Wertanlage gesammelt und gepflegt.

Es gab ständig neue Versuche, dem Dauermangel an Literatur abzuhelfen. Der Schriftsteller Jewgeni Jewtuschenko (1932-2017), bekannt für kecke Aufsässigkeit, hatte gar das Abholzen ganzer Wälder für ungelesene Politbroschüren als „Verbrechen" bezeichnet und verlangte, dass die Bäume vermehrt der Literatur zugutekommen.

Jahrelang hatten sich die Büchernarren in der Sowjetunion mit Altpapier behelfen können. Wer zwanzig Kilogramm Altpapier an einer Sammelstelle abgab, erhielt einen Gutschein, den er für das Abonnement einer Neuerscheinung eintauschen konnte. Sobald er aus einem Aushang, aus der Presse oder Funk und Fernsehen erfahren hatte, dass das neue Buch auf dem Markt kam, konnte er sich mit seinem Abonnement-Gutschein das gewünschte Werk abholen, gegen Bezahlung natürlich. Denn mit seiner Umtauschaktion – Altpapier gegen Gutschein – hatte sich der Käufer nur das Anrecht auf den Erwerb des Buches gesichert.

Jährlich erschienen in der Sowjetunion etwa 80.000 neue Titel mit einer Gesamtauflage von zwei Milliarden Exemplaren. Diese Bücher verteilten sich freilich auf etwa neunzig Sprachen der Sowjetvölker.

Erstaunlich wirkte in der Sowjetzeit für westliche Besucher, dass unter russischen Lesern Gedichte sehr beliebt waren – und heute immer noch sind. Rezitationsabende im Fernsehen, bei denen eine Stunde lang Gedichte vorgetragen wurden, hätte man in westlichen Medien kaum anbieten können. Allerdings hatte auch die Sowjetunion ihre „Konsaliks", populäre Massenschriftsteller, die als spannende Unterhaltungsautoren mit dokumentarisch-kriminalistischen oder historischen Themen Millionenauflagen erreichten wie Julian Semjonow (1931-1993) oder Walentin Pikul (1928-1990). Sehr beliebt waren schon damals Science-Fiction Romane, besonders von den Gebrüdern Arkadi Strugatzki (1925-1991) und Boris (1933-2012) Strugatzki, die auch fast alle ins Deutsche übersetzt worden sind.

Eine völlig neue Qualität erhielt der Buchmarkt mit Beginn von Glasnost.[153] Zahlreiche Schriftsteller holten ihre „Schubladenliteratur" hervor, Bücher, die sie nicht zu veröffentlichen wagten oder die sie nicht veröffentlichen durften, wie der Roman von Anatoli Rybakow (1911-1998) *Kinder des Arbat*[154], der sich mit der Aufarbeitung persönlicher Schicksale während der Stalin-Zeit befasst hat. Dasselbe galt auch für die Romane *Die weißen Gewänder*[155] von Wladimir Dudinzew (1918-1988) und *Die Ernennung*[156] von Alexander Bek

---

[153] Vgl. Hilscher, Karla: *Der neue Frühling in Literatur und Kunst.* In: Mommsen, Margarete; Schröder, Hans-Henning (Hrsg.): *Gorbatschows Revolution von oben. Dynamik und Widerstände im Reformprozeß der UdSSR.* Frankfurt am Main, Berlin 1987, S. 31-51.
[154] Deutsche Übersetzung von Juri Elperin, Köln 1990.
[155] Deutsche Übersetzung von Erich Ahrndt und Ingeborg Schröder, Berlin 1990.
[156] Deutsche Übersetzung von Helga Gutsche, Berlin 1988.

(1903-1972). Doch nicht nur Literaten, sondern auch Literaturwissenschaftler waren geächtet worden, wenn sie sich mit der so genannten Dissidentenliteratur befasst hatten.[157]

Einer der symbolträchtigsten Schritte in der Perestrojka war die volle Rehabilitierung von Boris Pasternak (1890-1960). Seit seinem Tod verging kein Jahrestag, an dem sich seine Verehrer nicht zu Lesungen an seinem Grab in Peredelkino, der Künstlersiedlung westlich von Moskau, getroffen hatten. Denn trotz übelster Hetzkampagnen gegen den Autor in der Chruschtschow-Zeit und trotz seines Ausschlusses aus dem Schriftstellerverband konnte sein literarischer Ruhm vornehmlich als Lyriker nicht geschmälert werden. Auf dem 8. Schriftstellerkongress 1986, also ein Jahr nach dem eher zaghaften Beginn der neuen Transparenz von Glasnost, hatte Jewgeni Jewtuschenko als Wortführer einer kleinen Gruppe den ersten öffentlichen Vorstoß zugunsten Pasternaks gemacht: „Erlauben Sie mir, dem Präsidium einen an den Kongress gerichteten, von vierzig Delegierten unterschriebenen Brief zu übergeben, in dem wir unsere Sorge darüber ausdrücken, wir könnten zum hundertsten Geburtstag von Boris Pasternak 1990 mit leeren Händen, ohne ein Museum in seinem Haus, dastehen, was uns zur Schande gereichen würde.“[158]

Die posthume Umwandlung eines ehemaligen Wohnsitzes in ein Museum erhob einen Schriftsteller in der Sowjetunion gewissermaßen in den Dichteradel. Bald darauf wurde auch Pasternak wieder postum in den Schriftstellerverband aufgenommen und sein Roman *Doktor Schiwago* veröffentlicht.

---

[157] Vgl. Etkind, Efim: *Unblutige Hinrichtung. Warum ich die Sowjetunion verlassen musste.* München 1978.

[158] Vgl. den Quellenband zum 8. Schriftstellerkongress 1986 mit zahlreichen wörtlichen Beiträgen unter dem Titel *Literatur und Perestrojka. Die Diskussion auf dem Sowjetischen Schriftstellerkongress.* Köln 1987; hier: Jewgeni Jewtuschenko, S. 150-153.

Die größte Rolle bei der Rehabilitierung der verfemten Literatur wie auch der Exilliteratur hatte die Rückbesinnung auf das kulturelle Erbe[159] gespielt, das mit politischen Repressionen der Bevölkerung vorenthalten worden war. Ein russischer Durchschnittsbürger kannte bis zum Beginn der neuen Offenheit kaum den Namen Nikolaj Gumiljow (1886-1921), einen der begabtesten russischen Lyriker. Er war geächtet, seit er als angeblicher Konterrevolutionär erschossen worden war. Seit Glasnost feierte die sowjetische Presse seinen Namen als Symbol der Größe russischer Dichtkunst.

Auch Josef Brodsky (1940-1996), Nobelpreisträger für Literatur, war seit seiner Exilierung 1973 in der Sowjetunion nicht mehr veröffentlicht worden. Seine Gedichte kursierten im Untergrund als Samisdat-Ausgaben, wurden im verbotenen Selbstverlag verbreitet. Im Zuge der Perestrojka bereitete die angesehene Literaturzeitschrift *Nowyj Mir* eine Veröffentlichung seiner wichtigsten Werke vor.[160]

Die Öffentlichkeit nahm lebhaften Anteil an der Wiederentdeckung der verfemten Literatur. In einem Leserbrief an die Zeitschrift *Ogonjok*, die sich besonders engagiert und kritisch mit der Vergangenheitsbewältigung beschäftigte, wurde sogar gefordert, diejenigen zur Rechenschaft zu ziehen, die in den sechziger Jahren den Schriftsteller Wassili Grossman (1905-1964) verfolgt und sämtliche Exemplare seines Romans *Leben und Schicksal* über die Stalin-Zeit beschlagnahmt hatten.

Andere Autoren, die geächtet im Exil gestorben sind, wurden mit Sammelbänden geehrt wie Vladimir Nabokov und Jewgeni Samjatin (1884-1937). Samjatin hatte 1927 einen

---

[159] Vgl. Iwanow, Wjatscheslaw: *Die wiedererstehende Kultur*. In: Afanassjew, Juri (Hrsg.): *Es gibt keine Alternative zur Perestrojka. Glasnost, Demokratie, Sozialismus*. Nördlingen 1988, S. 677-688.
[160] Vgl. Kasack, Wolfgang: *Auswirkungen der Perestrojka im Bereich der russischen Lyrik*. In: Reißner, Eberhard (Hrsg.): *Perestrojka und Literatur*. Berlin 1990, S. 220-243.

Roman mit dem Titel *Wir* geschrieben, der die erschreckende Vision eines totalitären Staates aufzeigte, ein prophetischer Vorgriff auf die Stalin-Zeit.

Die zäheste Auseinandersetzung zwischen politischer Macht und literarischer Aufrichtigkeit spielte sich jedoch im Fall von Alexander Solschenizyn ab. Ein typisches Beispiel dafür war 1988 eine Diskussion im sowjetischen Fernsehen über die stalinistischen Lager. Eine alte Frau, die jahrelang als Häftling unter Stalin gelitten hatte, saß als Gast in der Sendung. Zuschauer konnten im Studio oder per Telefon ihre Fragen an sie richten. Da passierte in der Live-Sendung eine „Panne“: Ein junges Mädchen fragte unverblümt, ob die Lagerhaft wirklich so schlimm gewesen sei, wie es Alexander Solschenizyn in seinem Buch *Archipel Gulag* geschildert habe. Noch ehe die Antwort kam, griff der Moderator ein: „Wir können auf diese Frage nicht antworten“, meinte er, „denn wir kennen dieses Buch nicht. Es ist bei uns nicht erschienen.“

Tatsächlich war bis dahin das Buch in der Sowjetunion noch nicht erschienen, dennoch kannten viele Sowjetbürger den Inhalt. Als private Abschrift kursierte es ebenso wie in der russischsprachigen Exilausgabe im sowjetischen Untergrund. Die Preise dafür bewegten sich in der Höhe eines durchschnittlichen Monatsgehalts.

Wenn es nach dem damaligen Chefideologen der Sowjetunion, Wadim Medwedew, gegangen wäre, dann wäre Solschenizyns Buch über die stalinistischen Schreckenslager nicht erschienen. „Die Werke von Solschenizyn zu veröffentlichen“, so meinte Medwedew (geb. 1929) auf einer internationalen Pressekonferenz, „ist gleichbedeutend mit der Unterminierung der Grundlagen, auf welchen unser heutiges Leben ruht.“ Nach diesem Urteil beziehe Solschenizyn in seinem Werk „Positionen, die unserer gesellschaftspolitischen Ordnung, unserer Weltanschauung, dem Verhalten zu unserer Geschichte und unserer Revolution grundsätzlich widersprechen".

Im Gegensatz zu dieser scharfen Ablehnung Solschenizyns stand die Debatte um die Teilveröffentlichung seiner Werke in der Literaturzeitschrift *Nowyj Mir*. Deren engagierter Chefredakteur Sergej Salygin hatte sich gegen vehementen Widerstand aus den Reihen der Kultur- und Parteibürokratie dafür eingesetzt, mit der Publikation von Solschenizyns geächteten Büchern wenigstens zu beginnen.

Dass Alexander Solschenizyn seit seiner Ausbürgerung 1974 in der Sowjetunion nie an Anziehungskraft verloren hatte, zeigte eine öffentliche Diskussion, die im Spätsommer 1988 um den Schriftsteller einsetzte und erstaunliche Bekenntnisse hervorrief. Sein Schriftstellerkollege Wjatscheslaw Kondratjew (1920-1993) forderte in einer Stellungnahme der wöchentlich erscheinenden Zeitschrift *Knischnoe Obosrenie* („Bücherumschau") im Herbst 1988: „Russland und wir alle brauchen Solschenizyn nicht nur als Schriftsteller von gewaltigem Talent, sondern auch als Persönlichkeit. Es gibt zurzeit in Russland keinen Schriftsteller von diesem Niveau."

In einer anderen Zuschrift urteilte ein gewisser B. Fajnerman: „Wenn schon jemand des ‚Antisowjetismus' beschuldigt werden muss, dann nicht Solschenizyn, sondern jene, die den weltbekannten Landsmann mit Schmutz beworfen haben." Ein Literaturkritiker bezeichnete die Aberkennung von Solschenizyns Staatsbürgerschaft als eine „gesetzwidrige und verfassungsfeindliche Tat". Und in einem flehentlichen Aufruf schrieb ein leitender wissenschaftlicher Mitarbeiter beim Geschichtsinstitut der Akademie der Wissenschaften: „Verzeihen Sie uns, teurer Alexander Issajewitsch, dass wir seinerzeit nicht für Sie eingetreten sind, dass wir jene Scheußlichkeiten als etwas Unvermeidliches hingenommen haben, die über Sie geschrieben wurden, ebenso wie Ihre Ausweisung aus dem Vaterland. Wir denken an Sie und lieben Sie. Und wir erwarten Sie zu Hause."

Diese öffentliche Diskussion um Solschenizyn war – damals weitgehend unbemerkt – auf einem Leseabend in der ostsibirischen Stadt Irkutsk eingeleitet worden. Später strahlte das Fernsehen eine Aufzeichnung dieser Veranstaltung aus. Bei diesem Treffen schilderte der Schriftsteller Wiktor Astafjew (1924-2001), wie er auf dem russischen Emigrantenfriedhof von Sainte-Geneviève-des-Bois bei Paris vor dem Grab des Literaturnobelpreisträgers Iwan Bunin (1870-1953) um Verzeihung gebeten habe für das, was ihm seine russische Heimat mit der Vertreibung angetan hatte. Und so könne es kommen, fuhr Astafjew fort, dass er dereinst auch am Grab von Solschenizyn um Verzeihung bitten müsse.

In einem ausführlichen Artikel informierte *Knischnoe Obosrenie* als erste offiziell ihre Leser über das gesamte literarische Werk von Solschenizyn. Nach dessen Ausbürgerung am 14. Februar 1974, so erfuhren sie dabei, waren sämtliche Exemplare der in der Sowjetunion erschienenen Bücher des Autors aus den Bibliotheken entfernt und verbrannt worden. Die Zeitschrift zitierte dann den Brief Solschenizyns an das Sekretariat des Schriftstellerverbandes aus dem Jahr 1969, in dem es prophetisch heißt: „Glasnost, ehrliche und vollständige Glasnost – darin besteht die Bedingung für die Gesundung jeglicher Gesellschaft – auch unserer Gesellschaft. Wer in unserem Land keine Glasnost will, dem ist das Schicksal des Vaterlandes gleichgültig."[161]

Der Umbruch in der Literatur fand seinen Niederschlag auch im Theaterleben.[162] Lange verbotene Stücke wie *Das Hundeherz* von Michail Bulgakow – eine Parabel auf den

---

[161] Erst später wurde bekannt, dass bereits 1971 der Geheimdienst KGB ein Giftattentat auf Solschenyzin verübt hatte, das zu einer schweren Erkrankung geführt hat. Vgl. https://de.wikipedia.org/wiki/ Alexander_Issajewitsch_Solschenizyn (Aufruf 25. August 2020).
[162] Vgl. Norbert, Franz: *Theater im Wandel. Etappen und Resultate einer Perestrojka.* In: Reißner, Eberhard (Hrsg.): *Perestrojka und Literatur.* Berlin 1990, S. 88-103.

„neuen" sowjetischen Menschen – wurde 1987 erstmals in Moskau aufgeführt. Das war mehr als ein halbes Jahrhundert nach der Entstehung dieses Werkes.

Im August 1990 machte Michail Gorbatschow die Aberkennung von Staatsbürgerschaften rückgängig, von der außer Solschenizyn auch Josef Brodsky, Lew Kopelew (1912-1997) und Wladimir Woinowitsch (1932-2018) betroffen waren. Solschenizyn lehnte die Rückkehr zunächst jedoch ab, solange sich die Sowjetunion nicht bei ihm entschuldige. Gleichzeitig veröffentlichte er in der Sowjetunion ein Manifest, in dem der slawophile Solschenizyn die Bildung einer „russischen Union" forderte, die auch Belarus (Weißrussland), die Ukraine („Kleinrussland") und die nördlichen Teile von Kasachstan umfassen solle. Von den übrigen nichtslawischen Völkern müsse sich Russland trennen. Michail Gorbatschow nannte diesen Vorschlag wirklichkeitsfremd, betonte aber, Solschenizyn sei „zweifellos ein großer Mann".

Erst nach dem Zerfall der Sowjetunion kehrte Solschenizyn 1994 nach Russland zurück und wurde als heftiger Kritiker der USA – wo Solschenizyn seine Exiljahre verbracht hatte – und als Bewahrer russischer Kultur[163] vom späteren Präsidenten Wladimir Putin bis zu seinem Tod 2008 hofiert.

---

[163] In diesem Zusammenhang wurden gegen Solschenizyn Vorwürfe laut, er pflege antisemitische Haltungen in seinem Geschichtsbild. Er hat sich dazu selbst geäußert. Vgl. Adler, Sabine: *Alexander Sloschenyzin und der Antisemitismusverdacht. Der Schriftsteller und die Stimmen seiner Kritiker.* In: https://www.deutschlandfunk.de/alexander-solschenizyn-und-der-antisemitismusverdacht.691.de.html?dram:article_id=47476 (Aufruf 26. Juni 2020). Vgl. auch Hielscher, Karla: *Verschwörung gegen das russische Volk? Nationalismus und Antisemitismus in Literatur und Publizistik der Perestrojka-Periode.* In: Reißner, Eberhard (Hrsg.): *Perestrojka und Literatur.* Berlin 1990, S. 190-204.

# Renaissance der Religion

Ein Strahl der Mittagssonne drang durch die kleinen Fenster der orthodoxen Kirche „Entschlafung der allerheiligsten Gottesmutter" im Zentrum Moskaus, in der Zeitungsgasse, unweit der hektischen Gorki-Straße, die heute wieder Twerskaja heißt. Wie sprühende Funken reflektierte der goldfarbene Innenschmuck der Kirche das einfallende Licht. Der Priester vor dem Altar erflehte den Beistand des Himmels für Alexander und Irina. Beide waren etwa zwanzig Jahre alt. Irina trug ein weißes Brautkleid, Alexander einen grauen Anzug. Sie ließen sich kirchlich trauen. Während der heiligen Handlung hielten zwei Trauzeugen die geweihten Kronen über die Köpfe des Brautpaares. Zum Abschluss der Feier wandte sich der Priester mit einigen persönlichen Worten an die jungen Eheleute: „Ihr sollt unbedingt weiter die Kirche besuchen. Denn wer getauft ist, soll in Gottes Haus kommen. Die Kirche ist der Ort, an dem sich der Mensch mit Gott vereint. Ihr sollt auch beichten, und nicht nur mit Worten, sondern ebenso durch eure Taten sollt ihr Christen sein. Ihr sollt gemeinsam zu Hause beten und zusammenhalten. Denn von der Trauung an wird euer weiteres Leben gemeinsam verlaufen. Jetzt küsst die Ikone der Gottesmutter, damit sie euer gemeinsames Leben segnen möge auf viele Jahre. Gebe Gott euch Gesundheit, Glück und ein langes Leben."

Der Priester schloss mit dem Segensgruß: *Christos woskrese* „Christus ist erstanden", die kleine Gemeinde antwortete: *Wo istinu woskrese* „Er ist wahrhaft auferstanden."

Alexander und Irina waren am Ende der Sowjetzeit nicht das einzige Brautpaar an diesem Sonntag. Zwei weitere Hochzeiten folgten. Und am Vormittag waren fast ein Dutzend Säuglinge getauft worden. Die Kirche hatte bereits seit den 1980er Jahren eine deutlich steigende Tendenz so genannter Kulthandlungen – das war der sowjetische Sammelbegriff für Taufe, Hochzeit und Beerdigung –, die immer einem staatlichen Rat für religiöse Angelegenheiten gemeldet werden mussten. In der sowjetischen Hauptstadt wurde nach kirchlichen Angaben 1988 bereits jedes dritte Kind getauft. Auf dem Land lag dieser Prozentsatz angeblich noch bedeutend höher. 1986 hatte der Staat die Registrierpflicht abgeschafft. Wer sein Kind zur Taufe brachte, musste nicht mehr den Pass vorlegen und ebenso wenig damit rechnen, dass der kirchliche Akt einer staatlichen Behörde weitergemeldet wird. In dieser Situation war das Thema Religion auch Gegenstand der öffentlichen Diskussion geworden.[164]

Wichtigster Treffpunkt für Debattierclubs, gewissermaßen der Moskauer Hydepark, war und ist der Puschkin-Platz, gut ein Kilometer nordwestlich vom Roten Platz. Religion war am Ende der Sowjetzeit dort ein beliebtes Thema. Ein Mann, Mitte vierzig, warb für Toleranz: „Zweifellos hat die Kirche eine große Bedeutung für die Gesellschaft. Wir sind ja alle mehr oder weniger Christen, wir sind bemüht, uns an die christlichen Bräuche zu halten. Ob wir wollen oder nicht, wir richten uns nach einem religiösen Geist. An die Sitten jedenfalls halten wir uns. Wir taufen unsere Kinder. Meiner Meinung nach sind 99,9 Prozent getauft. Also praktisch alle taufen ihre Kinder. In meiner Erziehung gab es eigentlich gar keine religiösen Elemente. Aber Religion selbst lehnen wir nicht ab.“

---

[164] Vgl. Bessmertnyj, Andrej; Furman, Dmitrij: *Religion, Atheismus und Perestrojka.* In: Segbers, Klaus (Hrsg.): *Perestrojka. Zwischenbilanz.* Frankfurt am Main 1990, S. 220-229.

Zwei alte Frauen beteiligten sich lebhaft an der Diskussion. Sie beobachteten, dass vor allem junge Leute ein Interesse an Religion entwickelten: „Viele, viele junge Leute gehen jetzt in die Kirche, aber wie das zu erklären ist, weiß ich auch nicht." Und ihre Begleiterin fügte hinzu: „Wenn die Jugendlichen in die Kirchen gehen, dann heißt das nicht, dass sie an Gott glauben. Es ist einfach schön dort. Meine Tochter ist auch so. Und ich selbst liebe praktisch von Geburt an die Kirche. Hingehen, anschauen, sich ein bisschen besinnen. Man geht eben dorthin, um sich dort wohlzufühlen, sich in eine Ecke zu setzen."

Eine Gruppe Mädchen und Burschen hörte sich die Debatte an; sie gaben zunächst vor, dass sie mit Religion eigentlich nichts im Sinn hätten. Nun ja, schränkte ein Teenager ein, die Großmutter habe noch gedrängt, man möge sich taufen lassen. Und eine gute Freundin ginge zu allen Feiertagen in die Kirche. Das sei ihre private Angelegenheit, würde aber mit Respekt zur Kenntnis genommen. Nur im Komsomol, so meinte ein Bursche, könnte man nicht als Getaufter sein. Jedenfalls sei das früher so gewesen, fügte er hinzu. Und dann bestätigten die Mädchen, dass sie auf jeden Fall an Ostern zur großen Prozession gehen. Das gehöre einfach dazu.

Ein junger sowjetischer Journalist, der bei einer der populärsten Jugendzeitungen, dem *Moskowski Komsomolez*, arbeitete, beschäftigte sich mit diesem Phänomen der neuen Religiosität und kam zu der Schlussfolgerung:

„Ich bin persönlich zutiefst davon überzeugt, dass die Mehrheit der jungen Leute nicht an Gott glaubt. Aber sie gehen mehr oder weniger in die Kirche. Viele von ihnen sind getauft. Nicht nur solche Leute, die studieren, sondern auch Journalisten und Mitarbeiter des Komsomol und der Partei. Bei den Wehrpflichtigen deutet sich zum Beispiel jetzt der Pazifismus an. Ein Prozess, der schon lange anhält. Die Leute wollen nicht im Militär dienen. Man glaubt, dass das mit der Religion zu tun habe und die Religion einen solchen

Dienst verbietet und auch das Töten. Und im Zusammenhang mit Afghanistan hat sich das immer stärker gezeigt."

Bei genauem Nachfragen entpuppte sich der Hang zur neuen Religiosität[165] oft als Widerspruch zwischen traditionellem Glauben und einem zweifelhaften Hang zum Aberglauben, wie die authentische Aussage eines Betroffenen zeigte: „Immer mehr Leute, die getauft sind und in die Kirche gehen, insbesondere die im Komsomol oder der Partei aktiv sind, versuchen das natürlich zu verbergen. Es gibt darunter aber auch solche, die sich nicht fürchten. Sie tragen eine Kette mit einem silbernen oder goldenen Kreuz. Das wird als gutes Omen angesehen: Das Kreuz soll sie vor Unglück schützen. Sie wissen natürlich, dass dort im Himmel keiner sitzt. Dennoch findet sich so ein gewisser Glaube in das Schicksal. Sie glauben, dass das Kreuz ihnen hilft. Deshalb gehen sie in die Kirche. Deshalb lassen sie sich taufen."

Das Neujungfrauenkloster in Moskau war und ist für Touristen und Gläubige gleichermaßen ein prominenter Ort. Hier durften – im Gegensatz zu anderen Moskauer Kirchen – sonntags vor dem Gottesdienst 15 Minuten lang die Glocken geläutet werden. Während sich die vorwiegend alten Mütterchen in stiller Andacht über den Klosterhof zur Kirche schleppten, spuckte ein Bus nach dem anderen Touristen aus aller Herren Länder aus. Praktizierter Glaube als Museumsstück. Doch selbst Hunderte neugieriger Touristen konnten die Liturgie in der Kirche mit dem Gesang der Gläubigen nicht stören, in der Archiepiskop (Erzbischof) Grigori den Sonntagsgottesdienst las. Insgesamt fünfzehn Priester und Diakone assistierten ihm dabei. Die Liturgiesprache ist bis heute ein Kirchenrussisch, das nicht unbedingt von allen Gläubigen verstanden wird. Diese verlorengegangene Kenntnis der Bibelsprache und ihrer Inhalte hatte

---

[165] Vgl. Grotzky, Johannes: *Russlands religiöse Renaissance. Von der Gorbatschow-Zeit bis heute.* In: *Stimmen der Zeit* Nr. 5, 2014, S. 291-302.

unter sowjetischen Geisteswissenschaftlern zu einem heftigen Plädoyer geführt, endlich wieder genügend Bibeln in der Sowjetunion zu drucken.

Dmitri Lichatschow (1906-1999), der angesehenste Gelehrte für altrussische Literatur, engagierte sich im Zuge von Glasnost als einer der ersten öffentlich in einem Interview mit der Wochenzeitschrift *Ogonjok* für die Herausgabe der Bibel, „denn die Bibel ist der Schlüssel zur Kunst. Das heißt, unter Verhältnissen wie den jetzigen leiden nicht nur die Gläubigen, sondern auch die Atheisten. Wir erziehen zum Patriotismus, aber die reichhaltige altrussische Dichtung kennen wir nicht, zumal da sie ohne die Kenntnis der christlichen Problematik unzugänglich ist. Es bleibt nur zu hoffen, sofern wir uns nicht vor dem Dialog fürchten, dass wir diese Lage verbessern." Gleichzeitig beschwichtigte der Gelehrte alle diejenigen, die im Christentum eine Gefahr für den Bestand der Staatsideologie sehen, mit dem Argument: „Christentum ist keine Ideologie, weder eine bürgerliche noch eine sozialistische. Es ist vielmehr eine Weltanschauung und eine ethische Norm des Verhaltens im Alltag und im Leben."

Was heute zur Normalität in Russland gehört, die Debatte um Religion und Glauben, stellte 1988 in der Sowjetunion eine unerhörte Attacke auf bestehende Tabus dar.[166] Daraufhin entspann sich in der sowjetischen Presse, der diese Zitate entstammen, eine Auseinandersetzung, in die der Historiker Alexander Klibanow (1910-1994) mit der radikalen Formulierung eingriff: „Unser Staat ist kein atheistischer Staat. Er steht außerhalb der Religion." Schließlich verblüffte der Historiker seine Leser mit der Schlussfolgerung: „Nach Angaben der Kirche gibt es etwa dreißig Millionen orthodoxe Christen. Das bedeutet: Millionen Menschen haben religiöse Be-

---

[166] Vgl. Beljakova, Nadezhda; Bremer, Thomas; Kunter, Katharina: *"Es gibt keinen Gott!" : Kirchen und Kommunismus. Eine Konfliktgeschichte.* Freiburg, Basel, Wien 2016.

dürfnisse. Das heißt auch: Sie brauchen Kirchen, andere wieder brauchen Moscheen und religiöse Organisationen. Und das ist normal. Sehr schlecht ist hingegen die antireligiöse Propaganda, die Gläubige zum Feind gestempelt hat. Ich habe den Eindruck, dass mehr Leute in die Kirche eintreten, als aus ihr austreten. Der Grund dafür besteht in der Deformation der sozialistischen Lebensweise. Doch die Einheit unserer Gesellschaft beim Aufbau des Sozialismus ist viel wichtiger als die Einheit der Ansichten der Werktätigen zur Religion." Damit wurde schlicht das Gebot vom Tisch gewischt, im Sozialismus müssten die Werktätigen einheitlich zum wissenschaftlichen Atheismus erzogen werden.

Während in den Massenmedien die Beziehungen zwischen Staat und Kirche erörtert wurden, entdeckten Vertreter der Orthodoxie Berührungspunkte mit der Perestrojka, wie der damalige Metropolit Pitirim (1926-2003). Er fungierte  im Moskauer Patriarchat gewissermaßen als Außenminister fungierte und war beim KGB unter dem Decknamen *Abbat* (Abt) registriert: „Bei der Perestrojka, die sich bei uns gerade abspielt, geht es schließlich um die Frage der inneren Form des Menschen. Eine Perestrojka kann nicht ohne den Menschen stattfinden. Und dieser Mensch, seine geistige Sphäre und seine innere Harmonie, seine freundschaftliche Offenheit gegenüber anderen, das alles ist auch ein vorrangiges Anliegen der Kirche." [167]
Eine veraltete Gesetzgebung aus dem Jahr 1929, die im Jahr 1975 ergänzt worden war, schränkte die Tätigkeiten von Kirchen und Glaubensgemeinschaften in der Sowjetunion erheblich ein und stellte praktisch alle religiösen Aktivitäten unter staatliche Kontrolle. Religionsunterricht war nur in der Familie erlaubt. Geistliche durften keine Gruppen unterrichten. Kindern unter vierzehn Jahren war die Teilnahme an

---

[167] Hintergrundgespräch für die Sendung *Christentum in der Sowjetunion.* WDR, 17. Mai 1988.

einem kirchlichen Religionsunterricht verboten. Im Zuge der Perestrojka wurden dergleichen Beschränkungen mit den Vorbereitungen für ein neues Gesetz über Religionsgemeinschaften ebenso aufgehoben wie das Verbot sozialer Tätigkeit. Von da an durften die Kirchen und Ordensgemeinschaften wieder Krankenhäuser und Altersheime betreuen, in denen bisweilen abenteuerliche Zustände herrschten. Sogar die Ordensschwestern der Friedensnobelpreisträgerin Mutter Theresa kamen in die Sowjetunion. Sie halfen zunächst an Krisenpunkten in Katastrophengebieten wie nach dem Erdbeben in Armenien 1988. Später setzten sie ihre Arbeit in Moskauer Krankenhäusern fort. *Miloserdije* (Barmherzigkeit) wurde zu einem Schlagwort, dessen Inhalt es neu zu entdecken galt.

Die Massenmedien, jahrzehntelang darauf gedrillt, atheistische Propaganda zu verbreiten, entdeckten den Reiz der Religion als Bestandteil der eigenen Nationalgeschichte. Sie begannen zu loben, was früher verboten war, nämlich soziales Engagement der Kirche und moralische Grundwerte der Religionen. Die ersten Neubauten von Kirchen wurden zugelassen, darunter eine Kathedrale für 2.500 Gläubige in der 200 Kilometer nördlich des Polarkreises gelegenen Hafenstadt Murmansk, einer Basis für die Handels- und Militärflotte der Sowjetunion. Über Jahre war der Bau immer wieder neu beantragt worden, bis nach Anbruch der Perestrojka das Projekt endlich verwirklicht werden durfte. Die Behörden, die andernorts die Kirchengemeinden mit kleinlichen Schikanen gequält hatten, haben sogar Ausnahmeregelungen zugelassen. Der Arbeitstag wurde dort wegen der kurzen Sommerperiode auf zehn Stunden verlängert. Die Gemeinde durfte einen eigenen Bautrupp zusammenstellen. Fachleute, die alle Gläubige sind, hatten für die Zeit des Kirchenbaus problemlos die Zuzugserlaubnis von den örtlichen Behörden bekommen.

Im Gebiet Kaliningrad, dem früheren Königsberg, wurden eine Kirche neu eröffnet und drei Klöster zurückgegeben. In diesem Zusammenhang schrieb die Wochenzeitung *Moskowskije Nowosti* in deutlicher Selbstkritik: „Sieben Jahrzehnte haben wir uns daran gewöhnt, Kirchen zu zerstören und zu schließen. [...] Es ist ein gefährlicher Fehler, wollte man das Verhältnis zwischen Kirche und Staat nur als Kriegszustand definieren."

Wenig später wurde das Bemühen um eine neue Religionspolitik für alle Sowjetbürger auf populäre Weise sichtbar. Die abendliche Nachrichtensendung *Wremja* („Die Zeit") des sowjetischen Fernsehens berichtete am 29. April 1988 an erster Stelle über ein historisches Treffen zwischen Michail Gorbatschow und dem Heiligen Synod der Orthodoxen Kirche im Kreml. Am nächsten Tag konnte man in der Parteizeitung *Prawda* wörtlich nachlesen, was Parteichef und Patriarch einander zu sagen hatten.

Gorbatschow würdigte aus diesem Anlass erstmals öffentlich die Leiden der Kirchenverfolgung unter Stalin: „Die religiösen Organisationen waren von den tragischen Ereignissen in der Zeit des Personenkultes ebenfalls berührt. [...] Die Fehler, die gegenüber der Kirche und den Gläubigen in den dreißiger wie den späteren Jahren zugelassen wurden, werden wiedergutgemacht." Im weiteren Verlauf seiner Rede plädierte der atheistische Parteichef für eine Gleichstellung der Gläubigen mit allen anderen Sowjetbürgern: „Die Gläubigen, das sind sowjetische Menschen, Werktätige, Patrioten, und sie haben das volle Recht, ihre Überzeugung auf würdige Weise auszudrücken."

Der damalige Patriarch von Moskau und ganz Russland, Pimen I. (1910-1990), hatte seinerseits lobende Worte für die Perestrojka bereit, mahnte aber zugleich an, dass noch nicht alle Probleme im kirchlichen Leben gelöst seien. Dann dokumentierte die Parteizeitung *Prawda*, wie der Patriarch Gottes Segen für die Sache des Generalsekretärs erflehte.

Zwei Wochen nach diesem historischen Treffen im Kreml überraschte das Fernsehen sein Publikum zur besten Sendezeit mit der Übertragung eines geistlichen Konzerts aus dem Bolschoi-Theater. Unter dem Applaus der Menschen im Saal nahm erstmals in der Geschichte der Sowjetunion der damalige Patriarch der Russisch-Orthodoxen Kirche Pimen I. Platz in der Zarenloge. Dazu begleitete ihn das Geläut von Kirchenglocken. Die nächste Sensation kündigte eine Sprecherin an: „Singen werden die Chöre des Sergeius-Dreifaltigskeitsklosters und der Moskauer Geistlichen Akademie, geleitet von Archimandrit Matfej." Dann wurde der Inhalt des ersten Liedes vorgestellt, das aus einer Gottesdienstliturgie stammte mit dem Titel: „Heute unterstellt sich das russische Land dem Herrgott." Der schwere Vorhang der riesigen Bühne hob sich, siebzig Männer in schwarzen Mönchsgewändern erschienen unter einem riesigen Kreuz mit der Aufschrift: 1000 Jahre Christianisierung Russlands. Der Archimandrit, bekleidet mit den Würdezeichen seines geistlichen Amtes, betrat die Bühne. Das Konzert begann. Viele Besucher im Bolschoi-Theater – und wie sich später herausstellte – auch viele Zuschauer an den Bildschirmen – fingen an, hemmungslos zu weinen. Den Höhepunkt bildete ein Bittgesang für den Patriarchen und alle Priester und Gläubige der Russisch-Orthodoxen Kirche. Zum Abschluss sang der Staatschor aus der Oper „Ein Leben für den Zaren" von Michail Glinka die vielsagenden Zeilen: „Ruhm Dir, heiliges Russland, Du hast bis zum Schluss alles erduldet, doch Dein wahrer Glaube hat dich gerettet."

Schon ein Jahr zuvor hatte die *Prawda* den Leserbrief eines gewissen W. Brikowski abgedruckt, in dem es – an Gorbatschow gerichtet – hieß: „Ich bin gläubiger Katholik, und Sie sind natürlich Atheist. Doch sollen Sie wissen, dass ich jeden Sonntag von elf bis dreizehn Uhr in der Kirche für Sie und Ihre Familie bete."

Die Enttabuisierung kirchlicher Thematik in den Massenmedien erreichte einen weiteren Höhepunkt, als das sowjetische Fernsehen eine Reporterin in eines der wenigen Nonnenklöster der Sowjetunion schickte. Sie besuchte ein Kloster in der damaligen Sowjetrepublik Estland, wo 150 Nonnen im Alter zwischen 23 und 74 Jahren lebten. Die Reporterin hatte ihren Bericht mit einem Satz eingeleitet, der später als „geflügeltes Wort" die Runde machen sollte: „Wenn ich die Nase voll habe, gehe ich ins Kloster", um dann fortzufahren: „Wir sagen so etwas mit ironischem Unterton. Die Frauen hinter der Klostermauer haben es aber in die Tat umgesetzt."

Es folgte eine einfühlsame, objektive Reportage, bei der die Nonnen sich vor der Kamera äußerten. Sie widerlegten damit das alte Klischee, nur ungebildete Frauen bigotter Prägung seien für das Klosterleben geschaffen. Die meisten hatten sogar eine Hochschulausbildung, verrichteten aber auch die einfachsten Arbeiten. Der moralische Zeigefinger für die Werktätigen im Sozialismus konnte nicht übersehen werden, als die Reporterin feststellte: „Egal, was zu tun ist. Ob Brotbacken oder Bücher restaurieren. Alles wird bereitwillig erledigt. Dass jemand die Arbeit verweigert, kommt nicht vor."

Der psychologische Umschwung gegenüber dem Thema Kirche in den Massenmedien bewirkte, dass die Zeitungen nun Beschwerden und kritische Anmerkungen von Kirchenvertretern aufgriffen, sich sogar zu deren Anwalt machten. So beschwerte sich der Rektor der Geistlichen Akademie von Leningrad Wladimir Sorokin (geb. 1939) in einem Interview darüber, dass er Ostern oder Weihnachten mit einem kleinen Chor nicht in ein Leningrader Altersheim gehen konnte, um dort die Messe zu lesen. Was laut Verfassung gestattet sei, verwehrte in der Praxis der Leiter des Altersheimes mit der Begründung: „Ich lasse keinen Priester über meine Schwelle." Umgekehrt hatte sich die Kritik von Wladimir Sorokin auch an die eigene Geistlichkeit gerichtet: „Viele Kirchendiener haben sich schon an all die Verbote gewöhnt, so dass in ihnen der Wunsch, etwas Gutes zu tun, abgestumpft ist."

Man muss sich klarmachen, dass all dies in der sowjetischen Presse und nicht in irgendwelchen Untergrundblättern nachzulesen stand. Das publizistische Engagement im Rahmen der Perestrojka war soweit gegangen, dass einzelne Zeitungen sich für die Rechte der Gläubigen einsetzten und von Journalisten vor Ort untersuchen ließen, welchen Schikanen einzelne Kirchengemeinden vonseiten engstirniger Bürokraten ausgesetzt waren. Davon ermutigt, hatten bereits 1987 Gläubige 3000 offizielle Beschwerden eingereicht, die sich meist darauf bezogen, dass Lokalbehörden einer neuen Gemeinde die Registrierung versagt haben.

Die Perestrojka hatte Hoffnungen geweckt und erste Schritte ermöglicht, die noch vor 1985, also vor dem Amtsantritt von Michail Gorbatschow, kaum denkbar waren. Anschließend ging es darum, zwischen den aufgestauten Interessen nicht nur orthodoxer Gläubiger, sondern den Interessen von insgesamt vierzig Religionen und Konfessionen die Balance zu finden.

Die Parole des Staatsgründers Lenin, der – in freier Veränderung eines Wortes von Karl Marx – Religion als „Opium für das Volk" verunglimpft hat, hatte endgültig ihre Bedeutung verloren.

Lenin konnte „ad acta" gelegt werden.

# Die Völkervielfalt beim Zerfall

Die Sowjetunion wie auch deren Rechtsnachfolger, die Russische Föderation, war durch eine große nationale Vielfalt geprägt. In der Sowjetunion machten die Russen jedoch nur knapp die Hälfte der Gesamtbevölkerung aus. Nach dem Zerfall der Sowjetunion stieg ihr Anteil als Titularnation der Russischen Föderation auf gut drei Viertel der Gesamtbevölkerung (76 Prozent). Nach der Statistik waren aber rund 25 Millionen Russen außerhalb der Russischen Föderation in den nun selbständigen 14 neuen Republiken zurückgeblieben.

Um den Begriff „russisch" wurde und wird seither gerungen. Dabei kann es sich um Menschen handeln, die zwar Russisch als ihre Muttersprache angeben, aber der Nationalität nach sich heute als Kasachen oder Ukrainer einstufen. Außerdem bezeichnen sich viele Nachkommen aus nationalen Mischehen als „russisch", weil sie sich – oft wegen der höheren sozialen Anerkennung – als Russen registriert haben. Schließlich gibt es zahlreiche Russen in den baltischen Staaten wie auch auf der Krim, die im Zuge einer Russifizierungspolitik im Kommunismus gezielt dort angesiedelt wurden, wo andere Völker teilweise (Letten, Litauer, Esten) oder ganz (Krimtataren) deportiert worden waren.

Völlig untauglich ist es jedoch, jeden russischen Muttersprachler als Russe/Russin zu bezeichnen. Denn Russisch ist schon längst eine polyzentrische Sprache geworden die – wie Deutsch, Französisch, Englisch oder Spanisch – von Angehörigen verschiedener Nationen als Muttersprache benutzt wird.

Recht kompliziert ist die Lage bei den kleinen Ethnien vor allem in Sibirien, die vom Aussterben bedroht sind und teilweise ihre Muttersprache zugunsten des Russischen aufgegeben haben. Nach dem Zerfall der Sowjetunion wurden in Russland einige Ethnien, die bisher nicht als selbständige Nationen galten, neu in die Nationalitätenstatistik aufgenommmen.

Die Frage, wer russisch und wer nicht russisch ist und wie weit Russland dafür eine Zuständigkeit beanspruchen könne, wurde zu einem Politikum, wie man es anhand neuer Grenzziehungen nach dem Ersten Weltkrieg in Mitteleuropa erleben konnte. So verlor Ungarn damals zwei Drittel seines Territoriums und seiner Bevölkerung. Doch die Rolle der Minderheitenungarn in den Nachbarstaten Rumänien, Slowakei, Serbien und der Ukraine ist bis auf den heutigen Tag Gegenstand zahlreicher Diskussion, wie weit denn Ungarn als „Mutterstaat" sich dafür zuständig fühlen dürfe. Eine ähnliche Debatte begleitet das heutige Russland, dass überdies durch Migration noch weitere Millionen seiner Bürger verloren hat. Vieles davon deutet sich in der nachfolgenden Statistik nur an. Die größte Auswanderungswelle betraf die Juden und die Russlanddeutschen. Aber auch Hundertausende von Russen haben inzwischen ihr Land verlassen, leben jedoch oft in enger Verbindung zu ihrer Heimat und mit ihrem russischen Pass weiter im Ausland.

Inzwischen besteht in Russland – vor allem initiiert durch Präsident Putin – das politische Bemühen, eine neue nationale Identität zu entwickeln. Das betrifft nicht nur den Begriff *russisch* (russkij) im engeren nationalen Sinn, sondern vielmehr *russländisch* (rossijskij) im staatsrechtlichen Sinn. Dadurch sollen auch alle anderen nicht-russischen Völker in der gemeinsamen Russländischen Föderation (Rossijskaja Federacija) – so die politische korrekte Eigenbezeichnung Russlands heute – mit einbezogen werden. Auf diese Weise will Putin eine gemeinsame nationalstaatliche Identität schaffen, die gleichermaßen Russen und Nicht-Russen umfasst.

Es fällt auf, dass im Vergleich zu den drei Staatswesen „Zaristisches Russland", „Sowjetunion" und „Russische Föderation", das heutige Russland erheblich kleiner ist als das russische Zarenreich. Das nachfolgende Schaubild illustriert diese Verhältnisse:

|  | Fläche | Einwohner |
| --- | --- | --- |
| **Russisches Zarenreich** (1914) | 22.766.770 km² | 181, 537 Mio. |
| **Sowjetunion** (1991) | 22.402.223 km² | 290,1 Mio. |
| **Russische Föderation** (2019) | 17.075.400 km² | 145,166 Mio. (ohne Krim) |

Die Tatsache, dass Russland durch den Zerfall der Sowjetunion heute noch kleiner als das Zarenreich ist, wird von national orientierten Politikern und Intellektuellen bedauert und als Argument benutzt, man sei von der Geschichte und durch den Zerfall der Sowjetunion betrogen worden. Gerne wird dahinter die Wirkung fremder Kräfte gesehen, die auf eine Schwächung Russlands abgezielt hätten.

Das Gegenteil behaupten die Rationalisten, die ganz alleine den Machtmissbrauch und die Unterdrückung durch den Kommunismus für den Zerfall der Sowjetunion verantwortlich machen. Das Spannungsverhältnis zwischen beiden Denkrichtungen scheint kaum auflösbar.[168]

Die nachfolgende Tabelle zeigt den Bevölkerungsbestand der zahlreichen Nationen innerhalb der ehemaligen Sowjetunion (fett gedruckt).

Darunter folgt (normal gedruckt) die Anzahl der verbleibenden Bevölkerung nach ihrer nationalen Zugehörigkeit in der heutigen Russischen Föderation.[169]

---

[168] Vgl. Vyslonzil, Elisabeth: *Samobytnost' – Russlands nationales Selbstverständnis zwischen Vaterlandsliebe und nationalem Pragmatismus.* In: Wakounig, Marija; Mueller, Wolfgang, Portmann, Michael: *Nation, Nationalitäten und Nationalismus im östlichen Europa.* Festschrift für Arnold Suppan zum 65. Geburtstag. Wien, Berlin 2010, S. 109-128.
[169] Die Gliederung dieser Darstellung ist übernommen aus *Narody Mira. Istoriko-etnografitscheskij sprawotschnik.* Moskau 1988. Die Daten zur Bevölkerung der Sowjetunion werden zitiert nach *Sojus* No. 32, Moskau 1990. Den Daten zur Bevölkerung der Russischen Föderation liegt die Volkszählung 2010 zugrunde. Die russische Originalfassung findet sich als Kapitel 1. *Националь-ный состав населения* unter https://www.gks.ru /free_doc/new_site/perepis2010/croc/Documents/Vol4/pub-0401.pdf. Eine deutschsprachige Zusammenfassung ist veröffentlicht unter https://de.wikipedia.org/ wiki/ Liste_der_V%C3%B6lker_in_Russland (Aufruf 10. Mai 2020).

### Slawische Gruppe

| | | |
|---|---|---|
| Russen | **145.155.000** | 111.016.896 |
| Ukrainer | **44.186.000** | 1.927.888 |
| Weißrussen | **10.036.000** | 808.000 |
| Polen | **1.126.000** | 73.001 |
| Bulgaren | **373.000** | 32.000 |
| Tschechen | **16.000** | 3.000 |
| Slowaken | **9.000** | 600 |
| Russinen>Ruthenen>Karpato-Ukrainer[170] | **1.200.000** | 97 |

### Armenische Gruppe

| | | |
|---|---|---|
| Armenier | **4.623.000** | 1.182.000 |
| Hemsinli | **3.000** | 11.542 |

### Baltische Gruppe

| | | |
|---|---|---|
| Litauer | **3.067.000** | 60.000 |
| Letten | **1.459.000** | 28.000 |

### Iranische Gruppe

| | | |
|---|---|---|
| Tadschiken | **4.215.000** | 120.000 |
| Osseten | **598.000** | 515.000 |
| Kurden/Jesiden | **53.000** | 50.000 |
| Perser | **40.000** | 4.000 |
| Taten | **31.000** | 2.300 |
| Talyschen | **22.000** | 2.550 |
| Belutschen | **29.000** | 0 |

### Romanische Gruppe

| | | |
|---|---|---|
| Moldauer | **3.352.000** | 172.000 |
| Rumänen | **46.000** | 5.000 |

### Germanische Gruppe

| | | |
|---|---|---|
| Deutsche | **2.039.000**[171] | 597.000 |

### Griechische Gruppe

| | | |
|---|---|---|
| Griechen | **358.000** | 98.000 |

170 Werden in 22 Staaten als Nationalität anerkannt, aber nicht in der Ukraine, wo die Mehrheit von ihnen lebt.

171 Überwiegend nach Deutschland ausgewandert.

| Indoarische Gruppe | |
|---|---|
| Roma, Sinti | **262.000** |
| | 182.000 |

| Juden | |
|---|---|
| Juden | **1.378.000**[172] |
| | 230.000 |
| Georgische Juden | **16.000** |
| | 53 |
| Bucharische Juden | **36.000** |
| | 54 |
| Bergjuden (früher den Taten zugerechnet) | **18.000** |
| | 3.400 |

| Türkische Gruppe | |
|---|---|
| Usbeken | **16.688.000** |
| | 122.000 |
| Kasachen | **8.136.000** |
| | 654.000 |
| Aserbaidschaner | **6.770.000** |
| | 622.000 |
| Tataren | **6.648.000** |
| | 5.310.000 |
| Turkmenen | **2.729.000** |
| | 33.000 |
| Kirgisen | **2.529.000** |
| | 32.000 |
| Tschuwaschen | **1.842.000** |
| | 1.435.000 |
| Baschkiren | **1.449.000** |
| | 1.584.000 |
| Karakalpaken | **424.000** |
| | 1.600 |

| | |
|---|---|
| Jakuten | **382.000** |
| | 444.000 |
| Kumyken | **282.000** |
| | 422.000 |
| Krimtataren | **272.000** |
| | 4.000 |
| Uiguren | **263.000** |
| | 2.870 |
| Tuwinen (Sojoten) | **208.000** |
| | 243.000 |
| Mescheten | **208.000** |
| | 3.000 |
| Gagausen | **198.000** |
| | 12.000 |
| Karatschaier | **156.000** |
| | 192.000 |
| Türken | **207.000** |
| | 92.000 |
| Balkaren | **85.000** |
| | 108.000 |
| Chakassen | **80.000** |
| | 75.000 |
| Nogaier | **75.000** |
| | 90.000 |
| Altaier | **71.000** |
| | 67.000 |
| Schoren | **17.000** |
| | 14.000 |
| Nagajbaken > Nogaier (Tataren) | 9.600 |
| Dolganen | **7.000** |
| | 7.300 |
| Telengiten | **3.700** |
| | 2.400 |
| Teleuten | **3.000** |
| | 2.650 |
| Kumandiner | **3.000** |
| | 3.000 |
| Karaimi | **2.600** |
| | 366 |
| Tubalaren | **2.000** |
| | 1.565 |

---

[172] Überwiegend nach Israel, Deutschland und in die USA ausgewandert.

| Krimtschaken | **1.500** |
|---|---|
| | 157 |
| Tofalaren | **700** |
| | 840 |
| Tschelkanen (Lebediner) | **o.A.** |
| | 855 |
| Tschulymer | **640** |
| | 656 |



## Mongolische Gruppe

| Burjaten | **421.000** |
|---|---|
| | 445.000 |
| Kalmüken | **174.000** |
| | 174.000 |
| Chalcha | **3000** |
| | 0 |

## Tunguso-mandschurische Gruppe

| Ewenken | **30.000** |
|---|---|
| | 35.000 |
| Ewenen | **17.000** |
| | 19.000 |
| Nanajer | **12.000** |
| | 12.000 |
| Ultschen | **3.200** |
| | 2.900 |
| Udegejer | **2.000** |
| | 1.600 |
| Orotschen | **900** |
| | 682 |
| Negidaler | **620** |
| | 567 |
| Oroken | **190** |
| | 346 |

## Finno-ugrische Gruppe

| Mordwinen | **1.154.000** |
|---|---|
| | 912.000 |
| Esten | **1.027.000** |
| | 28.000 |
| Udmurten | **747.000** |
| | 637.000 |
| Mari | **670.000** |
| | 605.000 |
| Komi | **345.000** |
| | 293.000 |
| Ungarn | **171.000** |
| | 4.000 |
| Komi-Permjaken | **152.000** |
| | 125.000 |
| Karelier | **138.000** |
| | 93.000 |
| Finnen | **67.000** |
| | 34.000 |
| Chanten | **22.500** |
| | 28.000 |
| Wepsen | **12.500** |
| | 8.000 |
| Mansen | **8.500** |
| | 11.000 |
| Bessermenen >Udmurten[173] | **k.A.** |
| | 3.122 |
| Saami | **1.900** |
| | 2.000 |
| Ischoren | **820** |
| | 330 |
| Woten > Esten | **k.A.** |
| | 73 |

---

[173] Erst seit 2002 erfasst.

| Samodisische Gruppe | |
| --- | --- |
| Nenzen | **35.000** |
| | 41.000 |
| Selkupen | **3.600** |
| | 4.000 |
| Nganasani | **1.300** |
| | 830 |
| Enzen | **210** |
| | 237 |

| Karthwelische Gruppe | |
| --- | --- |
| Georgier | **3.981.000** |
| | 198.000 |

| Nacho-dagestanische Gruppe | |
| --- | --- |
| Tschetschenen | **957.000** |
| | 1.431.00 |
| Awaren | **601.000** |
| | 814.000 |
| Lesgier | **466.000** |
| | 411.000 |
| Darginer | **365.000** |
| | 510.000 |
| Inguschen | **238.000** |
| | 413.000 |
| Laken | **118.000** |
| | 156.000 |
| Tabassaranen | **98.000** |
| | 132.000 |
| Rutulen | **20.000** |
| | 30.000 |
| Zachuren | **20.000** |
| | 10.000 |
| Agulier | **19.000** |
| | 28.000 |

| | |
| --- | --- |
| Udinen | **8.000** |
| | 4.000 |

| Abchasisch-adygeische Gruppe | |
| --- | --- |
| Kabardiner | **391.000** |
| | 520.000 |
| Adigeye | **125.000** |
| | 128.000 |
| Abchasen | **105.000** |
| | 11.000 |
| Tscherkessen | **52.000** |
| | 60.000 |
| Abasinen | **34.000** |
| | 38.000 |
| Schapsugen>Adigeyer | **3.900** |
| | 3.21 |

| Tschukotka-Kamtschatka Region | |
| --- | --- |
| Tschuktschen | **15.200** |
| | 16.000 |
| Korjaken | **9.200** |
| | 9.000 |
| Itelmenen | **2.500** |
| | 3.000 |
| Kamtschadalen>Itelmenen, Korjaken[174] | **k.A.** |
| | 2.293 |
| Eskimos | **1.700** |
| | 1.800 |
| Aleuten | **700** |
| | 540 |
| Kereken>Tschuktschen s.o. | |

---

[174] Erst seit 2002 erfasst.

| **Völker mit isolierten Sprachen** | |
| --- | --- |
| Chinesen[175] | **11.500** |
| | 35.000 |
| Koreaner | **439.000** |
| | 148.000 |
| Dunganen | **69.000** |
| | 800 |
| Assyrer | **26.000** |
| | 14.000 |
| Niwchen | **4.600** |
| | 5.000 |
| Keten | **1.100** |
| | 1.500 |
| Jukagiren (Tschuwanzen) | **1.100** |
| | 1.500 |
| Tasen | **k.A.** |
| | 276 |

| **Sonstige[176]** | |
| --- | --- |
| | **135.000** |
| | 43.000 |

---

[175] Die Zunahme der Chinesen hängt mit Sondersiedlungsrechten entlang der russisch-chinesischen Grenze zusammen. Die chinesischen Siedler spielen eine zunehmend bedeutende Rolle beim Aufbau neuer Wirtschaftsstrukturen im Handel.

[176] Hier werden nicht die übrigen ausländischen Nationen aufgeführt, die ebenfalls in der aktuellen Bevölkerungsstatistik Russlands genannt werden, aber keine Siedlungsgebiete in der Sowjetunion hatten wie Engländer, Franzosen, Kubaner, Spanier, US-Amerikaner, Vietnamesen.

# Daten zur Geschichte der Sowjetunion[177]

**1917**

- 7. November (24. Oktober nach altem Kalender) Oktoberrevolution in Petrograd (heute Sankt Petersburg).
- Die Bolschewiken ergreifen die Macht.

**1918**

- Friede von Brest-Litowsk (3. März).
- Russland anerkennt die Ukraine und Finnland als selbständige Staaten.
- Seit Jahresbeginn Bürgerkrieg in Russland.

**1920**

- Russland anerkennt die Selbständigkeit der baltischen Staaten Estland (2. Februar), Litauen (12. Juli), Lettland (11. August).
- Praktisch Ende des Bürgerkrieges.
- Schwere Wirtschaftskrise.

**1921**

- Große Hungersnot, Einführung der Neuen Ökonomischen Politik, NEP (Privatisierung, ausländische Investitionen).

---

[177] Der Schwerpunkt dieser Zeittafel liegt auf den Jahren 1985-1991, die zur Auflösung der Sowjetunion geführt haben. Zur ausführlichen Darstellung bis zum Jahr 1980 vgl. Hösch, Edgar; Grabmüller, Hans-Jürgen: *Daten der sowjetischen Geschichte. Von 1917 bis zur Gegenwart.* München 1981 sowie Altrichter, Helmut: *Kleine Geschichte der Sowjetunion 1917-1991.* München ⁴2013, hier besonders S. 242-248.

## 1922

- Josef Stalin wird Generalsekretär (3. April).
- Gründung der UdSSR (30. Dezember).

## 1924

- Lenin stirbt (21. Januar).

## 1926

- Trotzki wird aus dem Politbüro ausgeschlossen (Oktober).
- XV. Parteitag: Trotzki wird aus der Partei ausgeschlossen und nach Alma-Ata verbannt.
- Kollektivierung der Landwirtschaft und Industrialisierung beschlossen (Dezember).

## 1928

- Stalin wird 50 Jahre alt (18. Dezember).
- Beginn des Personenkultes.
- Im gleichen Monat verkündet Stalin das Ende der NEP sowie die Enteignung und Massendeportation der Kulaken (Großbauern).
- Erster staatlicher Fünfjahresplan für die Wirtschaft wird beschlossen.

## 1929

- Zwangskollektivierung führt zu Hungersnot.

## 1930

- Mehrere politische Geheimprozesse mit zahlreichen Todesurteilen.

## 1932

- Antireligiöse Kampagne mit dem Ziel, bis zum 1. Mai 1937 den Begriff »Gott« aus dem öffentlichen Leben zu tilgen.
- Weitere Hungersnot durch Zwangskollektivierung in der Ukraine (Holodomor) und Kasachstan (bis 1933).

## 1933

- Die Sowjetunion wird von den USA anerkannt.

## 1934

- Einführung der Sippenhaft mit Todesstrafe für „Verrat an der Heimat" (Juni).
- Aufnahme der Sowjetunion in den Völkerbund (18. September).
- Die Ermordung des Leningrader Parteichefs Kirow bildet den Auftakt zu politischen Säuberungen.

## 1936-38

- Zahlreiche Schauprozesse, in denen politische Gegner Stalins zum Tode verurteilt werden.

## 1939

- Hitler-Stalin-Pakt (23. August), unterzeichnet von den Außenministern Molotow und Ribbentrop in Moskau, in dessen Geheimen Zusatzprotokoll die beiden Diktatoren Osteuropa unter sich aufteilen.
- Deutscher Einmarsch in Polen (1. September), Beginn des Zweiten Weltkrieges.
- Sowjetischer Einmarsch in Polen (17. September).
- Sowjetischer Einmarsch in Finnland (30. November).
- Ausschluss der Sowjetunion aus dem Völkerbund (14. Dezember).

## 1940

- Massaker von Katyn. Sowjetischer Geheimdienst erschießt etwa 4.400 Polen, meist Offiziere (3. April - 11. Mai). Anschließend werden weitere ca. 20.000 polnische Soldaten, Polizisten und Intellektuelle ermordet. Erst 1990 von der Sowjetunion offiziell zugegeben.
- Sowjetunion annektiert Lettland, Estland und Litauen (August).

## 1941

- Deutscher Angriff auf die UdSSR (22. Juni). Beginn des Großen Vaterländischen Krieges. Deutsche Besetzung großer Teile der europäischen Sowjetunion. Nationalsozialistische Vernichtungspolitik gegenüber den slawischen Völkern.
- Von Stalin angeordnete Deportation der Russlanddeutschen und Auflösung ihrer autonomen Wolgarepublik (25. September).

**1943**

- Kapitulation der deutschen Truppen in Stalingrad (31. Januar).
- Stalin erlaubt der russisch-orthodoxen Kirche die Wahl eines Patriarchen (September).
- Beginn stalinistischer Vernichtungspolitik gegenüber nichtrussischen Völkern.
- Deportation der Karatschaier, Auflösung ihres Autonomen Gebietes (November).
- Deportation der Kalmücken, Auflösung ihrer Autonomen Republik (Dezember).

**1944**

- Befreiung Leningrads nach einer deutschen Blockade von 870 Tagen. Ca. 1,1 Mio. Tote unter der Zivilbevölkerung (27. Januar).
- Deportation der Tschetschenen und Inguschen, Auflösung ihrer Autonomen Republik (Februar).
- Deportation der Balkaren (März).
- Deportation der Krimtataren und Auflösung ihrer Autonomen Republik.

**1945**

- Konferenz von Jalta über Deutschland mit Stalin, Roosevelt und Churchill (4. bis 11. Februar).
- Sowjetische Truppen erobern Berlin (2. Mai).
- Deutsche Kapitulation (8./9. Mai).

**1946**

- Beginn des Kalten Krieges.
- Kampagne gegen westliche Einflüsse in der Sowjetunion.

**1948**

- Erdbeben zerstört Aschchabad/Turkmenien (6. Oktober). Die Zahl von 110.000 Todesopfern wird erst vierzig Jahre später bekanntgegeben.

**1949**

- Gründung des RGW (Rat für Gegenseitige Wirtschaftshilfe), auch COMECON genannt (18./25. Januar).
- Erste Explosion einer sowjetischen Atombombe (29. August).

**1950-52**

- Mehrere Gefangenenrevolten in stalinistischen Lagern.

**1953**

- Stalin stirbt (5. März).
- Nikita Chruschtschow wird Parteichef (13. September).

**1955**

- Gründung des Warschauer Paktes (14. Mai).
- Der westdeutsche Bundeskanzler Konrad Adenauer besucht die Sowjetunion. (8.-14. September). Aufnahme diplomatischer Beziehung.
- Freilassung der letzten deutschen Kriegsgefangenen (7. Oktober bis 16. Januar 1956).

**1956**

- XX. Parteitag (14.-25. Februar), Chruschtschow leitet die Entstalinisierung ein (Tauwetterperiode).
- Auflösung der stalinistischen Lager, Rückkehr der Verbannten.

**1957**

- Erster Satellit *Sputnik* erfolgreich gestartet (4. Oktober).
- Boris Pasternak muss unter politischem Druck den Nobelpreis für Literatur ablehnen (verliehen am 23. Oktober).

**1958**

- Andrej Sacharow appelliert an die Staats- und Parteiführung, die Tests mit der Wasserstoffbombe einzustellen.

**1961**

- XXII. Parteitag (17.-31. Oktober). Der Leichnam Stalins wird aus dem Mausoleum auf dem Roten Platz in Moskau entfernt.
- Juri Garagin ist der erste Mensch im All (12. April).

**1962**

- *Ein Tag im Leben des Iwan Denissowitsch* von Alexander Solschenizyn wird veröffentlich: Schilderung des Häftlingsalltags in einem stalinistischen Gulag.
- Krise mit den USA wegen geplanten Stationierung von sowjetischen Raketen auf Kuba, mutmaßlich mit atomaren Sprengköpfen.

**1964**

- Chruschtschow gestürzt. Leonid Breschnjew neuer Parteichef (14. Oktober).

**1965**

- Rehabilitierung der Wolgadeutschen ohne Rückkehrrecht in alte Siedlungsgebiete (Erlass vom 5. Januar, der nicht in der zentralen Presse veröffentlicht wird).

**1966**

- Erdbeben zerstört Taschkent/Usbekistan (26. Oktober).
- Neuaufbau der Stadt bis 1970.

**1967**

- Rehabilitierung weiterer Völker, die der Kollaboration mit Hitlerdeutschland beschuldigt worden waren.

**1968**

- Aktive Dissidentenbewegung.
- Niederschlagung des Prager Frühlings (21. August).
- Sacharow veröffentlicht im Untergrund sein Manifest „Wie ich mir die Zukunft vorstelle. Gedanken über Fortschritt, friedliche Koexistenz und geistige Freiheit.“

**1969**

- Sowjetisch-chinesische Kämpfe am Ussuri (ab 2. März).

**1970**

- Literaturnobelpreis an Alexander Solschenizyn (1918-2008).

## 1971

- Chruschtschow stirbt als Rentner (11. September).

## 1972

- Sowjetische Truppen schlagen Demonstration in Litauen blutig nieder (18. Mai).
- ABM-Abrüstungsvertrag (SALT-I) mit den USA. Begrenzung von Langstreckenraketen (26. Mai).

## 1974

- Ausbürgerung Solschenizyns (14. Februar).
- KSZE-Akte von Helsinki unterzeichnet (1. August).

## 1975

- Friedensnobelpreis an Andrej Sacharow (1921-1989).

## 1977

- Neue Verfassung ersetzt die Stalin-Verfassung von 1936 (7. Oktober).

## 1979

- SALT II-Verträge mit den USA unterzeichnet; zahlenmäßiger Gleichstand von strategischen Atomwaffen (18. Juni).
- Einmarsch sowjetischer Truppen in Afghanistan (26./27. Dezember).

## 1980

- Westlicher Boykott der Olympischen Spiele in Moskau wegen der Afghanistan-Invasion.
- Sacharow nach Gorki verbannt (22. Januar).

## 1981

- Auf sowjetischen Druck Kriegsrecht in Polen (31. Dezember)

## 1982

- Breschnjew stirbt (10. November).

- Nachfolger als Parteichef wird KGB-Chef Juri Andropow. Er leitet eine Kampagne gegen Korruption ein und fordert Wirtschaftsreformen.

## 1983

- 269 Tote beim Abschuss einer südkoreanischen Boeing 747 nahe Sachalin durch die sowjetische Luftwaffe. (1. September).

## 1984

- Staats- und Parteichef Jurij Andropow, politischer Ziehvater von Michail Gorbatschow, stirbt (9. Februar).
- Nachfolger als Parteichef wird Konstantin Tschernenko. Unter dessen schwacher Führung werden begonnene Reformen vom Parteiapparat abgeblockt.

## 1985

- Tod von Konstantin Tschernenko (10. März).
- Michail Gorbatschow wird Generalsekretär des Zentralkomitees der KPdSU (11. März). Er kündigte einen radikalen Umbau (Perestrojka) von Wirtschaft und Gesellschaft an und fordert mehr Transparenz (Glasnost) im Umgang mit Vergangenheit und Gegenwart.
- Gesetz zur Bekämpfung des Alkoholmissbrauchs beschlossen (16. Mai), in dessen Folge die Alkoholproduktion gedrosselt, die Preise drastisch erhöht und hohe Strafen für Alkoholmissbrauch bei der Arbeit eingeführt werden.
- Erstes Gipfeltreffen zwischen Michail Gorbatschow und US-Präsident Ronald Reagan in Genf. (19./20. November).

## 1986

- XXVII. Parteitag (26. Februar bis 6. März), Einleitung der Wirtschaftsreform, Fortsetzung der personellen Veränderungen. Aus dem Parteiprogramm wird die Zielsetzung gestrichen, dass „die heutige Generation im Kommunismus leben" werde.
- Kernkraftkatastrophe in Tschernobyl (26. April).
- Zweites Gipfeltreffen von Gorbatschow und US-Präsident Reagan in Reykjavík (11./12. Oktober).

- Nationale Unruhen in Kasachstan, Parteichef Dinmuhamed Kunajew wird abgelöst, bleibt jedoch noch im Politbüro (Dezember).
- Gorbatschow ruft den Bürgerrechtler Andrej Sacharow in der Verbannung an und informiert ihn über seine Befreiung (16. Dezember).
- Sacharow kehrt aus siebenjähriger Verbannung nach Moskau zurück (23. Dezember).

**1987**

- Gorbatschow schlägt auf dem ZK-Plenum eine neue Wahlordnung für Parteifunktionäre vor: Zulassung von mehreren Kandidaten, geheime Abstimmung (27. Januar).
- Der Parteichef Kasachstans Dinmuhamed Kunajew muss das Politbüro verlassen (28. Januar).
- Entlassung politischer Häftlinge (Februar). Privatwirtschaftliche Organisationsformen (Kooperativen) werden legalisiert (Gesetz ab 1. Mai).
- Der 19-jährige Deutsche Mathias Rust landet mit einer Cessna 172 P neben der Basilius Kathedrale am Roten Platz (28. Mai). Als Folge werden Verteidigungsminister Sergej Sokolow und der Chef der Luftabwehrtruppe Alexander Koldunow entlassen. Rust wird zu vier Jahren Arbeitslager verurteilt, jedoch vierzehn Monat später nach Deutschland abgeschoben.
- Erstmals geheime Abstimmung und Aufstellung von mehreren Kandidaten bei Teilwahlen auf Kommunalebene (21. Juni).
- Gorbatschow verschärft seine Kritik an der Wirtschaftslage („Vorkrisenstadium") auf einem ZK-Plenum (25. Juni) und veröffentlicht seinen Weltbeststeller „Perestrojka", in dem er auf den drohenden Nationalismus in der Sowjetunion hinweist.
- Erste ungehinderte Demonstrationen der Krimtataren am Roten Platz (Juli/August).
- Sowjetbürger erhalten Beschwerderecht gegen Übergriffe der Behörden (Gesetz 19. Oktober).
- Nach heftiger Kritik am schleppenden Verlauf der Perestrojka wird Boris Jelzin als Stadtparteichef von Moskau abgesetzt (11. November) und verliert im Februar 1988 seinen Sitz im Politbüro.

- Drittes Gipfeltreffen von Gorbatschow und US-Präsident Reagan in Washington. Sie unterzeichnen den INF-Vertrag über die Vernichtung aller in Europa stationierten nuklearen Mittelstreckenraketen (8./10. Dezember).

**1988**

- Neues Unternehmensgesetz ermöglicht den Konkurs staatlicher Betriebe (Gesetz ab 1. Januar).
- Sowjetunion geht erstmals mit öffentlicher Anleihe (100 Mio. Schweizer Franken) auf den internationalen Kapitalmarkt (Januar).
- Der Parteichef von Usbekistan, Inamschon Usmanchodschajew, wird wegen Korruption abgesetzt (12. Januar).
- In Estland, Litauen, Lettland und in Armenien beginnen nationale Massendemonstrationen, die zur Bildung von Unabhängigkeitsbewegungen führen (ab Februar).
- Pogrom gegen Armenier in Sumgait/Aserbaidschan wegen Streit um die Enklave Berg-Karabach (28. Februar).
- Viertes Gipfeltreffen zwischen Gorbatschow und US-Präsident Ronald Reagan in Moskau (29. Mai - 3. Juni). Der INF-Vertrag tritt am 1. Juni in Kraft.
- Krimtataren, die unter Stalin nach Zentralasien deportiert wurden, erhalten das Recht auf die Rückkehr in ihre Heimat (1. Juni).
- Sowjetische Truppen kontrollieren das Autonome Gebiet Berg-Karabach /Nagornyj-Karabach) in Aserbaidschan (ab 22. Juni).
- 19. Parteikonferenz leitet die Reform des politischen Systems ein, das sich laut Gorbatschow „als unfähig erwiesen hat". Ziel ist eine Präsidialdemokratie mit einem frei gewählten Parlament (26. Juni bis 1. Juli).
- Massendemonstrationen in den baltischen Republiken Estland, Lettland und Litauen für mehr Unabhängigkeit (23. August).
- Gorbatschow übernimmt von Andrej Gromyko das Amt des Vorsitzenden des Obersten Sowjets (Staatspräsident) (1. Oktober).
- Das Parlament von Estland (Oberster Sowjet) verabschiedet eine Souveränitätserklärung (16. November).
- Nationale Demonstrationen in Georgien (November).

- Gorbatschow kündigt vor der UNO den einseitigen Truppenabbau um 500.000 Mann und Teilabzug sowjetischer Waffensysteme aus Osteuropa an (7. Dezember).
- Am selben Tag verwüstet ein katastrophales Erdbeben Armenien; mindestens 25.000 Tote, eine Million Obdachlose.

**1989**

- Volkszählung in der Sowjetunion ergibt 285,76 Mio. Einwohner.
- Erdbeben in Tadschikistan, 227 Tote (23. Januar).
- Die Wochenzeitschrift *Argumenty i Fakty* veröffentlicht erstmals Zahlenangaben über die Stalin-Opfer: Demnach gab es etwas 15 Millionen Tote; neun bis elf Millionen Bauern wurden vertrieben und nach Sibirien verbannt (5. Februar).
- Sowjetunion zieht alle Truppen aus Afghanistan ab (15. Februar).
- In Belarus (Weißrussland) wird die Bewegung „Wiedergeburt" *(Adradschenje)* gegründet (21. Februar).
- Nach nationalen Demonstrationen wird in Tadschikistan die bisherige Amtssprache Russisch durch Tadschikisch abgelöst (25. Februar).
- Nationale Demonstrationen in Moldawien (ab 12. März).
- Erste Wahlen zum neu gegründeten Kongress der Volksdeputierten mit unabhängigen Kandidaten. Dabei erhält „Parteirebell" und Gorbatschow-Gegner Boris Jelzin in Moskau 89 Prozent der Stimmen (26. März).
- Gründung der „Gesellschaft für die sowjetdeutsche Wiedergeburt" (31. März).
- Bei einem Truppeneinsatz gegen georgische Demonstranten in Tiflis werden 19 Menschen getötet (9. April).
- 110 ZK-Mitglieder der Breschnew-Zeit werden zwangspensioniert und teilweise durch Reformkräfte ersetzt (25. April).
- Das Parlament Litauens (Oberster Sowjet) verabschiedet eine Souveränitätserklärung (18. Mai).
- Blutige Unruhen zwischen Usbeken und Mescheten in Usbekistan. Über 100 Tote, 1.000 Verletzte. 15.000 Mescheten werden evakuiert (Juni).
- Michail Gorbatschow besucht die Bundesrepublik Deutschland (12. -15. Juni).

- Nationale Unruhen in Kasachstan, fünf Tote (ab 17. Juni).
- Michail Gorbatschow besucht Frankreich (5. Juli).
- Streiks in den sibirischen und ukrainischen Kohlerevieren (ab 11. Juli).
- Nationale Unruhen zwischen Georgiern und Abchasen, zwanzig Tote (15. Juli).
- Gorbatschow spricht als erster Ostblockführer vor dem Europarat (6. Juli).
- Im Parlament (Oberster Sowjet) der Sowjetunion schließen sich Radikalreformer zu einer Fraktion zusammen (30. Juli).
- Zwei Millionen Balten bilden eine 600 Kilometer lange Menschenkette. Sie fordern, das Geheime Zusatzprotokoll des Hitler-Stalin-Paktes, dessen Existenz von der Sowjetunion jahrzehntelang bestritten wurde, für nichtig zu erklären (23. August).
- In Moldawien demonstrieren 300.000 Menschen (27. August) und setzen Moldawisch als Amtssprache durch (31. August).
- In Kiew wird die ukrainische Nationalbewegung *Ruch* gegründet (10. September).
- Kasachstan (22. September), Kirgisien (23. September) und die Ukraine (28. Oktober) ersetzen Russisch durch nationale Amtssprachen.
- Der Oberste Sowjet verkündet die „volle Rehabilitierung der Sowjetdeutschen und anderer deportierter Völker" (14. November).
- Michail Gorbatschow wird als erster Staats- und Parteichef der UdSSR in Rom vom Papst empfangen (2./3. Dezember).
- Gipfeltreffen von US-Präsident George Bush und Michail Gorbatschow vor der Insel Malta „Der Kalte Krieg ist zu Ende". (2./3. Dezember).
- Andrej Sacharow stirbt in Moskau (15. Dezember).
- Litauische Kommunisten trennen sich von der KPdSU (20. Dezember).
- Volkskongress verurteilt den Hitler-Stalin (Molotow-Ribbentrop)-Pakt (Annullierung des Geheimes Zusatzprotokolls) und die Invasion der Sowjetunion in Afghanistan (26. Dezember).

## 1990

- Pogrome gegen Armenier in Baku, 22 Tote (13. Januar).
- Sowjetarmee geht gegen aserbaidschanische Demonstranten vor (142 Tote) (21. Januar).
- Sowjetischer Truppenabzug aus der Tschechoslowakei vereinbart (9. Februar).
- Gorbatschow stimmt der deutschen Einheit bei einem Besuch von Bundeskanzler Kohl zu (11./12. Februar).
- Sowjetischer Truppenabzug aus Ungarn vereinbart (10. März).
- Litauen erklärt seine Unabhängigkeit und wählt einen nicht-kommunistischen Präsidenten (11. März).
- Volkskongress streicht das Machtmonopol der Kommunistischen Partei aus der Verfassung (13. März), neue Parteien bilden sich.
- Gorbatschow wird in das neu geschaffene, mächtige Amt des Präsidenten gewählt (15. März).
- Gorbatschow fordert vor dem neu geschaffenen Präsidialrat einen „kontrollierten Übergang zur Marktwirtschaft". (28. März).
- Estland beschließt seine Unabhängigkeit, jedoch mit Übergangsperiode und Verhandlungen mit Moskau (30. März).
- Nach erfolglosem Ultimatum zur Rücknahme der Unabhängigkeitserklärung verhängt Gorbatschow Sanktionen gegen Litauen; die Ölversorgung wird eingestellt, Erdgaslieferungen um 80 Prozent gedrosselt (17. April).
- Protest gegen Gorbatschow bei der Maiparade auf dem Roten Platz (1. Mai).
- Lettland beschließt seine Unabhängigkeit nach einer nicht näher bezeichneten Übergangszeit (4. Mai).
- Gorbatschow annulliert die Unabhängigkeitserklärungen von Estland und Lettland (14. Mai).
- Parteirebell Boris Jelzin wird zum Präsidenten der Russischen Föderation (RSFSR) gewählt (25. Mai).
- Bei Zusammenstößen mit der Armee sterben in Eriwan 24 Menschen (27. Mai).
- Nationale Unruhen in Kirgisien mit 139 Toten (4. Juni).
- Die Russische Föderation verkündet unter der Führung von Boris Jelzin ihre Souveränität und erklärt ihr Recht auf Austritt aus der Sowjetunion (12. Juni).

- USA-Reise von Michail Gorbatschow. Er vereinbart mit Präsident George Bush eine weitere Reduzierung strategischer Atomwaffen und die Produktionseinstellung für chemische Waffen (31. Juni).

- Der Oberste Sowjet Usbekistans beschließt die Souveränität der Usbekischen Sowjetrepublik (12. Juni). Mit Moldawien (24. Juni) und Weißrussland (27. Juli) folgen weitere Sowjetrepubliken. Dieser Entwicklung schließen sich immer mehr Sowjetrepubliken an, bis mit Karelien (10. August) erstmals eine Autonome Republik innerhalb der Russischen Föderation sich für souverän erklärt. Ziel dieser Souveränitätserklärungen ist es, Republikrecht über Unionsrecht zu stellen und Anspruch auf die eigenen Bodenschätze zu erheben. Die Bildung eigener Armeen und Währungen ist angestrebt. Damit wird die Umwandlung der Sowjetunion von einem föderativen Staat zu einer Konföderation von souveränen Staaten eingeleitet.

- 28. Parteitag für Fortsetzung der Reformen (4. Juli).

- Boris Jelzin und seine Anhänger in der „Demokratischen Plattform" treten aus der KPdSU aus (12. Juli).

- Kaukasus-Treffen von Gorbatschow und Kohl besiegelt deutsche Einheit (14.-16. Juli).

- Ein neues Mediengesetz führt die Pressefreiheit ein (1. August).

- Gorbatschow rehabilitiert Millionen Opfer der Stalin-Zeit (13. August).

- Gorbatschow annulliert die Ausbürgerung von Solschenizyn, Brodskij und anderen Dissidenten (14. August).

- Massenproteste von geschätzten 200.000 Demonstranten gegen die Regierung und für die Einführung der Marktwirtschaft (16. September).

- Alexander Solschenizyn veröffentliche in 20 Millionen Exemplaren sein Manifest „Russlands Weg aus der Krise", in dem er die Auflösung der Sowjetunion und den Zusammenschluss der slawischen Völker verlangt (18. September).

- Angesichts katastrophaler wirtschaftlicher Verhältnisse und politischer Unruhen erteilt das Parlament Gorbatschow befristet bis zum 31. März 1992 Sondervollmachten, um die Reform zu beschleunigen und „die Rechtsordnung zu festigen" (24. September).

- Per Gesetz wird die Religionsfreiheit eingeführt (1. Oktober).

- Die Gleichstellung aller Parteien wird beschlossen, die Sonderrolle der KPdSU beendet (9. Oktober).

- Michail Gorbatschow erhält den Friedensnobelpreis (15. Oktober).

- Oberster Sowjet billigt die Einführung der Marktwirtschaft und erweitert die Befugnisse von Präsident Gorbatschow (19. Oktober).

- Außenminister Schewardnadse tritt zurück und warnt vor einem Putsch (20. Dezember).

- Ein neuer Unionsvertrag soll die auseinanderstrebenden Republiken wieder zusammenführen (27. Dezember).

## 1991

- Gorbatschow verordnet eine Landreform, klammert jedoch die Frage der Privatisierung aus (5. Januar).

- Blutige Unruhen im Baltikum: Gorbatschow entsendet Truppen in das Baltikum (8. Januar) und stellt Litauen ein Ultimatum, auf die Unabhängigkeit zu verzichten (10. Januar). Blutige Zusammenstöße in der litauischen Hauptstadt Vilnius 15 Tote, hunderte Verletzte (13. Januar). Gorbatschow und Verteidigungsminister Jasow leugnen Verantwortung für das militärische Vorgehen (14. Januar). Sondertruppen stürmen das lettische Innenministerium in Riga, vier Tote, elf Verletzte. Ein von Moskau gestütztes „Komitees zur nationalen Rettung" erklärt die demokratisch gewählten Regierungen in Litauen und Lettland für abgesetzt (20. Januar).

- Massenproteste in Moskau gegen Gorbatschow und die drohende Abkehr vom Reformkurs (20. Januar).

- Per Dekret verfügt Gorbatschow eine Währungsreform, um den Schwarzmarkt einzudämmen (22. Januar).

- Gorbatschow ermächtigt Armee, Polizei und KGB notfalls gewaltsam gegen die Wirtschaftskriminalität vorzugehen (26. Januar).

- Trotz starker Bedenken gegen Gorbatschows Nationalitätenpolitik gewährt die Europäische Gemeinschaft weitere Wirtschaftshilfe für die Sowjetunion (28. Januar).

- Gorbatschow erklärt sich öffentlich mit einem „Rechtsruck" einverstanden, um den Zerfall des Staates aufzuhalten (7. Februar).

- 76 Prozent der Bevölkerung votieren in einem Referendum für den Erhalt der UdSSR (17. März).
- Gorbatschow verfügt teilweise drastische Preiserhöhungen (19. März).
- Gorbatschow lässt Militärsperren gegen Demonstranten errichten, die in Moskau für Jelzin auf die Straße gehen (29. März).
- Wochenlange Streiks in den russischen Bergwerken lähmen die Wirtschaft (ab Anfang April).
- Einigung auf einen Unionsvertrag zwischen Gorbatschow und Vertretern der 15 Unionsrepubliken 24. April).
- Gorbatschow bietet im Zentralkomitee seinen Rücktritt als Parteichef der KPdSU an (25. April).
- Gorbatschow verbietet per Dekret Streiks in Schlüsselbereichen der Wirtschaft und des Energiesektors (16. Mai).
- Die „Union Sozialistischer Sowjetrepubliken" wird in die „Union Souveräner Sowjetrepubliken" umbenannt (11. Juni).
- Massenarbeitslosigkeit greift um sich.
- Der Rat für gegenseitige Wirtschaftshilfe (RGW, COMECON) und der Warschauer Pakt werden aufgelöst (27. Juni und 1. Juli).
- Der ehemalige Außenminister Schewardnadse tritt aus der Kommunistischen Partei aus (4. Juni).
- Gorbatschow wirbt in London bei den Vertretern der sieben wichtigsten Industriestaaten vergeblich um konkrete Wirtschaftshilfe für die Sowjetunion 17. Juli).
- Der sowjetische Präsident Gorbatschow und der amerikanische Präsident Bush unterzeichnen in Moskau den START I-Vertrag (Strategic Arms Reduction Talks) über den Abbau der strategischen Atomwaffen (31. Juli).
- Alexander Jakowlew, einer der „Chefarchitekten" der Perestrojka, tritt aus der Kommunistischen Partei aus (16. August).
- Putsch einer kommunistischen Junta gegen Gorbatschow, der in seiner Ferienresidenz gefangen genommen wird (19. August).
- Die für den 20. August geplante Unterzeichnung eines neuen konföderalen Staatssystems (ohne Lettland, Litauen, Estland, Georgien, Moldawien und Armenien) entfällt.
- Die Junta („Notstandskomitee") mit Gennadij Janajew an der Spitze erlässt ein Demonstrations-, Streik- und Presseverbot, beauftragt KGB-Soldaten mit der Verhaftung von Boris Jelzin und

der Erstürmung des Parlaments in Moskau. Demonstranten beschützen das Parlament („Weiße Haus"), die Armee verweigert der Junta den Gehorsam. Der Staatsstreich bricht nach drei Tagen zusammen. Jelzin widersetzt sich den Putschisten und ermöglicht die Rückkehr Gorbatschows nach Moskau (22. August).

- Jelzin verbietet innerhalb Russlands jede politische Tätigkeit für die Kommunistische Partei, bis deren Rolle beim Putsch geklärt ist (23. August).

- Gorbatschow tritt als Parteichef der KPdSU zurück (24. August), blieb aber bis zum 25. Dezember 1991 Staatspräsident der Sowjetunion.

- Am selben Tag (24. August) erklärt die Ukraine ihre Souveränität. Alle anderen Republiken folgen in den kommenden Wochen.

- Der Oberste Sowjet verbietet landesweit die Kommunistische Partei und hebt die Sondervollmachten für Präsident Gorbatschow auf (29. August).

- Der Kongress der Volksdeputierten beschließt mit 1682 Ja-Stimmen, 43 Nein-Stimmen und 63 Enthaltungen das Ende der Sowjetunion und deren Umwandlung in einen Bund unabhängiger Republiken GUS (5. September).

- In der Deklaration von Alma-Ata bestätigen elf der fünfzehn Sowjetrepubliken (außer Estland, Lettland, Litauen und Georgien) die Auflösung der Union der Sozialistischen Sowjetrepubliken (21. Dezember) unter Beibehaltung der GUS.

- Gorbatschow übergibt die Amtsgeschäfte als Staatspräsident an Boris Jelzin, den Präsidenten der Russischen (eigentlich: Russländischen Föderation (25. Dezember). Die Ratifikationsurkunden zum Beschluss von Alma-Ata werden hinterlegt (26. Dezember).

- **Die Sowjetunion hört am 31. Dezember 1991 auf zu existieren.** Die Russische (eigentlich: Russländische) Föderation ist Rechtsnachfolger der UdSSR. Die rote Flagge der Sowjetunion mit Hammer und Sichel wird gegen die weiß-blau-rote Fahne der Russischen Föderation ausgetauscht.

# Nachwort

Die vom Duden [178] empfohlene und etymologisch hergeleitete Schreibweise *Albtraum* wurde bewusst gewählt, obwohl ebenfalls *Alptraum* als korrekte Schreibweise existiert. Auch die Wikipedia nutzt *Albtraum* als Schlagwort für den Fachartikel.[179] Die deutschsprachigen Nachrichtenagenturen haben sich zwar auf die Schreibweise *Alptraum* festgelegt.[180] Doch sind große Zeitungen (Frankfurter Allgemeine, DIE ZEIT) zur etymologischen Rechtschreibung *Albtraum* zurückgekehrt.

Zitate in diesem Buch von Politikern sowie Vertretern von Wirtschaft, Wissenschaft und Kultur entstammen – neben eigenen Gesprächen und Interviews – den jeweils genannten Tages- und Wochenzeitungen *Argumenty i Fakty, Iswestija, Knischnoe Obosrenie, Komsomolskaja Prawda, Krasnaja Swesda, Literaturnaja Gasjeta, Moskowski Komsomolez, Moskowskije Nowosti, Nowy Mir, Ogonjok, Snamja, Sowjetskaja Kultura, Trud* sowie aktuellen Radio- und Fernsehsendungen.

Die Wiedergabe der russischen Titel und Namen folgt – bis auf wenige Ausnahmen bei Namenszitaten in Buchtiteln – nicht der wissenschaftlichen Transliteration, sondern der Transkription, wie sie von der deutschen Publizistik und der Wikipedia benutzt werden. Dies erleichtert das Auffinden bei weiteren Recherchen.

In den Fußnoten wird auf die Encyclopedia Britannica und die Wikipedia hingewiesen. In der Britannica ist jeder Artikel redaktionell von namentlich genannten Fachleuten oder einer Autorengruppe verantwortet. Gleichwohl können die Britannica (wie auch Brockhaus – Das Online-Lexikon) in mehrfacher Hinsicht bei den zitierten Schlagworten mit der Wikipedia nicht mithalten. Oft fehlen eigene Fachartikel zu Themen wie dem Tadschikischen Bürgerkrieg, dem Dagestan-Krieg, dem Georgien-Krieg oder den Tschetschenien-Kriegen. Dann wird nur die Wikipedia angeführt. Überdies zeugt die Wikipedia von den Widersprüchen zeitgeschichtlicher Debatten; ferner nennt sie oft umfangreiche Literaturlisten, Weblinks und Einzelnachweise, während die traditionellen Enzyklopädien solche Informationen meist nicht anbieten. Von diesem Unterschied kann sich der Leser anhand der Hinweise in den Fußnoten selbst überzeugen.

---

[178] https://www.duden.de/rechtschreibung/Albtraum (Aufruf 10. Juli 2020)

[179] https://de.wikipedia.org/wiki/Albtraum (Aufruf 10. Juli 2020)

[180] http://www.die-nachrichtenagenturen.de/wortlisten.htm (Aufruf 10. Juli 2020)